新しい中世

相互依存の世界システム

田中明彦

講談社学術文庫

まえがき

二十一世紀に入り、国際政治もかつてとは異なるように見えるさまざまな事態が発生するようになった。二〇〇一年九月十一日におきた米国へのテロ攻撃はその典型である。イラクや北朝鮮などをめぐる大量破壊兵器の拡散問題などをめぐっても、かつてとは異なる国際政治が展開しているように見える。冷戦が終結したといわれてから、すでに十年以上がたった今日、現在の世界システムをどのように特徴づけたらよいか。九・一一事件を経験した世界では、「冷戦後」の世界という言い方は、すでに古いのかもしれない。いまや「ポスト冷戦後」とか「九・一一後」の世界という言い方さえされる。しかし、何かの後というだけでは現状理解には十分ではない。現在の世界システムの特徴づけとしては新たな概念が必要だと思う。

新しい見方、それも何かの後というような言い方でない見方とは何か。誰にでもすぐ受け入れられるわけではないかもしれないが、私は「新しい中世」という見方を使うのがよいのではないかと思うようになった。読者が「中世」という言葉にどのような印象を持っているかは、よくわからない。詳しいことは本文をお読みいただくしかないが、いいたいことは、現在、世界システムが近代以前に西欧に存在した「中世」とかなり似たところを持つシステムに移行しつつあるのではないか、ということなのである。もちろん、かつての「中世」と「新しい中世」はまったく異なる側面も持っている。しかし、現在の世界システムの状態を考察する時、これを「近代」のものとしてとらえるだけでは、どうにも理解しにくい部分が残ってしまうのではないか、ということを主張したいのである。

ただし、私のいいたいことは、世界がすでに「新しい中世」に移ってしまった、ということではない。現在は移行期で、その結果、世界には「新しい中世」の特徴を最もよく示す部分（第一圏域あるいは新中世圏）と、いまだに「近代」の特徴を強く残す部分（第二圏域あるいは近代圏）と、近代からいわば脱落してしまった部分（第三圏域あるいは混沌圏）の三つの部分が併存することになった、ということなのである。いうまでもなく、社会現象についての説明であるから、決定論的なことは何もない。しかし、この本で明らかにしたいことは、第一に、世界システムが全体としては「新しい中世」に向かっているということ、そして第二に、現状ではこれを三つの圏域に分けて考えると理解しやすいこと、この二つである。

しかし、以下では、この二つの議論にいきなり入るわけではない。第一に、私の偏見かもしれないが、日本では、国際政治に関する「近代」的な理解がいまだに不十分な感がある。猪木正道先生のいう「空想的平和主義」の残滓がまだかなり存在するように思えるのである。私の理解では、日本はすでに「新しい中世」的特徴を色濃く持った地域になった。しかし、日本周辺には、「近代」の特徴を依然としてギラギラさせた「第二圏域」の諸国が存在する。日本人は、自らは「新しい中世」にいながら、「近代」と対決していかなければならない。私たちは、「近代」的国際政治を単に古いといってすますわけにはいかないと思うのである。

第二に、「新しい中世」と「三つの圏域」という見方にしても、やはり一面的にならざるをえないかもしれない。やはり、社会現象はさまざまな観点から光を当てることが必要だと思う。冷戦は過去のものとなったとはいっても、世界に絶大な影響を与えてきた。これが終わったこともまた、絶大な影響を与えるに決まっている。冷戦とその終結の意味は、じっくりと検討しておかなければならない。また、冷戦ばかりが二十世紀後半の世界システムを特徴づけてきたわけではない。「アメリカの覇権」ということもしばしば議論されてきた。第二次世界大戦後の世界は、「冷戦」の時代であったとともに「アメリカの覇権」の時代であった。そして「アメリカの覇権」もすでに過去のものである。だとすれば、「覇権」とは何であったのか、これの衰退は何をもたらすのかの検討も不可欠である。

以下、本文では、第一章と第二章で、冷戦とポスト冷戦という観点からの分析を行い、第三章と第四章で、覇権とポスト覇権という観点から分析を行うことにする。この部分だけでも、ポスト冷戦の議論や、ポスト覇権の議論の代表的なものは紹介、検討できると思う。

第二次世界大戦後の世界は、「冷戦」と「覇権」の時代であったとともに、世界中がますます「相互依存」するようになった時代でもある。しかし、「相互依存」とは何か。「相互依存」は何をもたらすのか。実は私は、「冷戦」よりも「覇権」よりも「相互依存」の方が長期的には世界システムに大きな影響を与えていると思っている。「新しい中世」とは、この「相互依存」の行き着く先の世界なのだ、というのが私の考えである。

第五章と第六章では、「新しい中世」の概念に入る前提として、その議論の基礎的理論として、「相互依存」の議論を私なりにまとめてみたい。現在の世界システムが相互依存しているといった時、それがいかなる意味を持つのかについての代表的な議論は、やはり、この部分を参照していただくことで理解いただけるのではないかと思う。

第七章と第八章が、本書の中心的な議論である。ここでは、「新しい中世」という概念を導入し、類似対象である「ヨーロッパ中世」と「近代世界システム」との対比を行い、さらに「新しい中世」がいかなる意味で「新しい」かについても言及したい。第八章は、「新しい中世」への移行期の特徴としての「三つの圏域」という区分について論じる。

第九章と第十章は、これまでの議論をすべて使った応用問題である。第九章では、現在のアジア・太平洋地域をどのように分析するかということが焦点であり、第十章では、日本の対外政策がいかなるものでなければならないかを議論したいと思う。「冷戦後」というだけでなく、「覇権後」というだけでもなく、また単に「相互依存」というだけでもない、重層的なアジア・太平洋理解、日本の対外政策への示唆が、いささかなりとも行えれば幸いだと考えている。

以上概略を記した第一章から第十章までは、一九九六年に出版された単行本を基本的にそのまま再録したものである。本書の目的は、現在の世界システムを見るための枠組みを提示することであって、国際政治のすべての展開を記述することではないので、あえて、内容に手を加えることはしなかった。ただし、九・一一事件とイラク問題や北朝鮮問題の重要性にかんがみ、補章を付け加えた。本書の枠組みでこれらの問題がどのように位置づけられるかをもう一つの応用問題として考えてみたわけである。

目次

新しい中世

相互依存の世界システム

第一章　冷戦とは何であったか

世界システムの今後を理解するためには、「冷戦後」というだけでは不十分だ、というのが本書の主張である。しかし、そのことは、「冷戦」が何であったかを問うことの重要性を否定することと同じではない。不十分だというためには、「冷戦」および「冷戦後」が何であったかを明確にしておかなければならない。これが本章と第二章のテーマである。いうまでもなく、冷戦のように重要な現象についてはいくつもの異なる見方がありうる。細かく見ていくと、いくつものバリエーションが可能であるが、あえて分けてみると以下の二つの見方が可能であるように思える。

① 冷戦とは、米ソ二極対立である。
② 冷戦とは、二つのイデオロギーの対立である。

米ソ二極対立という見方は、米ソ二つの超大国の対立ということに冷戦最大の意味づけをするということであり、二つのイデオロギー対立という見方は、マルクス・レーニン主義と政治的・経済的リベラリズム（資本主義と民主主義）の二つのイデオロギーの対立こそ冷戦の本質だと見る見方である。この二つの見方（対立の基礎を何と見るかによる見方）に加えて、冷戦を「長い平和」だととらえる見方もある。[1] つまり、冷戦の「戦」の部分ではなく、「冷」の部分を強調する見方だ。冷戦は、「冷たい」ままで「熱く」はならなかったということである。「熱戦」に至らないパラドクシカルな側面を強調して、かつてレイモン・アロンは、「平和は不可能であるのに、戦争は起りえない」状態といったこともある。[2] しかし、この点は後に議論することにして、以下ではとりあえず二つの対立の基盤を中心にして議論を進めたい。

このようにいくつもの見方が可能だということは、冷戦にはそれぞれの側面があったと考えるのが穏当なのだろう。したがって、冷戦を複合的にとらえるとすれば、それは「米ソ二超大国（二極）の間のイデオロギー対立を背景にした対立抗争」とでもいうことができよう。[3]

歴史上、二極対立の例は他にもあったし、二つのイデオロギーの間の対立も存在した。二極対立の例としては、古代ギリシャのアテネとスパルタの対立や、ローマとカルタゴ、十七世紀のハプスブルクとブルボンなどの対立があったし、イデオロギー対立としては、宗教改革以後のプロテスタントとカトリックの対立などは典型的であった。そして、かなり長い間、主要国間で戦争のなかった時代も存在した。十九世紀のウィーン会議以後クリミア戦争までの三十八年間や、一八七一年の普仏戦争終結以後第一次世界大戦までの四十三年間は、少なくとも大国同士の戦争はないという意味で「平和」であった。

つまり、二極対立と見ても、イデオロギー対立と見ても、また大戦争のなかった時代として見ても、冷戦は、それぞれの側面を考えてみれば、それほどユニークな現象ではない[4]。ユニークなところは、これらが複合していたところにあるのである。したがって、いくつもの側面を複合的にとらえることが是非とも必要であるが、それぞれの側面にそれなりの前例があるということは、冷戦を歴史的に比較し、「冷戦後」がどうなるかを考える材料が存在するということでもある。それゆえ以下で行うように、二極対立とイデオロギー対立について歴史的・理論的な検討が可能なのである。

1　米ソ二極対立としての冷戦

二つの超大国が登場

一八三五年、名著『アメリカの民主政治』の中で、アレクシス・ド・トクヴィルは、「今日、地上には異なる地点から出発して同一目的に向って進んでいるようにみえる、二大民族がいる。それは、ロシア人とイギリス系アメリカ人とである。……両民族の出発点は異なっているし、道程もまちまちである。それにもかかわらず、これら両民族の各々は、神の秘められたみこころによって、いつか世界の半分ずつの運命を自らの手に掌握するように召命されているように思われる[5]」と論じた。その根拠は当時の両国の人口増加であったが、以後ヨーロッパではさかんに二つの巨大国家の登場が論じられた。

実際、十九世紀におけるアメリカとロシアの人口増加は凄まじかった。アメリカでは、移民の流入が自然増を圧倒的に上回っていたが、建国直後の一八〇〇年の五三一万人から、一九〇〇年には七六〇〇万人へと増加した。以後第一次世界大戦直後には一億人を超え、第二次世界大戦後に二億人を超えるまでになった。[6] ロシアもまた、十八世紀後半から急速な人口増加を経験した。一七五〇年頃には一七〇〇万〜一八〇〇万人といわれた人口が、十九世紀初頭には二五〇〇万人、一八五〇年頃には六八〇〇万人と、ほぼ一世紀で四倍増を遂げ、一八九七年の人口センサスでは一億二四六四万人と倍増した。一九六〇年代には二億を超え、ソ連崩壊直前には三億人近くまでになっていた。ただし、ロシアの場合は、外国からの移民で人口が増加したというよりは、征服による他民族の版図への組み込みや、処女地の開墾によってもたらされた自然増であった。[7]

十九世紀初頭のイギリスの人口は一〇五〇万、フランスは二七〇〇万、そしてドイツ全体が二二〇〇万程度で、ちなみに日本は二八〇〇万程度だった。したがって、十九世紀初頭で考えてみれば、五三一万のアメリカも二五〇〇万のロシアも、それほど巨大な存在ではなかった。しかし、二十世紀初頭になってみると、イギリスもフランスも四〇〇〇万弱、日本が五〇〇〇万弱、ドイツですら六〇〇〇万程度であったのに対し、米ロは一億前後となってお り、他の主要国の倍以上の人口を抱える超大国になりつつあったのであった。[8]

二十世紀初頭、ヨーロッパ人の多くには、東と西に自らを圧倒しかねない巨大な国家が成長しつつあるとの見方が生まれても不思議はなかった。イギリスの歴史家サー・ジョン・シーリーは、一八八三年にロシアとアメリカは今日すでに「巨大な政治的集合体」であるが、その潜在能力が「蒸気と電気」と鉄道網によって動員されれば、「フランスやドイツのようなヨーロッパ国家はまったく矮小化して、二流国家の地位に転落する」であろうといった。[9]
人口だけですべてが決まるわけではない。トクヴィルの予言は、あくまで予言にすぎなかった。鉱工業生産でいえば、アメリカがイギリスを抜きさったことは事実であるが、ロシアは、ドイツやイギリスに及ばなかった。世界恐慌後の一九三二年の世界の工業生産のシェアを比較してみると、アメリカが三一・八％と断然トップであり、ソ連の一一・五％がそれに続くが、イギリス一〇・九％、ドイツ一〇・六％、フランス六・九％（ちなみに日本は三・五％）と他の主要国もそれほど差をつけられていなかった。[10]
一九二一〜二二年の極東をめぐるワシントン会議で締結された「五ヵ国条約」では、主力艦の比率を米・英・日で五・五・三とすることが決められている。つまり、海軍における米英の対等がここでの特徴であった。その他の軍事力で比較しても、第一次世界大戦におけるドイツの軍事力はきわめて強力であったし、一九三〇年代においても、ひとたび再軍備に着手したドイツは短期間で強大な軍事力を持つに至った。二十世紀半ばまで、世界は二極ではなく多極であった。
世界が二極であるということを明白にしたのは、第二次世界大戦であった。戦敗国である日本やドイツは灰燼に帰し、戦勝国であるイギリスもフランスも疲弊し尽くすこととなった。ここに、十九世紀から形成されつつあった米ソの二大超大国化が現実のものとなって現れたのであった。こうして冷戦が開始することになったのである。以上が、二極対立としての冷戦の起源である。

二極対立の原理

このような冷戦の起源のストーリーは、それなりにもっともなようにも思えるが、しかし米ソが二大超大国となったからといって、どうしてこの二つの国家が冷戦に突入しなければならないのであろうか。以下で、この当たり前に見える現象について少し考えてみたい。よく考えてみれば、二つの強力な国家同士が協力して国際秩序を維持するという可能性は、論理的には十分ありうる。世界が二極になったからといって、どうして「冷戦」が生まれなければならないのか。もし、二極の世界が必ずしも対立をもたらさないのであれば、冷戦を二極対立としてとらえるのは見当はずれということにならないのであろうか。

実際のところ、二極の存在が対立を生むという考え方はきわめて常識的であり単純、そしてそれゆえにきわめて強力な論理――通常「現実主義」と呼ばれる国際政治の論理――に基づいている。[11] 国際政治の今後を考える場合、常にベンチマークともなるべき考え方であるので、少し丁寧にその論理を整理してみよう。

まず以下のいくつかの文章を読んでほしい。

能力のこの平等から、われわれの目的を達成することについての、希望の平等が生じる。

したがって、もしだれかふたりが同一のものごとを意欲し、それにもかかわらず、ふたりがともにそれを享受することができないとすると、かれらはたがいに敵となる。[12]……この相互不信から自己を安全にしておくには、だれにとっても、先手をうつことほど妥当な方法はない。[13]

征服によって力を増大させなければ、守勢にたつだけでは、ながく生存することができないであろう。[14]

かれが現在もっている、よく生きるための力と手段を確保しうるためには、それ以上を獲得しなければならないからなのである。[15]

人びとが、かれらすべてを威圧しておく共通の権力なしに、生活しているときには、かれらは戦争とよばれる状態にあり、そういう戦争は、各人の各人に対する戦争である、ということである。[16]

これらは、ホッブズが『リヴァイアサン』で自然状態における人間について語った言葉である。ホッブズにとって人間を不信に駆り立て、戦争状態に陥れる最大の要因は、人間が本来平等であるということであった。その平等から希望の平等が生まれ、そこから不信が生まれるというのが、ホッブズの論理であった。

もしホッブズのいうことを国家間関係に当てはめれば、二つの超大国の間の関係にこそ、「戦争状態」の記述はよく当てはまるといえるだろう。超大国と他の小国との間には、このような状態は生じないかもしれない。小国が超大国と「希望の平等」を持つことはそもそもほとんどない。国家は個人ほど平等ではないからである。しかし、能力の近似する断然強い二つの超大国にとって恐れるべきは、他の超大国以外にありえない。相手がこちらを支配しようとしている可能性が否定できない以上、相手を支配しようとしなければこちらの生存が危うくなる。こうした考えを両者が持てば、対立は不可避である。これが、「現実主義」を二つの超大国関係に当てはめた帰結である[17]。以下のホッブズの記述は、冷戦期の米ソ関係の記述としてこれ以上のものはないといっても過言ではない。

王たち、および主権者の権威をもった諸人格は、かれらの独立性のゆえに、たえざる嫉妬のうちにあり、剣闘士の状態と姿勢にあって、たがいにかれらの武器をつきつけ、目をそそいでいる。かれらの王国の国境にあるかれらの要塞や守備兵や銃砲と、かれらの隣国に対するたえざるスパイが、そうであって、これは戦争の姿勢である[18]。

しかし、ホッブズの論理からすれば、二極状態のみが戦争状態だということにはならない。多極状態もそうである。能力の近似する国家がたとえば五ないし六あったとしても、お互いの猜疑心には変わりがないはずであるから、ここでも多極の対立ということになる。つまりホッブズの論理からすれば、「すべてを威圧しておく共通の権力」のない国際政治には常に対立が前面に出てくる。これだけでは、「冷戦」とそれ以前の時代を区別したことにならない。しかし、米ソが二大超大国となった以上、この両者が協調するようになるのではなく、対立し合うようになるという説明としては、ホッブズの論理が一つの典型的なものになるということは了解しうるであろう。

冷戦には三つの「戦場」があった

二つの超大国が対立したのが冷戦だったとすれば、この二つの超大国はどのような形で対立したのであろうか。つまり冷戦が米ソの「戦争」だったとすれば、「戦場」はどこだったのか。

いうまでもなく、冷戦は米ソ双方が直接戦争し合わなかった（「熱く」ならなかった）から「冷たい」戦争なのであって、その意味で冷戦に戦場はない。したがって、ここでの「戦場」とはあくまでも、両者が何をもって対立したか、その舞台はどこだったかを示す比喩にすぎない。そして、そのような意味の「戦場」は三つあった。この三つの「戦場」で米ソは、相手のリードを何としても阻止しようとしたのである。[19]

第一の「戦場」は、戦略核の競争だった。お互いの中心地を狙う核兵器とその運搬手段

（ミサイルや爆撃機）の開発競争こそが、冷戦の最も終末論的側面であった。一九四九年にソ連が核開発に成功して以来、一九五〇年代には両国とも水爆開発に全力をあげる。一九五七年にソ連が人工衛星の打ち上げに成功するや、アメリカはソ連にミサイル・ギャップを付けられたとして、科学開発プログラムをすべて核ミサイル開発と連動させた。一九六〇年代には、両国の戦略核ミサイルは、相互確証破壊（ＭＡＤ）と呼ばれる状態が考えられるまでに増強された。さらに、一つのミサイルに複数の弾頭を装備し、それぞれが別のターゲットを狙うというようなシステム（ＭＩＲＶ）の開発が一九七〇年代以後続けられ、さらに、相手の第一撃から自らのミサイルシステムが脆弱にならないようにと、移動式のミサイルの開発も行われ、一九八〇年代には、ついにレーガン大統領の戦略防衛構想（ＳＤＩ）にまで至るのである。

人類にとって幸いだったことに、この「戦場」で実際の戦闘は行われなかった。しかし、地球を何回も破壊しつくすことの可能な兵器が現実に蓄積されていたのは事実である。この「戦場」が人類に与えていた「脅威」は、想像を絶するほど巨大なものであった。[20]

第二の「戦場」は、ヨーロッパ正面での軍拡競争であった。第二次世界大戦が終わった後、ヨーロッパにおけるソ連陸軍の強大さはきわだったものだった。ひとたび、ソ連軍が実力行使をしようとすれば、ヨーロッパ諸国の軍隊だけでは到底対抗できないと考えられた。またアメリカがヨーロッパに、ソ連軍に対抗できるだけの陸軍を配備することも不可能だと考えられた。アメリカおよびＮＡＴＯ（北大西洋条約機構）加盟諸国は、この状況に対応するために、一九五〇年代にはジョン・フォスター・ダレス米国務長官が有名にした「大量報復戦略」を打ち出し、そして一九六〇年代後半には「柔軟反応戦略」をとることを決定した。「大量報復」とは、ソ連がもし通常兵器の優位を背景に攻撃してくれれば、アメリカは核兵器でもって、ソ連に対し「大量報復」をすると脅すことで、ソ連の西側攻撃を抑止しようとする戦略であった。

しかし、この戦略は、一九五〇年代後半にソ連が対米戦略核攻撃能力を持つに至ると、その信頼性を失うことになる。アメリカがソ連に「大量報復」をすれば、ソ連はアメリカに核攻撃をすることができるからであった。ボンが攻撃されたからといって、アメリカは、ニューヨークへの攻撃を誘発するかもしれない大量報復をモスクワに対してするだろうかという疑念が持たれたのであった。そこで考えだされたのが、ソ連が持つさまざまな段階の兵器体系に対し、それに対応し、かつ質的にすぐれた兵器体系をこちらも持つことで、ソ連の攻撃を抑止しようとする「柔軟反応戦略」であった。現実にこのような能力をＮＡＴＯ側が持ったといえるかどうかには疑問が残るが、通常兵器のレベル、戦術核兵器のレベルで絶えざる能力向上がなされたことは事実である。ソ連側もまた、このような西側の戦力向上をさらに上回る形の兵器の革新を行った。一九七〇年代後半にソ連が配備しはじめたＳＳ－20ミサイルをめぐる論議は、まさに冷戦末期の最大の論争であった。ＮＡＴＯは一九八三年にこれに対応し、パーシング・ミサイルと巡航ミサイルの配備を開始した。一九八〇年代前半、ヨーロッパ正面での軍拡競争は頂点に達したのである[21]。

この第二の「戦場」でも、実際の戦闘は行われなかった。しかし、かつての両ドイツ国境をはさんで配備されていたNATO軍とワルシャワ条約軍の兵器は、通常兵器といえども世界の最新式かつ破壊力も最も大きいものであった。湾岸戦争で、人類はハイテク兵器による戦争を実感したわけだが、もしヨーロッパ正面で戦争が起こっていたら、湾岸戦争の比ではない戦争となったであろう。さらにこれが核戦争の引き金を引かないという保証もなく、戦略核戦争にもつながりかねなかった。その意味で、この戦場もまた、人類に第一の戦場と同様の脅威を与えていたといえるであろう。

冷戦の第三の「戦場」は、いわゆる第三世界であった。米ソは発展途上国における自らの友好国を増加させようとしたし、他方の進出に対して敵対的行動をとった。第三世界の紛争においては、多くの場合、片方の当事者を米ソいずれかが支持するということになると、他方の当事者を米ソのうちの他方が支持するということになった。もちろん、第三世界においても、米ソが直接戦闘行為を行うことはなかったが、代理戦争型の紛争が数多く起こった。

第三世界における内戦は、その多くが国際化したのである。朝鮮戦争では、アメリカが韓国の側に立って参戦したが、ソ連は北朝鮮に軍事援助をしただけで直接参戦しなかった。ベトナム戦争も同様である。

アフガニスタン内戦では逆にソ連が参戦したが、アメリカは直接関与しなかった。しかし、アメリカはアフガニスタンのゲリラに大量の武器援助を行った。数次にわたる中東戦争では、米ソは直接これらに関与しなかったが、ここでもイスラエルとアラブ諸国は両者の対決において、常にイスラエルはアメリカに、アラブはソ連に援助を頼ることができた。

戦争の数え方はいろいろあるが、表1－1に示すように、少なく数えて六十程度、多く数えると百二十くらいの戦争があった。戦争による死者は、戦闘員だけに限っても一一四七万人、関連する死者を含めると二一七〇万人にのぼると推定されている。[22]

これらの戦争は、それ自体で世界を破滅に追いこむという性質のものではなかったが、ヨーロッパ正面での戦争や戦略核戦争につながらないという保証もまたなかった。特に中東をめぐる紛争は、米ソの関与の仕方いかんでは、世界戦争につながる可能性もなかったわけではない。その意味で、冷戦の第三の「戦場」もまた、世界に大きな脅威を与えていたといえるであろう。

2　イデオロギー対立としての冷戦

冷戦は、米ソという二つの超大国の間の対立としてだけ存在していたわけではない。それは、人々の観念をめぐる二つのイデオロギーの間の闘争でもあった。いうまでもなく、その一つは十八世紀末のアメリカ独立革命の伝統を引き継ぐ政治的・経済的自由主義であり、もう一つは一九一七年のロシア革命によってソビエト連邦という国家の支柱となったマルクス・レーニン主義であった。

この二つのイデオロギーの内容を事細かに分析するのは本書の範囲を超えている。しか

(3) ホルスティのデータ

年	アジア	中東	アフリカ	欧州(旧ソ連含む)	米州	合計
1945〜49	5 1.00 71%	2 0.40 29%	0 0.00 0%	0 0.00 0%	0 0.00 0%	7 1.40 100%
1950〜59	5 0.50 38%	5 0.50 38%	0 0.00 0%	2 0.20 15%	1 0.10 8%	13 1.30 100%
1960〜69	5 0.50 26%	3 0.30 16%	8 0.80 42%	1 0.10 5%	2 0.20 11%	19 1.90 100%
1970〜79	4 0.40 29%	5 0.50 36%	5 0.50 36%	0 0.00 0%	0 0.00 0%	14 1.40 100%
1980〜88	0 0.00 0%	3 0.33 60%	0 0.00 0%	0 0.00 0%	2 0.22 40%	5 0.55 100%
合 計	19 0.43 33%	18 0.41 31%	13 0.30 22%	3 0.07 5%	5 0.11 9%	58 1.32 100%

(4) 『日本の防衛』のデータ

年	アジア	中東	アフリカ	欧州(旧ソ連含む)	米州	合計
1945〜49	5 1.00 63%	1 0.20 13%	0 0.00 0%	2 0.40 25%	0 0.00 0%	8 1.60 100%
1950〜59	6 0.60 43%	4 0.40 29%	1 0.10 7%	1 0.10 7%	2 0.20 14%	14 1.40 100%
1960〜69	7 0.70 30%	5 0.50 22%	6 0.60 26%	1 0.10 4%	4 0.40 17%	23 2.30 100%
1970〜79	6 0.60 30%	6 0.60 30%	6 0.60 30%	0 0.00 0%	2 0.20 10%	20 2.00 100%
1980〜89	0 0.00 0%	3 0.30 33%	1 0.10 11%	2 0.20 22%	3 0.30 33%	9 0.90 100%
1990〜93	0 0.00 0%	1 0.25 17%	0 0.00 0%	5 1.25 83%	0 0.00 0%	6 1.50 100%
合 計	24 0.49 30%	20 0.41 25%	14 0.29 18%	11 0.22 14%	11 0.22 14%	80 1.63 100%

Society: A Study in international Sociology (London: Tauris, 1988), (3)は、Kalevi J. Holsti, *Peace and War: Armed Conflicts and International Order 1648-1989* (Cambridge: Cambridge University Press, 1991), (4)は防衛庁『日本の防衛』(1993年7月) 資12〜資19頁から筆者が作成した。

⑴　シンガーらのデータ

年	アジア	中東	アフリカ	欧州(旧ソ連含む)	米州	合計
1945～49	6 1.20 43％	2 0.40 14％	1 0.20 7％	1 0.20 7％	4 0.80 29％	14 2.80 100％
1950～59	6 0.60 40％	4 0.40 27％	0 0.00 0％	1 0.10 7％	4 0.40 27％	15 1.50 100％
1960～69	7 0.70 35％	6 0.60 30％	4 0.40 20％	0 0.00 0％	3 0.30 15％	20 2.00 100％
1970～79	10 1.00 34％	7 0.70 24％	10 1.00 34％	0 0.00 0％	2 0.20 7％	29 2.90 100％
1980～88	3 0.33 20％	5 0.56 33％	3 0.33 20％	0 0.00 0％	4 0.44 27％	15 1.67 100％
合　計	32 0.73 34％	24 0.55 26％	18 0.41 19％	2 0.05 2％	17 0.39 18％	93 2.13 100％

⑵　ルアードのデータ

年	アジア	中東	アフリカ	欧州(旧ソ連含む)	米州	合計
1945～49	10 2.00 56％	3 0.60 17％	1 0.20 6％	0 0.00 0％	4 0.80 22％	18 3.60 100％
1950～59	9 0.90 33％	10 1.00 37％	3 0.30 11％	1 0.10 4％	4 0.40 15％	27 2.70 100％
1960～69	12 1.20 33％	7 0.70 19％	11 1.10 31％	0 0.00 0％	6 0.60 17％	36 3.60 100％
1970～79	7 0.70 25％	11 1.10 39％	7 0.70 25％	0 0.00 0％	3 0.30 11％	28 2.80 100％
1980～84	2 0.40 15％	4 0.80 31％	2 0.40 15％	0 0.00 0％	5 1.00 38％	13 2.60 100％
合　計	40 1.00 33％	35 0.88 29％	24 0.60 20％	1 0.03 1％	22 0.55 18％	122 3.05 100％

（注）各表とも、各欄上段は戦争数、中段は1年当たりの発生頻度、下段は地域別の比率（％）。

⑴は、J. David Singer, "Peace in the Global System: Displacement, Interregnum, or Transformation?" in Charles W. Kegley, Jr. ed., *The Long Postwar Peace: Contending Explanations and Projections* (New York: Harper Collins, 1991) pp. 56–84, ⑵は、Evan Luard, *War in International*

表1－1　第二次世界大戦後の地域別戦争発生頻度

し、おおまかにいって以下のような特徴が指摘できるだろう。

政治的・経済的自由主義

政治的自由主義に基づく政治体制はしばしば自由主義的民主主義といわれるが、この用語に表れているように、このイデオロギーには自由主義的部分と民主主義的部分が常に存在した。そして強調点の置き方によって、いくつものバリエーションが生まれた。しかし、いずれにしても、この考え方は、市民社会において自然権を持つ個人の自由を最大限尊重すべきであるという自由主義と、統治はそのような自然権を持つ個人の合意と参加によって行われるべきであるとする民主制の二つの原理を共存させようとするイデオロギーであった。自由主義の最大の眼目は、私的領域への国家の介入を断固排除するというものであった。そして私的領域において確保されるべき個人の自然権は、財産権であり、思想・信条の自由であった。

民主制は共同体の成員全員が統治に参加するという統治形態を示す概念であって、それは必ずしも自由主義と結びつくものではない。全員の統治参加の態様も、多数決で決断をしたり、全員一致というルールで決断を行ったり、また、定期的な選挙で代表を選ぶこともありうるし、それぞれの組み合わせはさまざまである。したがって、民主主義的統治のもとで、少数者の迫害が起こることもありうるし、思想統制がなされることもありうる。

逆に、自由主義は必ずしも民主制と一致しなくともよい。国王が、私的領域への関与を最小限にして、経済活動の自由を認め、思想・信条の自由を認めるとすれば、自由主義の観点からいえば、君主制であっても問題はない。しかし、君主制や貴族制は、個人の自由への侵害を行いやすいとの見方が強くなり、自然権を持つ個人が統治に個人として同意を与える民主制の方が、より自由主義の原理に親和性を持つと考えられるようになったのである。

とはいえ民主制が反自由主義的になることも可能だった。そこで、民主制が自由主義的でなくなるのを防ぐために、いくつかの工夫が自由主義的民主制のイデオロギーの中に組み込まれることになった。それは、第一は自由で公平な選挙である。民意を測る手段はさまざまありうるが、個人の自由な意思を尊重するためには自由で公平な選挙が不可欠と考えられるようになった。第二は権力の分立である。いかに民主的に選出されたとしても、一つの機関のみが最高権限を持つ場合、個人の自由への侵害が行われるかもしれない。権力同士の抑制と均衡が必要であるとされたのである。

このような政治面での自由主義に対応して、経済的自由主義が存在した。すなわち、個人の財産権の尊重を前提とし、経済領域に対する国家の介入をできるだけ少なくすべきだとする市場経済尊重のイデオロギーである。アダム・スミスが規定したように、国家の果たすべき役割は、国防、司法、および公共施設や公共事業を興し維持することの三つに限られるべきだというのが基本的な考え方であった。[23]もちろん、この考え方にもさまざまなバリエーションはあって、国家の役割を最小限にする十九世紀的な「夜警国家」の考え方もあったのに対し、国家が国民の福祉にある程度責任を持つべきだとする「福祉国家」の考え方もあっ経済的自由主義に根本があった。

した。しかし、いずれにしても、私有財産と市場を基本とするという点、すなわち資本主義に経済的自由主義の根本があった。

マルクス・レーニン主義

現実の自由主義には限界があった。つまり、経済領域の自由について国家が介入しないということになると、資本主義のもとで、実質的にきわめて大きな格差が人々の間に生まれてしまった。ブルジョアには自由はあるが、プロレタリアートには実質的に自由はない、ということになった。マルクスにとっては、真の自由のためには私有財産制を廃止しなければならないと思えたのであった。マルクスにとっては、私有財産制のもとで、市場においてまったく自由な取引が行われる。労働者は自由に自らの労働を市場で売ることができる。しかし、まさにこの市場における「自由な賃労働」こそが資本制生産を生み出し、そして資本制生産こそが階級を生み出し、資本家階級による労働者階級の搾取をもたらしたとマルクスは考えた。そして国家とは、この「階級支配の道具」にすぎないのであった。したがって、マルクスによれば、私有財産制は廃止され、市場は廃止され、資本主義生産は廃止され、社会主義システムに移行しなければならないのであった。そして、社会主義システムに移行すれば、国家は消滅するとされた。

しかし、マルクスのこの考えは実現されることはなかった。ロシア革命によって、マルクス主義を奉ずるボルシェビキが政権をとったが、ロシアでは国家は消滅しなかった。代わりに誕生したのが、レーニン主義的国家であった。マルクスが自由主義的民主制の自由主義的側面、とりわけ私有財産制に挑戦したとすれば、レーニンは自由主義的に制約された形の民主制のあり方に挑戦した。

レーニンによれば、マルクスの望んだ形の社会主義革命は、自動的には起こらない。労働者階級の前衛であるべきボルシェビキこそ、その革命の担い手であった。レーニンは民主主義を原理として否定したわけではない。レーニンの民主主義は、どちらかといえば、ルソーの一般意思を体現するという意味の民主主義であった。一般意思とは、単に人々の多数決で決まるのではなく労働者階級の意思であり、さらに労働者階級の意思は前衛党の意思として表れるとしたのである。そして前衛党の運営は、民主集中制に基づいてなされなければならない。民主集中制とは、どのような提案に関してであれ、最大限の討論を党内で行い、いったん決定がなされれば反対の権利は停止され、全メンバーが合意された政策を実行する義務を負うというものであった。

マルクス・レーニン主義のイデオロギーは、しかしながら、単に国内の政治経済体制についてのイデオロギーではなかった。マルクスが、社会主義革命のもとでは国家は消滅するとしたように、またレーニンが、帝国主義諸国を打倒しなければならないとしたように、既存の国家はすべて打倒されなければならなかった。ソ連はたしかに一つの国家であったが、それは社会主義世界革命に至る過渡的存在と見なしたのである。「すべての真正の共産主義者の義務は、ロシアで成功したのと同様な革命を全世界に拡大すること」となった。[24]

自由主義的民主制を奉ずる国家にとっては、ロシア革命は、二重の意味で脅威であった。まず、マルクス主義にせよレーニン主義にせよ、伝統的自由主義からすれば、根本的自由を著しく脅かす思想と考えられた。私有財産権の否定は、経済的自由主義への真っ向からの挑戦であったし、民主集中制は、権力の分立と相いれない「全体主義」的制度であった[25]。さらに、第二に、マルクス・レーニン主義の世界革命という目標は、自由主義的民主制を奉ずると否とにかかわらず、主権国家すべてにとって挑戦を意味した。

この二つの相いれないイデオロギーの対立という意味の冷戦は、したがって、ロシア革命をもって始まったということもできる。しかし、第二次世界大戦までは、イデオロギー面でも自由主義的民主制とマルクス・レーニン主義の二つがあっただけではなかった。ドイツのナチズムやイタリアのファシズム、そして日本の軍国主義が、自由主義的民主制に敵対するイデオロギーとして存在した。そして、イデオロギーの面からいえば、第二次世界大戦は、日独伊のいわゆるファシズムに対して自由主義的民主制とマルクス・レーニン主義が連帯して戦った戦争だということができるのである。

第二次世界大戦は、ファシズムのイデオロギーを打倒し、自由主義のイデオロギーとマルクス・レーニン主義を残すことになった。しかし、なぜこの二つのイデオロギーが対立しなければならなかったのか。すでに検討したように、この二つのイデオロギーが共存不可能だったからである。とすれば、冷戦の開始はそれほど驚くべきことではなかった。また、この二つのイデオロギーが国内社会の統治をめぐる思想であるとともに国際関係に関する思想でもあることから、この対立が各国の国内においても亀裂を生み、そして国家間にも亀裂を生むことになった。そこここに国内冷戦が生まれるとともに、国際冷戦も生まれたのである。

イデオロギー対立の「戦場」

イデオロギーの対立は観念のレベルの対立であるから、本質的には人々の頭が戦場である。しかし、政治的・経済的自由主義にしてもマルクス・レーニン主義にしても、それぞれ、現実についての具体的なプログラムであって、単なる観念の上での抽象的システムではない。それぞれのイデオロギーが人々の心をとらえるとすれば、観念のレベルの競争（イデオロギー体系の整合性・論理性・完結性や美しさなど）に加え、おそらくそれ以上に、現実へ適用された時の達成度における競争がその要因となるであろう。もちろん、いかなるイデオロギーも、完璧な形で現実に適用されるということはありえない。現実に完璧に適用可能なまでに記述されつくした（マニュアル化された）イデオロギーなどありえないからである。現実への適用形態にはさまざまある。したがって、ある適用形態の達成度が低いからといって、そのイデオロギーそのものの価値が低いということにはならない。

しかし、人々の心を獲得できるかどうかという競争においては、やはり現実への適用形態のいくつかの達成度はきわめて重要な要素となる。あるイデオロギーの現実への適用形態の失敗に対し、理論家がこれはイデオロギーそのものの欠陥ではなく、適用の方法が悪かったのだということは自由であるが、このような失敗が次から次へと起これば、そのイデオロギーが人々の心をとらえることはできないであろう。
そのような意味で、イデオロギー対立としての冷戦には、次の「戦場」があった。

① 宣伝・教化・説得競争
② それぞれの陣営における経済競争
③ 第三世界における発展競争

第一は、宣伝・教化・説得競争である。ソ連は、コミンフォルムを組織し、世界の共産主義運動を組織化し、各国の共産党や、共産主義に好意的な政党に援助を行った。他方、アメリカもまた、反共政党に対する援助を行った。さらに米ソともに、モスクワ放送やヴォイス・オブ・アメリカ（VOA）などで直接、人々にそれぞれのイデオロギーに基づく報道や論評を行った。

このような事情は、戦後の日本の状況を振り返ってみるだけでも、かなり明確になる。一九四〇年代後半から一九五〇年代前半における、日本共産党への武装革命路線の支援や直接的な資金援助、その後の日本社会党への「友好商社」の貿易操作を利用した間接的な資金援助などは、ソ連側の工作であった[26]。また、アメリカにしても、占領下の日本に対して徹底的な民主化を強制した。これに加えて、フルブライト奨学金などを通して、長期的・間接的な教化活動を行った。自民党へのCIA（米中央情報局）からの資金援助もまた、この文脈で考えることができる。[27]

　二つのイデオロギーに沿って、各国国内の政治権力を維持あるいは獲得するための組織化も行われた。マルクス・レーニン主義の側では、共産党以外の政党の実権は奪われた。スターリンのソ連の場合は、一九三〇年代からの徹底的な粛清で、自由主義的な勢力の息の根は完璧に止められた。中国では、一九五六年には「百花斉放・百家争鳴」の掛け声のもとに自由主義的な発言が許容されたが、それはただちに「反右派闘争」で弾圧された。自由主義的民主制の側でも、アメリカにおける「マッカーシズム」のように反共のキャンペーンが行われた。極端な場合は共産党は非合法化され、そうでない場合は共産党に対抗するための組織化が行われた。必ずしも自由主義的でもまた民主主義的でもない人物や集団も含め、一九五五年、「自由民主党」が日本に形成されたのは偶然ではない。ここでは、私有財産制の堅持（つまり反共）という最小限の意見の一致が組織化の核となった。

　この宣伝・教化・説得競争において、マルクス・レーニン主義の側で内部対立が起こったことは、マルクス・レーニン主義の側を不利にした。一九五六年のフルシチョフのスターリン批判とそれ以後の共産主義陣営内部の紛争は、著しくその説得力の低下に影響を与えた。その後の毛沢東の激烈な「ソ連修正主義」批判と中ソ論争は、マルクス・レーニン主義の教義を広めようとする観点からすれば不利であった。中国の文化大革命は過激な支持者を増やしはしたが、多くの穏健な支持者には幻滅を与えることになった。

　イデオロギー対立の第二の「戦場」は、それぞれの陣営の間の経済パフォーマンスをめぐる競争であった。マルクス・レーニン主義の自由主義的民主制批判の根本に私有財産制批判があったことからすれば、私有財産制を否定した経済システムがうまく機能するかどうかはきわめて大きな問題であった。市場の代わりに中央計画を利用することで、経済はより効率的に成長するだろうか。市場よりも中央計画の方がより公平な社会をつくることができるだろうか。こうした疑問に答えうるかがマルクス・レーニン主義のイデオロギーの成否に大きな影響を与えたのである。

一九五〇年代のソ連の経済成長は、目をみはるものがあった。一九五七年にソ連がアメリカに先駆けてスプートニクを打ち上げ、フルシチョフがほどなくアメリカを経済面で追い越すと豪語したことは、マルクス・レーニン主義の教義を広めるうえできわめて役に立ったであろう。[28] 一九六一年の第二十二回ソ連共産党大会で制定された経済発展の二十ヵ年長期展望計画によれば、一九六五年には一人当たり生産でヨーロッパ第一位となり、一九七〇年にはアメリカを抜き去り、一九八〇年には「能力に応じて働き、必要に応じて与えられる」共産主義社会の「物質的・技術的基礎」を実現することになっていた。[29] しかし、その後の一九六〇年代から一九七〇年代にかけてのソ連経済の低迷は、逆の効果を持つことになった。

他方、アメリカの経済が一九七〇年代に減速傾向を示したことは、政治的・経済的自由主義にとって好ましい現象ではなかった。しかし、一九五〇年代から一九六〇年代にかけて、欧州では西ドイツ、そしてアジアでは日本がそれぞれ「奇跡の成長」を遂げたことは、きわめて西側陣営を利することになった。

イデオロギー競争の第三の「戦場」は、いわゆる第三世界であった。ソ連にとっては、各地で反植民地主義の運動が燃え上がっていたことは好都合であった。マルクス・レーニン主義には、その一大要素としての反帝国主義の考えがあった。したがって、多くの民族解放闘争の支持者にマルクス・レーニン主義は共感をもって迎えられたのであった。多くの民族主義者が共産主義者になった。毛沢東、ホー・チ・ミン、エンクルマ、スカルノなど、戦後初期を飾る指導者たちの多くは、共産主義者となるか、共産主義に共感を抱いた。

他方、自由主義的民主制の側も、発展途上国において成長を実現させることが共産主義に対抗する最も効果的な道であると考えられた。そのための理論となったのが、いわゆる「近代化論」であった。しかし、「近代化論」にもかかわらず、自由と民主主義を基調とする政権はなかなか増えず、またそのような国が経済成長するということも少なかった。

たとえば、中南米のコスタリカは、発展途上国の中では模範的ともいえる自由民主主義の体制を一貫してとり続けてきたが、その経済レベルは依然として低いままであった。当初、発展モデルとしては、マルクス・レーニン主義的な中央計画経済の導入の方が多くの国で魅力的と考えられた。

実際、一九四〇年代から一九六〇年代初めまでは、自由主義的民主制をとる国の数が増加したのに対し、それ以後一九七〇年代半ばまで、自由主義的民主制をとる国の数は減少していった。[30] しかし、マルクス・レーニン主義をとった発展途上国が経済成長に成功したかといえば、そうではなかった。かえって、壊滅的な失敗をするところが多かった。中国の大躍進の失敗、文化大革命以後の経済停滞は結局、毛沢東の死後、中国をして「改革開放」の路線をとらせることになる。

他方、必ずしも自由主義的でも民主的でもないいくつかの権威主義的政権のもとで、驚異的な経済成長が成功した。韓国や台湾が典型である。韓国では朴正熙政権のもと、外国資本導入を基盤として輸出産業を育成し、成長を達成した。台湾でも、やはり積極的な外資導入によって、韓国のような財閥中心ではなく中小企業の活力を利用して経済成長をなしとげた。朴政権にしても、台湾の国民党政権にしても、決して自由主義的でも民主主義的でもなかったが、これらの政権は私有財産制と国民の経済活動の自由については比較的寛大であった。韓国や台湾は、市場経済の方が計画経済よりうまくいくという例証として、自由主義的民主制のイデオロギーにとって役に立つことになった。

こうして、冷戦は「二極対立」の側面においても「イデオロギー対立」の側面においても、さまざまな戦場で戦われた。第二次世界大戦後の世界が「冷戦」の世界だと見なされてきたのも当然といってよいのだろう。しかし、冷戦は今や終わった。冷戦は、いかにして終わったのか。冷戦後には何が起きるのか。これが次章のテーマである。

第二章　ポスト冷戦

一九八九年秋、ベルリンの壁に人々が登りその崩壊を喜んだ時、多くの人々は冷戦の終わりを実感した。たしかに、その中心部をコンクリート製の壁によって二分されていたベルリンの街は、冷戦を象徴していた。

この壁がなくなったことをもって、冷戦の終結のシンボルと考えることには理由がある。しかし、冷戦が第一章で述べたようなものであったとすれば、その終結は一九八九年十一月九日に突然起こったわけではない。ある意味では冷戦はそれ以前に終わっていたし、また別の意味ではその時点ではまだ終わっていなかったからである。

それでは、冷戦はどのようにして終わったか。冷戦の終わりはいかなる意味を持つか。この二点が本章の課題である[1]。

1　冷戦終結の過程

冷戦に二極対立の側面とイデオロギー対立の側面があったことは、前章で述べた通りである。冷戦の終結は、したがって、この二つの側面それぞれが終結したことを意味しなくてはならない。そして、あえて順序づけるとすれば、冷戦はまずイデオロギー対立の側面で終わりはじめ、そして二極対立の側面が解消することで完全に終結したと見られる。

マルクス・レーニン主義の衰退

イデオロギー対立を争った「戦場」として、前章では、宣伝・教化・説得競争と経済パフォーマンスと第三世界におけるモデルとしての競争をあげた。お互いの説得競争においては、一九六〇年代の終わり頃までにはマルクス・レーニン主義の側の退勢が目立つようになってきた。一九六八年にチェコスロバキアで起こった自由化運動（いわゆる「プラハの春」）は、その一つの転機であった。ソ連がこれを武力で鎮圧せざるをえなかったことは、イデオロギー面の競争における敗退を物語っていた。また、西側諸国における共産党の勢力もまた、減少の傾向に向かった。

実際の政策運営を指導するイデオロギーとしても、マルクス・レーニン主義は活力を失っていた。ソ連におけるマルクス・レーニン主義は、体制擁護のためのお経のようなものとなり、そこに新たな進展は見られず、社会主義圏以外で争って読まれるような著作は生み出されなかった。それに比べると、自由主義的民主制のイデオロギーには、内的な活力が依然として残っていた。ケインズ主義への批判として登場した「新保守主義」は、アメリカのみならず、イギリスや日本にまで、その内容を変化させつつも広まった[2]。アメリカのレーガン、イギリスのサッチャー、そして日本の中曽根康弘は、この流れを象徴する政治家であった。

年	民主主義国数	非民主主義国数	合　計	民主主義国の割合
1922	29	35	64	45.3%
1942	12	49	61	19.7
1962	36	75	111	32.4
1973	30	92	122	24.6
1990	59	71	130	45.4

（注）Samuel P. Huntington, *The Third Wave: Democratization in the Late Twentieth Century*（Norman: University of Oklahoma Press, 1991）P. 26による。この表では、人口100万人以下の国は計算されていない。1922年はハンティントンによる「第1の波」の頂点を示し、1942年は第1の後退期、1962年は「第2の波」の頂点、1973年は第2の後退期、そして1990年が「第3の波」を示している。

表2－1　現代世界における民主化

第二の経済パフォーマンスは、一九七〇年代後半にはその結果は明らかになりつつあった。ソ連経済が、慢性的な低成長に悩むようになったからである。西側諸国もまた低成長時代に入ったことは間違いなかったが、それにしても、西側の先進工業諸国の活力と、ソ連経済は比較できない状態に立ち至った。

第三世界における発展モデルとしての競争も、一九七〇年代半ばを境にして変化しはじめた。まず、多くの発展途上の社会主義国で、中央計画を手直しする改革が始められるようになった。ハンガリーの事例が最もこの面で進んだものだったが、一九七八年からの中国の農村における生産請負制の導入による農業生産の向上は、マルクス・レーニン主義の経済計画を実質的に空洞化させるものであった。経済における自由化しか、停滞した社会主義経済を救う道はないと思われるようになったのである。

また、すでに触れた韓国や台湾など新興工業経済群（NIES）の発展が、マルクス・レーニン主義の発展モデルの魅力を色褪せさせた。さらに重要なことは、これらのN

IESの多くが、当初は権威主義的な開発独裁で発展を始めたにもかかわらず、一九八〇年代後半には実質的に自由主義的民主制への移行に成功したことである。一九七〇年代半ばのポルトガル革命以降、自由主義的民主制へ移行する国家の数は増大した。ハンティントンによれば、この民主化の傾向は十九世紀の民主化の第一の波、そして一九五〇年代の第二の波に引き続く民主化の「第三の波」を形成していたのである[3]（表2－1）。

こうして、一九八〇年代半ばにはすでに、マルクス・レーニン主義が自由主義的民主制に対する対抗イデオロギーとして存在するとは、とてもいえない状況になっていたのである。一九八五年にソ連共産党書記長となったミハイル・ゴルバチョフが、ただちにペレストロイカ（刷新）とグラスノスチ（自由化）を始めたことは、イデオロギー対立が終焉に向かっていることを物語っていた。炯眼（けいがん）なフランシス・フクヤマが自由主義的民主制の勝利によって「歴史が終焉する」と説いた問題論文を発表したのが一九八九年前半、すなわちベルリンの壁の崩壊以前であったことは、まさにイデオロギー対立がすでに終わっていたことを象徴している[4]。

ソビエト帝国の終焉

イデオロギー対立の終焉に比べると、二極対立は一九九〇年代初めまで終結しなかった。一九七〇年代後半のアメリカには、もはやマルクス・レーニン主義のイデオロギーを恐れる必要はほとんどなくなっていた。モザンビークやアンゴラ、さらにはエチオピアへのソ連の影響力の増大が懸念されたが、それはイデオロギー的な脅威というよりも、地政学的な脅威であった。アメリカにとって、ソ連が石油資源の宝庫である中東へ南から迫ろうとしているように見えたのである。そして、一九七九年十二月、アフガニスタンにソ連が侵攻するや緊張は一挙に激化した。今やソ連は中東に北と南から迫ろうとしている、王手をかけてきたとの観測すらなされた。(5)

ヨーロッパ正面でも、ソ連のSS－20配備は大きな問題を引き起こしていた。一九七七年、西ドイツ首相ヘルムート・シュミットは、ソ連が中距離核ミサイルSS－20を配備していることに警鐘を鳴らした。西側にはこれと同等のシステムがないことを懸念したのであった。NATOは一九七九年、ソ連と中距離核ミサイル削減に関する軍縮交渉を行うが、もし軍縮が実現しない場合は西側も対抗上、パーシングII型ミサイルと巡航ミサイルの配備を行うという、いわゆる「二重決定」を行った。ブレジネフ政権末期のソ連は、これに対しなんら柔軟な対応を見せず、ついに一九八三年、西欧にパーシングIIと巡航ミサイルの配備が始まった。これは西欧諸国にとってはきわめて厳しい選択で、西ドイツでは大規模な反核デモが起こった。(6)

戦略核のレベルでも、ソ連のICBM（大陸間弾道ミサイル）の高度化は進み、一九七〇年代後半、アメリカではソ連がアメリカに対して第一撃能力（最初の核攻撃で相手方の戦略核をほぼ壊滅状態にしてしまう能力）を持つのではないかとの懸念が広まった。多弾頭化の進んだソ連のICBMは、アメリカの地上発射のICBMのサイロを第一撃で壊滅状態にし、アメリカに第二撃能力を残さないのではないかと心配された。戦略核の防衛においてアメリカには「脆弱性の窓」が開いたとの議論がなされたのである。[7]

また、ソ連の戦略潜水艦の能力向上も著しかった。これまでアメリカ大陸近くまで行かなければ、アメリカ大陸を潜水艦発射核ミサイルのターゲットにすることのできなかったソ連の戦略潜水艦に比べ、新たに開発されたデルタ級の潜水艦は、ソ連近海のバレンツ海やオホーツク海へ配備されることでアメリカを狙えることになった。この戦略潜水艦を防衛するために、ソ連海空軍はさらに増強された。ウラジオストックに本拠をおくソ連太平洋艦隊には空母が回航され、また高性能のバックファイア爆撃機が数多く配備されるようになった。日本で一九八〇年代にソ連脅威論が高まることになった所以である。

ソ連が北海道の北部を占領する計画を立てているとの懸念が広まり、日本では、一〇〇〇カイリのシーレーン防衛がいわれ、対潜水艦作戦に海空自衛隊の重点がおかれ、陸上自衛隊の北海道防衛能力が強化された。カーター政権までのアメリカは、一つの大規模戦争と一つの小規模戦争に同時に対処できることを目指したいわゆる「一と二分の一戦略」をとってきたが、レーガン政権は一つの戦域から他の戦域へ柔軟に戦力を移動できるような「多正面柔軟対応戦略」をとるようになった。アメリカ海軍の中では、いわゆる「海洋戦略」が提起され、もしソ連が西欧や中東で軍事行動を起こせば、アメリカは他の地域（つまり極東で）第二戦線を開くというわゆる「水平エスカレーション」の考えが真剣に考慮された。[8]

つまり、一九八〇年代半ばまでは二極対立的側面は強まりこそすれ、決して弱まっていたわけではない。おそらく転機となったのは一九八三年であった。アメリカのレーガン政権はソ連の全般的軍事力強化に対抗するために大軍拡に着手していたが、一九八三年三月、突然、アメリカを核攻撃から守るための「戦略防衛構想」(SDI)を発表した。この構想はアメリカの専門家の間でもその実現可能性については疑問視する向きも多かったが、ソ連はこれに一大脅威を感じた。さらに、一九八三年暮れにはINF(中距離核戦力)交渉の進展が見られなかったことを契機に、西ドイツを中心とした反核の世論にもかかわらず、パーシングII型ミサイルと巡航ミサイルの配備を開始した。これに対しソ連は軍縮交渉を中断することで対抗したが、レーガン大統領のSDIとNATOのINF配備という強硬措置は、ソ連内部に、はたしてこれ以上西側と軍拡競争をやっていけるかという深刻な懸念を呼ぶことになった[9]。しかし、ソ連は当時、老齢の指導者たちが次から次へと死去するという権力移行期であった。一九八二年十一月、ブレジネフが死去、彼を継いだアンドロポフもまた一九八四年二月に死去、そして一九八五年三月にはアンドロポフを継いだチェルネンコも死去した。このような中で、ソ連指導部はほとんど硬直状態に陥っていた。

局面が変わったのは一九八五年三月にゴルバチョフが書記長に就任してからである。ゴルバチョフは米ソ軍縮交渉の再開に合意し、国内でペレストロイカを開始する一方、次から次へと軍縮提案を行っていった。ソ連を崩壊させることがゴルバチョフの意図であったはずはない。二極対立という米ソ関係から対立の側面を解消しようとしたのが、この軍縮提案の意図であったのであろう。現時点で振り返ってみれば、ゴルバチョフの狙った対立が解消したのは確かであるが、より重要なのは、対立の解消とともに二極状態も解消することになったことである。もちろん一九八〇年代の間は、軍縮交渉はソ連指導部が十分制御する中で行われた。一九八七年十二月のＩＮＦ条約はその成果であった。

しかし、すでに述べたイデオロギー対立の解消を背景にして、ソ連でペレストロイカとともに行われてきたグラスノスチは、二極構造に破局をもたらすことになった。一九八九年の東欧革命であり、その後のソ連における共産党の指導体制の崩壊である。東欧およびソ連国内の人々は、表現の自由が認められるようになると、もはやマルクス・レーニン主義の教義に従おうとはしなかった。政権交代にソ連軍が弾圧をしないことが明らかになるや、東欧の諸国は次から次へと共産党政権を交代させた。

ソ連でも一九九〇年二月、憲法改正でソ連共産党の優越という規定は削除された。さらに、このような動きと並行し、ソ連内部における分離の動きが強まる。ソ連自体の崩壊のプロセスが始まることとなった。ゴルバチョフは、分離の動きを食い止めるべくソ連内部の各共和国との連邦条約を新たに作成することを目指したが、この過程で各共和国内部でさらに自立の動きが強まった。他方ソ連内部の保守派も危機感を募らせていった。カタストロフは一九九一年八月に起きた。保守派のクーデタの企てである。このクーデタが失敗に終わるや、もはやソ連共産党の権威は地に落ち、瓦解のプロセスを止めることはゴルバチョフにはできなかった。一九九一年十二月、ソ連は解体された。

こうして、一九八九年に、ソ連の「外部帝国」と見なされた東欧諸国がソ連の軍事的影響

	国内総生産（100万ドル）	人　口（100万人）
アメリカ	6,259,899	257.8
日　本	4,214,204	124.5
ドイツ	1,910,760	80.7
フランス	1,251,689	57.5
イタリア	991,386	57.1
イギリス	819,038	57.9
スペイン	478,582	39.5
カナダ	477,468	28.8
ブラジル	444,205	156.5
中　国	425,611	1,178.4
メキシコ	343,472	90.0
韓　国	330,831	44.1
ロシア	329,432	148.7
オランダ	309,227	15.3
オーストラリア	289,390	17.6
アルゼンチン	255,595	33.8
スイス	232,161	7.1
インド	225,431	898.2
ベルギー	210,576	10.0
オーストリア	182,067	7.9

表2－2　主要国の国内総生産と人口（1993年）

力から離れ、一九九一年末にはソ連自体が消滅することになった。国連の安全保障理事会の常任理事国のポストなど、さまざまなソ連の権限を引き継ぐことになったロシア連邦は、もはや超大国とはいえない存在となった。人口だけでいっても、かつてのソ連が三億人弱だったのに対し、ロシア連邦は一億五〇〇〇万人と半減した（アメリカは二億五〇〇〇万人）。ロシア連邦の人口はインドネシアより少なく、ブラジル並みになった。国民総生産について見れば、ソ連のそれが一九八九年には二兆一〇〇〇億ドル程度と推定されていたのに対し[10]、一九九三年のロシア連邦のそれは三二九四億ドルにすぎない。アメリカの六兆二五九九億ドルや日本の四兆二一四二億ドルには遠く及ばず、今やロシア連邦の国内総生産はカナダやスペインに及ばないのみならず、ブラジル、中国、メキシコ、韓国にも及ばない[11](表2-2参照)。

ロシアの軍事力は、依然として量的には強大だが、外洋艦隊の活動は大きく低下し、今やかつてのソ連のような遠方投入能力がないことは明らかである。また、核兵器についていえば、依然としてロシアが大量の核を保持していることは確かであるが、これは今や他国をターゲットにして脅威を与えるという存在ではない。そうではなく、うまく管理していかないと別の国に流出したり、事故を起こしたりしかねないという意味で危険な存在だというのにとどまるのである。もちろん、ロシア経済が再建され、再び軍事力強化の道を選択すると考えることは可能であるが、その場合でも、現在、新しい武器の生産ラインがほとんど停止していることから、アメリカに対抗しうるような軍事的能力を再び保持するためには少なくとも十年以上の時間が必要であろう。

2 冷戦終結の意味——何が起こるか

冷戦が、これまで検討したような二つの意味で終結したとすると、その後、一体何が起こるのであろうか。ここで、もう一度、冷戦の二つの意味について振り返ってみる必要がある。第一は二極対立という意味であり、第二は二つのイデオロギー対立という意味であった。両者は、世界システムのどのような側面について述べていると考えればいいだろうか。これまでの検討から答えはおのずから明らかであるが、繰り返してみると以下のようになろう。

二極対立——世界システムにおける軍事力を中心としたパワーの分布の一つのパターン[12]
二大イデオロギーの対立——世界システムにおける指導思想の分布の一つのパターン

それでは、世界システムにおける軍事力を中心としたパワー分布は、二極対立が終結した今、どのようになっているだろうか。そして、その意味は何か。第二に、世界システムにおける指導思想の分布はどうなったのか。そして、その意味は何か。これが以下で議論する問題である。

単極か多極か

世界システムの軍事力を中心としたパワー分布において二極の状態が終結したとすれば、論理的に考えられる状態は単極か多極かのいずれしかありえない。そして、二極対立の終結がソ連の解体によって起こったとすれば、最も単純な結論は、世界が単極になったということである。今やアメリカのみが唯一の超大国である、といわれることがあるが、まさにこのことを指している。

一九九〇年夏に起こったイラクのクウェート侵攻に端を発する湾岸危機・戦争は、アメリカのみが世界各地で起こる紛争に対して軍事力を瞬時に展開し、相手方を圧倒できる能力を持っていることを示した。事実、湾岸戦争以後、世界は「単極システム」になりつつあるのだという議論がかなりなされた。一方には、クラウサマーのようにそれを望ましいと説く論者もあったし、また中国の多くの専門家のようにそれが危険であることを論難する論者もあった⒀。

しかし、他方、世界は多極になりつつあるのだとの議論もなされた。冷戦の終結と同時に、大量の戦略核兵器は政治的にはほとんど意味がなくなり、またアメリカ軍の削減のペースも大きくなった。世界各地からアメリカ軍が撤退する趨勢も見られるようになった。また、戦後、ヨーロッパ諸国や日本などの経済力が向上するにつれ、アメリカの相対的な国力も低下した。したがって、冷戦が終わった後に起こる力の分布は、単極ではなく、多極なのだというのである。

地域ごとに区別して、かつての冷戦の正面の一つであったヨーロッパではそうだという議論がなされたり⒁、アジアでは今後、日本、中国、ロシア、インドの四つの大国の間でパワーゲームが繰り広げられるのだというような議論がなされたりしている⒂。

それでは、世界が単極になったとしたらどうなるのか。また逆に、多極になったらどうな

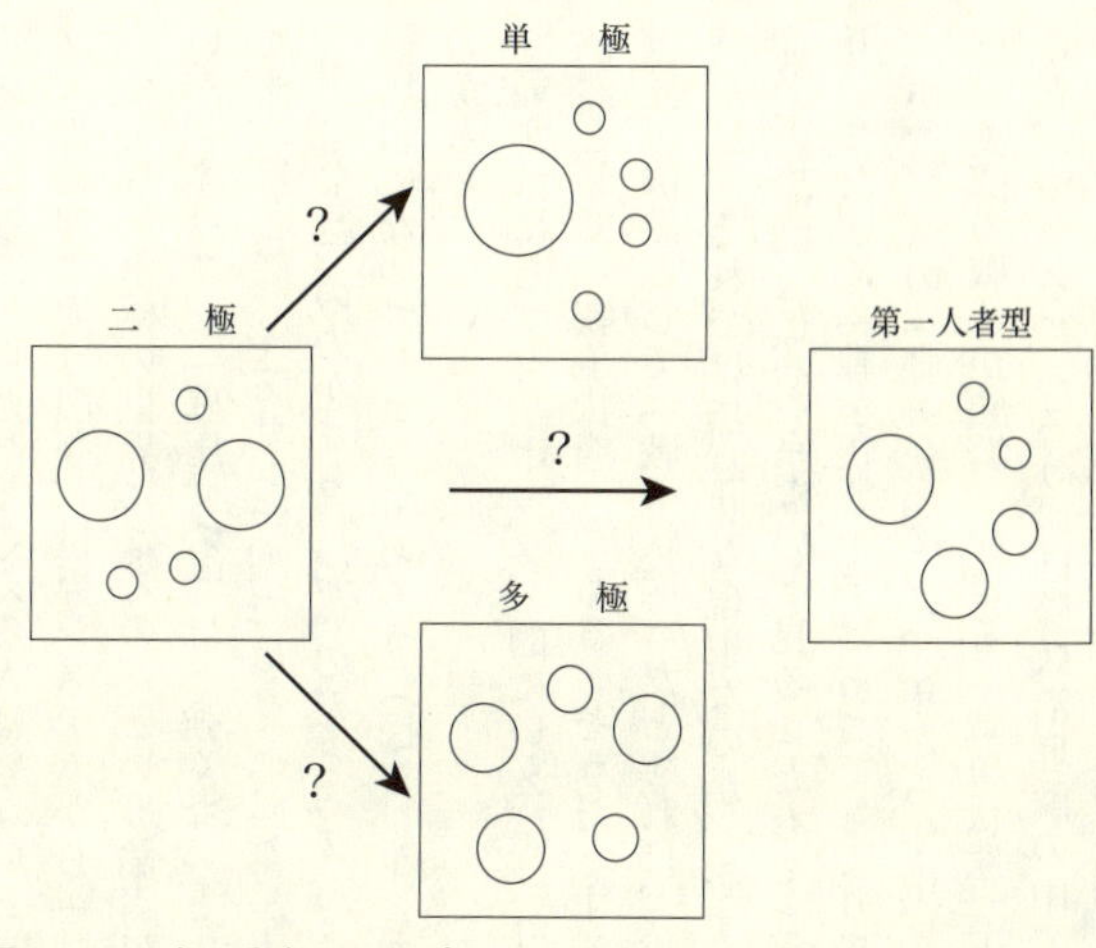

図２－１　力の分布のタイプ

るのか。まず単極の可能性について検討してみよう。一つの考え方は、アメリカが世界の「リヴァイアサン」になるというものである。つまり、アメリカが「すべてを威圧する権力」[16]を保持し、世界各国が「かれらのすべての権力と強さとを」アメリカに与えるならば、アメリカを主権者とする世界大の「コモンウェルス」が誕生する、という考え方である。ここに世界は平和となり、世界諸国はホッブズのいう自然法を守るようになるのである。[17]

しかし、アメリカは世界各国が「かれらのすべての権力と強さ」を与えることに合意するほど、つまり「すべてを威圧する」ほど強力だろうか。実際のところ、このような想定をする論者はほとんどいない。アメリカが世界のリヴァイアサンになるほど強力だと考える人はいないと見てよいだろう。とすると、どうなるか。ホッブズの論理に従う限り、世界システムから「戦争状態」は解消しないことになるであろう。

つまり、単極の世界になるのだという論者にしても、アメリカは他の国々よりはかなり強いが、すべてを「威圧する」ほど強くないという状態を示していることになる。単極といっても、「リヴァイアサン」型ではなく、「第一人者」型とでもいったらよい。そして、もし、「第一人者」の力がさらに弱いのだと考えると、もはや単極とはいえず、多極といってもよい状態になってしまうであろう（図2-1参照）。意外と、単極論と多極論は近いといえるのかもしれない。

いずれにしても、ホッブズ的にいえば、「リヴァイアサン」型が成立しない以上、世界は依然として「戦争状態」である。そうだとすると、冷戦が終わっても何も変わらないのか。世界が依然として「戦争状態」だとすれば、世界には対立が続くばかりではないか。冷戦の終焉は、それでは無意味な現象なのか。必ずしもそうとはいえない。論理的に考えれば、「戦争状態」は変わらないと見ることもできるが、さらに悪くなるという見方も可能であり、また逆に「戦争状態」ではあってもより良くなるという見方も可能である。

ホッブズの「戦争状態」は、年から年中、実際の戦争をしている状態ではない。とすれば、実際の戦争が頻繁に起こる「戦争状態」とそれほど頻繁でない「戦争状態」を区別することができるであろう。国際政治理論の中では、これは、「国際システム」の「安定」か「不安定」かという問題としてしばしば議論されてきた。つまり、問題は次の点に帰着するのである。

二極、多極のどちらが、安定的な力の分布なのか

読者を失望させないためにあらかじめいえば、この問題に対する解答は決着がついていない。さまざまな考え方が可能だからであり、また、実証的に解答を与えることもきわめて難しいからである。しかし、さまざまな考え方を検討しておくことは有益であろう。本書の以下の章での議論と組み合わせて複合的に考察する際に、このような論理の整理が役に立つと思われるからである。

まず、二極安定論は、冷戦時代の方が安定であった、これから世界が多極になるとすると、人々は冷戦時代を懐かしむようになるだろうという議論をする。[18] しかし、その根拠は何か。

第一の論点は、二極の方が多極に比べて誤認が少ない、というものである。「戦争状態」においては、常に自らを脅かす存在に注意を払っていなければならないし、少しでも有利な状況があればそれを利用しなければならない。二極の場合は、その際考慮すべき対象が一ヵ国しかない。したがって、両者とも常に相手の動きを見つめており、相手に何か不穏な動きがあればすぐ対応できる。こうして、実際の戦争が起こる確率はきわめて低くなる。

これに対し、多極であれば、注視しなければならない国の数は極の数に応じて増加する

し、また他国同士が結託するかもしれない。他国の結託の可能性も、極の数が増えるに従って増える。A、B、C、D、Eからなる五極システムにおいて、Aを対象とした同盟の可能性としては、B＋C、B＋D、B＋E、C＋D、C＋E、D＋E、B＋C＋D、B＋C＋E、C＋D＋E、D＋E＋B、B＋C＋D＋Eの十一通りもある。つまり、検討しなければならない要素がきわめて多くなると、場合によっては必要な対応をとることが遅れるかもしれず、その結果、戦争をしかけられる可能性もあれば、必要な検討が十分でなく、勝てる可能性のない相手に戦争をしかけるかもしれない、ということが起こる。こうして、多極の方が安定を保つのが困難になるというのである[18]。

第一の論点は、極同士の間の戦争についての安定度であった。第二の論点として、極を構成しない、いわば小国間の戦争についての議論がありうる。つまり、二極の状態だと世界の多くの小国は二つの極のいずれかの勢力圏に組み込まれており、それぞれの内部に対する極（超大国）の締めつけが厳しく、したがって、それぞれの内部が安定しているという議論である。しばしば、冷戦が終わって、これまで超大国がはめていた「タガ」が外れて世界は不安定になる、といった議論がなされることがあるが、まさにこの論理である。

以上は、いわば理屈の上での話である。第三の論点として、実際にも冷戦時代は安定していたではないか、という議論がなされる。冷戦は「長い平和」だったのだというわけである。二十世紀前半の時代は明らかに多極であったが、この時代に二つの世界戦争が行われ、その間にも多数の戦争があったのに対し、冷戦時代は米ソはついに戦わなかったではないか。しかも、米ソのみならず、他の先進国同士も戦わなかった。これほど安定した時代があったろうか。さらに、冷戦が終わってみると、各地で民族紛争が噴出してまさに「タガ」が外れたごとくではないか、というのである。[19]

これに対し、多極の方が安定だという考え方もありうる。第一の論点としては、力の均衡のとりやすさということがあげられる。極の数が増えると注視しなければならない国の数は増えるが、そのぶん、ある国の勢力拡大に対して対抗措置をとる可能性が多い。二極だと、一方の国の軍備拡大に対しては自らの軍備拡大でもって対抗することしかできないが、多極であれば、他の国と同盟を結ぶことで対抗でき、その結果、戦争が抑止される確率が高くなる。二極安定論は、それぞれの国が自らのみで対抗措置をとることのできる能力を過大評価している、と反論するのである。[20]

第二の論点として、「タガ」をはめることが一般的に戦争を発生させにくくするのかという疑問が提示しうる。勢力圏があると、「タガ」がはまっていて戦争が起きないとは必ずしもいえない。「タガ」をはめるために戦争が起こるかもしれない。また、勢力圏を拡大するために、世界各地で二極同士が介入の競争をして、紛争をかえって発生させやすくするかもしれない、というような反論ができるであろう。

さらに、冷戦期の現実を見ても、二極の方が安定だとは必ずしもいえない、との議論もできるだろう。たしかに、米ソ冷戦においては米ソは戦わなかったが、これは最後に力のバランスをとることにソ連が困難を感じ、その結果、たまたまソ連が屈伏したから戦争が起きなかったのであって、ソ連が屈伏しなければならない理屈はこれまでの議論からは出てこない。かえって、まったく形成が悪化する前にソ連が攻撃をしかける可能性もあったのではないか、という議論が可能であろう。また、冷戦の時代における第三世界の代理戦争の頻発を見れば、「タガ」がはまっていたなどとはとてもいえない、という議論になるのである。

二極と多極、どちらが戦争が起きやすいか

しかしながら、以上の議論からいえることは、理屈の上では二極安定も多極安定もどちらにもそれなりの根拠があるということ、また冷戦期の歴史だけを大まかに観察しただけではどちらが正しいというだけの根拠はないということである。したがって、両者の考え方の優劣を評価するには、より体系的な実証分析が必要となる。理屈では優劣がつかないとすれば、事実はどちらの理屈とより整合的かを調べるしか方法はないからである。しかし、その事実の検証にしても、冷戦の時代というような時期的に限られた分析では不十分であろう。冷戦以後の時代にも当てはまるような傾向を調べるためには、かなり長期の歴史の中で事態を検証する必要が出てくるからである。

いうまでもなく、誰の目にも納得のいくような実証分析はなかなか難しい。しかし、最近の原田至郎の分析はこれまであまり注目されなかったような事実を含んでおり、示唆に富む[21]。まず、原田は近代世界システムにおける戦争として一四九五年から一九八九年までの一九八の戦争を特定し、これと世界システムの特徴との関連を調べた。世界システムの特徴と

しては、海洋における力の分布、大陸における力の分布、そして世界経済の状態としてコンドラチェフの上昇と下降の時期が検討された。

この原田の研究では、世界の力の分布を考える場合、全体としての多極とか二極を考えるのでなく、大陸と海洋という二つの舞台を考え、そこでの力の分布が検討されている。たしかに、近代世界システムの歴史を考えてみた場合、大陸を舞台とした陸軍力を中心に見た力の分布と、海洋を舞台にした遠方投入能力（海軍・空軍）を主体に見た力の分布は、かなり異なるように見えるからである。冷戦の時期について見ても、大陸についてはずっと二極だったと見られるが、海洋については一九四五年から一九七〇年頃までは単極、それ以後のソ連海空軍の増強に伴って二極になったといった方がより正確であろう。

原田の研究の指し示すところは、これまでの議論からすればやや意外なものであった。つまり、戦争の頻度についていうと、海洋においても、大陸においても、二極の時が最も戦争が起きやすく、戦争の規模についていうと、二極の時が最も規模が小さい、というのである。つまり、大陸においても、海洋においても、二極の時は戦争は起きやすくなるが、その規模はあまり大きくならない。二極の時に「タガ」がはめられているとすれば戦争の規模についてである、ということになる。それでは、多極と単極の時はどうなるのだろうか。

まず、海洋の力の分布からいうと、戦争の発生頻度は多極が一番低く、次いで単極となり、すでに述べたように二極が一番高い。大陸の力の分布について見ると、二極が一番頻度が高いのは変わらないが、次に多極となり、単極が一番頻度が低い。戦争の規模について

Ⅰ　大国の関与する戦争の発生頻度とシステム要因は関係ない。
Ⅱ　大国の関与する戦争の規模は、海洋多極の時最大、海洋単極の時最小。
Ⅲ　非大国間戦争の発生頻度は、大陸も海洋も、
　　二極　>　多極　>　単極
の順になる。
Ⅳ　非大国間戦争の規模は、
　　経済上昇／大陸単極／海洋単極　が最大
　　経済下降／大陸単極／海洋多極　が最小
Ⅴ　冷戦後（大陸多極／海洋単極）は、
①　大国の関与する戦争の頻度は、何ともいえない。
②　大国の関与する戦争の規模は、冷戦期と変わらない。
③　非大国間戦争の頻度は、冷戦期より少なくなる。
④　非大国間戦争の規模は、
経済下降が続けば、冷戦前期より大きく、冷戦後期より小さい。
経済上昇になれば、冷戦期より小さくなる。

（注）原田至郎「世界システム・レベルの戦争相関因子――力の分布構造と世界経済の状態」山本吉宣・田中明彦編『戦争と国際システム』（東京大学出版会、1992年）pp. 237–260の計量結果を筆者がまとめたもの。

表2－3　戦争の発生・規模とシステム要因（まとめ）

は、単極と多極とではややあいまいな結果となったが、いずれにしても二極よりも大きくなるという傾向では変わらなかった。

この原田の研究のさらに面白いところは、彼がすべての戦争について以上のような傾向を示しただけではなく、戦争を大国の関与した戦争と、大国の関与しなかった戦争に分けてさらに分析したところである（表2－3参照）。

このように大国が関与したものとそうでないものを分けたうえで、大国の関与した戦争について見ると、実は力の分布（海洋におけるそれも大陸におけるそれも）は戦争の発生頻度とは統計的に関連しているとは見られない、という結論が出た[22]。戦争の規模について見ると、海洋における力の分布のみが統計的に意味のある関連性を示し、そこでは海洋における多極の時、最も戦争の規模が大きくな

ることがわかった。そして、実はすべての戦争について見られた傾向をより鮮明に示したのが、大国の関与しない戦争についてであったのである。つまり、大国の関与しない戦争は二極の時に最も発生頻度が高くなり、経済が上昇し、大陸が単極で、海洋も単極の時、規模は最大になる。規模が最小になるのは、経済が下降し、大陸が単極で、海洋が多極の時ということになるのであった。

もし原田の研究の示すような傾向が冷戦後も続くとすれば、どういうことになるのであろうか。まず、冷戦の終焉によって、ソ連の海軍力は消滅した。その結果、海洋（つまり遠方投入能力）における力の分布は単極になったといってよいであろう。アメリカの海空軍力を凌駕するような国が登場する可能性はきわめて低いであろう。しかし、大陸においてはどうか。ヨーロッパ大陸からは、すでにアメリカは軍隊を大幅に撤退させている。また、アジア大陸には、朝鮮半島を除いて、アメリカ陸軍の拠点はまったく存在しない。とすると、大陸においては多極だということになるだろう。つまり、冷戦後の世界は、海洋単極、大陸多極という組み合わせになると思われるのである。

この組み合わせの意味するところは何か。まず第一に、大国の関与する戦争の頻度については何ともいえないということである。過去のデータは、大国の関与する戦争の頻度について、力の分布が一貫した影響を与えていないことを示しているからである。次に、大国間戦争の規模についていうと、海洋における単極はあまり大きな戦争をもたらさない、という傾向を持っている。[23]つまり、冷戦後の大国間関係についていうと、戦争が起こりやすくなるかどうかはよくわからないが、もし戦争が起こったとしても、海洋多極の時ほどは規模は大きくならない、という結論が導かれる。

第二に、非大国間戦争についていうと、大陸多極・海洋単極という組み合わせは、冷戦前期（大陸二極・海洋単極）と比べても、また冷戦後期（大陸二極・海洋二極）と比べても、戦争の頻度を低くする傾向がある。しかし、戦争の規模について見るとやや複雑である。つまり、戦争の規模には、大陸における力の分布、海洋における力の分布、そして長期的な経済動向（コンドラチェフ）が関係しているからである。もし、現在の長期的経済動向が依然としてコンドラチェフの下降局面にあるとすると、冷戦後初期は経済下降・大陸多極・海洋単極という形になる。これは、冷戦前期（経済上昇・大陸二極・海洋単極）と比べると戦争規模を大きくしやすく、冷戦後期（経済下降・大陸二極・海洋二極）ほど戦争規模は大きくならない、という傾向が示される。もしかりに、今後、経済の長波が上昇に向かい、大陸や海洋の力の分布が異ならないとすると、この分布はかなり戦争規模を小さくし、冷戦のいずれの時期よりも戦争規模が小さくなる。

つまり、原田による実証分析の結果は、冷戦後の世界について過度の悲観論もまた過度の楽観論も慎むべきことを教えている。まず、大国間の戦争の頻度については、これが頻発するかどうかは力の分布のみからは何ともいえないことが示されるが、かりに起こった場合の規模については、海洋多極の時のように大規模になることはないということが示される。また、大国の関与しない戦争については、その頻度は冷戦期ほど多くならないことが示されている。しかし、その規模について見ると、冷戦前期よりは大きなものになる可能性が示唆されているのである。

この実証結果は、やや楽観的に響くかもしれない。しかし、大国の関与する戦争の規模が海洋多極ほどには大きくならないというのは、実は冷戦の最中とほとんど変わらないということをいっているにすぎない。ベトナム戦争や朝鮮戦争のような規模の戦争が起こるのだとすれば、それほど冷戦後の世界について楽観的になるわけにはいかないであろう。

イデオロギー対立の終焉か再発か

しかし、力の分布の分析のみから冷戦の終結の意味するところを結論づけるわけにはいかない。冷戦は二極対立であっただけでなく二つのイデオロギーの対立という側面もあったからである。それでは冷戦のイデオロギー対立の側面を重視したとすれば、冷戦後の世界はどのようになるといえるのだろうか。マルクス・レーニン主義の教義は、今や中国やベトナムにおける共産党体制擁護のための弁護のイデオロギーとしては残っているが、世界の他の地域では自由主義的民主制のイデオロギーと影響力を競うほどの力を持ってはいない。[24]

すでに述べたように、一九七〇年代後半以降、自由主義的民主制の政治体制をとる国の数は増えて、今や六十ヵ国程度にまでなっている。このような自由主義的民主制の増加は、世界システムにいかなる影響を与えるのであろうか。

二極対立の原理となったホッブズやその他の「現実主義者」の論理からすれば、国内政治体制が民主制であろうとなかろうと、それは国家の対外行動には何の影響もない。したがって、自由主義的民主制が増大したからといって、世界システムにおける「戦争状態」には何ら変化はない、ということになる。しかし、このようなホッブズ的見方のみが唯一の見方ではない。国家体制によって、戦争を起こしやすかったり、戦争に慎重になったりするという有力な反論がある。「君主政の精神は戦争と強大化であり、共和政の精神は平和と節度である」といったモンテスキューの議論にその端緒が見られるが、[25]積極的にこれを主張したのはイマニュエル・カントである。カントによれば、「共和制」をとる国はそもそも戦争に対してきわめて慎重である。[26]なぜなら、

戦争をすべきかどうかを決定するために、国民の賛同が必要となる（この体制の下では、それ以外に決定の方途はないが）場合に、国民は戦争のあらゆる苦難を自分自身に背負いこむ（たとえば、自分で戦う、自分自身の財産から戦費を出す、戦争が残した荒廃をやっとの思いで復旧する、こうした災厄をさらに過重にするものとして、最後になお、平和であることすらも苦々しくさせるような、〔たえず新たな戦争が近づいているために〕決して完済にいたらない負債を自分に引き受ける、など）のを覚悟しなければならないから、こうした割りに合わない賭け事をはじめることにきわめて慎重になるのは、あまりにも当然のことなのである。これに反して、臣民が国民ではないような体制、つまり共和的ではない体制においては、戦争はまったく慎重さを必要としない世間事であるが、それは元首

が国家の成員ではなくて、国家の所有者であるからである。[27]

カントは、各国が共和的であることが「永遠平和のための第一確定条項」であると論じ、さらに「第二確定条項」として、このような共和制の国家同士が「平和連合」とでも名づけることのできる「連合」を結ばなければならないと論じた。この「連合」は、「ある国家そのもののための自由と、それと連合したほかの諸国家の自由とを維持し、保障すること」を目的とし、それだからといって諸国家に対し服従を強制するものではないものだとされた。世界共和国という「積極的理念」は現実には実現不可能なので、このような連合を拡大していくという「消極的な代替物」が必要なのだとカントは論じた。さらに「第三確定条項」として、カントは普遍的友好をもたらすような「世界市民法」の存在をあげる。こうして、世界市民法のもとに、共和制の国々からなる「平和連合」が永遠平和の条件だということになるのである。[28]

しかし、「共和制」は戦争に対して慎重であるというカントの命題は、その後の歴史によっておおむね否定されたといわざるをえない。さまざまな戦争研究の示すところでは、自由主義的民主制の国家が格別戦争をしなかったというわけではないからである。アメリカ合衆国やイギリスは、過去二世紀の間、最もしばしば戦争に従事した国であった。やはり、ホッブズ的論理が正しいといわざるをえないのであろうか。自由主義的民主制が多くなったからといって、「戦争状態」には変わりがない、ということになるのであろうか。

そうとばかりはいえない、というのが最近しばしば論じられるようになった議論である。[29]マイケル・ドイルは次のような事実に着目することによって、カントの議論を復活させた。それは、

自由主義的民主制の国同士は、お互いに戦争をしない

という命題である。ドイルは、十九世紀以後の自由主義的民主制と見なされる国家をすべてリストアップし、それぞれの国家がかつての戦争において敵対したことがあったかどうかを検討したのである。その結果、自由主義的民主制を奉ずる国家同士が戦争をしたことが一例もないことを発見した。[30]つまり、カントの第一確定条項自体は正しいとはいえないが、第二確定条項と結びつけると、「平和連合」内部では戦争は起こらない、ということはいえる、というわけである。

「歴史の終焉」を説いたフランシス・フクヤマは、自由主義的民主制がマルクス・レーニン主義に勝利したことによって、もはや自由主義的民主制に挑戦する対抗イデオロギーは消滅し、その国際的含意はカントのいう「平和連合」だと主張した。[31]この「平和連合」の地域は、フクヤマによれば、すでに「歴史」の終わった地域「歴史後の世界」である。

とすると、世界システムは「歴史後の世界」と「歴史世界」の二つの地域に分割され、「歴史世界」では国際紛争や戦争は続くが、「歴史後の世界」ではもはや戦争は起きない、と

いうことになる。ただし、あいまいなのは、「歴史後の世界」に属する国家と「歴史世界」に属する国家との関係である。ドイルによれば、自由主義的民主制の国家はお互いに戦争をし合うことはないが、自由主義的民主制でない国家とはかなり頻繁に戦争をしてきた。とすれば、「歴史世界」と「歴史後の世界」の間にはまだ戦争の可能性があるということになるのであろう。

いずれにしても、ここでの「冷戦」の終結の意味は、二極対立の終結による「冷戦」の終結の意味と著しく異なるものである。冷戦の終結が「現実主義」のいうような多極になるとすると、二極よりも安定になるか不安定になるかの議論はありうるにしても、そこでは大国同士の戦争の可能性は除外されていない。二極安定論に立つ論者からすれば、多極の世界はきわめて不安定で、皆いずれ冷戦時代を懐かしむようになるとすら論じているのである。また、特に二極安定論に立たないにしても、近代世界システムの超長期にわたるデータを使った実証分析は、依然として大国間の戦争の発生を否定していない。そして、大国の関与する戦争が発生すれば、冷戦時代と少なくとも同じくらいの規模になりうることが示されている。

これに対し、イデオロギー対立の終結の意味するところはまったく異なる。もし、自由主義的民主制の国家同士が戦うことがないとすれば、少なくとも自由主義的民主制をとる国々の間の国際関係は、現実主義の描く世界とはきわめて異質なものになる。平和の可能性が非常に高くなるというのである。

どちらが正しいといったらよいのだろうか。この問題に性急に答えを出す前に、世界システムについてのさらに別の見方を検討しなければならない。「冷戦」が戦後世界の一大特徴であったことは間違いないにしても、唯一の特徴であったわけではないからである。

第三章　アメリカの覇権とは何か

一九八九年以降の冷戦の終結に伴う多くの劇的な変化のためか、その少し前にさかんに議論された現象がほとんど忘れられたような感じさえする。アメリカの覇権の凋落という議論である。一九八七年末に出版されてアメリカのみならず日本でも翻訳がベストセラーになったポール・ケネディの『大国の興亡』は、アメリカの衰退について議論することを一種のファッションとさせた。アメリカでは、「衰退主義」（デクラインズム）というような新語まで生まれた。[1] 日本でも、ケネディの『大国の興亡』が出る数年前に、すでに高坂正堯が『文明が衰亡するとき』を書き、アメリカの衰退について論じていた。[2]

大平正芳総理の私的研究会である「総合安全保障研究グループ」が日本の『総合安全保障戦略』を提言する際に前提としたのは、「一九七〇年代の国際情勢の変化の中で最も基本的な事実は、なんと言っても、アメリカの明白な優越が、軍事面においても、経済面においても、終了したことである。アメリカは、一九六〇年代の終わり頃まで『世界の警察官』であり、同時に、世界の大半を覆うIMF・GATT体制の主柱として『世界の銀行家』でもあったが、今やそのいずれでもなくなった」との認識だった。[3]

国際政治の学界では、このようなアメリカの優越から衰退への動きを、アメリカの覇権から覇権の衰退という用語でとらえようとの議論がさかんに行われた。著名なアメリカの国際政治学者が『覇権の後で』(After Hegemony) という著作を発表したのが一九八四年であり、日本で村上泰亮が「あふたあ・へげもにい」という論文を発表したのもほぼ同じ頃であった(4)。

このようなアメリカの覇権衰退という現象は、冷戦の終結という事態の前ではもはや「基本的事実」ではなくなってしまったのだろうか。すでに検討したように、湾岸戦争直後にはアメリカ単極論が云々されたし、ソ連の崩壊とロシアの不安定性を前にして、今やアメリカのみが唯一のスーパーパワーだといわれることすらある。前章で見たように、軍事力の遠方投入能力すなわち海空軍力で見れば、現在アメリカのみが圧倒的力を持っている。アメリカの覇権が衰退したという見方は、国際政治を考える時もはや考慮する必要はないといってよいのだろうか。

そんなことはない。というのが、本書の立場である。もちろん、本書のより大きな立場は冷戦の終結も覇権の衰退も世界システムの変化としては最重要なものでないというものだが、覇権の衰退は冷戦の終結と少なくとも同等程度の重要性を持っていると主張したいのである。

冷戦後の世界について論じた箇所で、「多極」の可能性について論じた。アメリカの衰退を考慮することなしに、世界が多極になるなどと考えるのは不可能である。つまり、冷戦の終結後の展望を考える場合にも、アメリカの覇権の衰退は考慮しなければならない。しかし、アメリカの覇権とその衰退は、実は冷戦の終結についての議論とかなり異なる現象についての議論を含んでいる。かりに冷戦の終結がなくとも、世界システムのある部分について覇権衰退は決定的な影響を持っていたし、冷戦が終結した今、より一層の深刻さを世界に投げかけていると思われるのである。したがって、今後の世界システムの行方を考察するのに、アメリカの覇権について、そしてその衰退についての考察は不可欠なのである。

1　覇権と超大国の違い

「支配」か「リーダーシップ」か

しかしながら、読者の中には、何か変だという感じを持たれる方があるかもしれない。前の章で、冷戦の議論をした時に、米ソ双方が「超大国」だという前提で議論した。超大国と覇権とは違うのか。もし、戦後の時代が二極対立の時代だったというのであれば、戦後がアメリカの覇権の時代だったということと矛盾するのではないか。覇権の時代というのは、一つしか超大国が存在しない時代のことではないのか。戦後について、冷戦という見方でとらえつつ、他方で覇権の時代だったというのはおかしい。そのような疑問が当然浮かぶであろうからである。

この辺の整理はどうしても必要なのであるが、その前に覇権という言葉について、それがどのように使用されてきたかを検討してみよう。というのは、この言葉は、伝統的な国際政治学ではそれほど多く使用される言葉ではなかったからである。[5]

英語のヘゲモニー(hegemony)を、たとえばオックスフォード・イングリッシュ・ディクショナリー(OED)で引いてみると、「リーダーシップ、支配、優勢。とりわけ、連合や同盟における、ある国の他国に対するリーダーシップや優越的権威。もともと古代ギリシアの諸国家についていわれたが、そこからドイツの諸国家についていわれ、現代の使用例に至る」[6]。つまり、もともとこの覇権という単語には、指導力を発揮するというリーダーシップという含意と、支配をするという含意と、そして勢力が優越しているという含意が、微妙に混ざり合っている。

日本語や中国語でヘゲモニーの訳語として使われる「覇権」の元になる「覇」という言葉も、もともとは春秋時代の諸侯同士の連盟の指導者という意味であって、ヘゲモニーと似た語源を持っている[7]。しかし、英語にしても、また中国語や日本語にしても、その後の用例からすればどちらかといえば「支配」とか、他に圧迫を与えるような意味で使われることが多かった。現代中国が、時に、アメリカが中国の人権問題や武器輸出問題について強硬な態度をとることを「覇権主義」といって非難することがあるのは、まさにこの用法である。

一九七八年に日本は中国と日中平和友好条約を締結したが、この時、日中間の交渉の過程で最大の問題となったのは、覇権を求める動きに反対するという条項を入れるか入れないかであった。日本は覇権に反対するという条項を入れると、これが、当時の中国の反ソ的態度からして、ソ連に対して共同して敵対することを約束したようにとられるのではないかと心配して、何とかこの条項を入れることを阻止しようとしたのであった。最終的には、「この条約は、第三国との関係に関する各締約国の立場に影響を及ぼすものではない」というわゆる「第三国条項」を入れることで、「反覇権条項」は日中条約に入ることになった。[8]いずれにしても、この時の「覇権主義」というのはきわめて悪い意味のそれであったことは間違いない。中国で出版された用語解説によれば、「覇権主義」とは「全世界あるいは、世界のある地域で支配をたくらむ、大国、強国が小国、弱国を侮り、圧迫し、干渉し、支配する政策[9]」という意味であった。

ヘゲモニーについて、英米の専門家の間でも悪い意味で使われることは多かった。たとえば、「覇権とは、(1)現実あるいは潜在的な戦争能力を持ち、侵略的意図を有する国家によってとられ、(2)システム内の他の主要な権力の中心に対して、正当あるいは不当な外交目標のために向けられる——最も極端かつあからさまな軍事拡張主義から生まれる優越状況[10]」と理解され、その具体例として十七世紀のスペイン、十八世紀のフランス、そして二十世紀のドイツなどがあげられてきたのである。

「覇権」の意味の好転

しかし、一九七〇年代になって多くの（とりわけアメリカを中心とする）国際政治学者が覇権について云々するようになってくると、ここでいわれるような悪い意味の「覇権」ではなく、リーダーシップを示す用語として、あるいは単に優越的な存在として使用される傾向が出てきた。ギルピンは「覇権とは、もともとギリシア語から出てきたものだが、システム内の他国に対するヘゲモンのリーダーシップを意味する」[11]と語ったし、コヘインとナイは有名な著作である『パワーと相互依存』の中で、覇権とは「一国が、国家間関係を制御する基本的ルールを維持するのに十分なほど強力であり、しかもそれを維持する意思がある」[12]状況だと定義した。

場合によっては、ヘゲモニーという言葉の悪い含意を嫌って、直接的にリーダーシップという言葉を使いながら結局はほぼ同じことをいう論者もいた。また、場合によっては両者を組み合わせて「覇権的リーダー」などという用語を使うものもいた。[13]もちろん、リーダーシップには、多くのメンバーにとって役に立つこと、良いことをするという含意がある。つまりは、覇権はここに良い意味で使われるようになったのである。具体的にいえば、戦後のアメリカのことを頭において、この概念が良い意味で使われるようになった。世界の安定と繁栄のために尽力する大国という形態を抽象化した概念として、覇権が使われるようになったのである。先に引用した、総合安全保障研究グループの言葉を借りれば、「世界の警察官」であり「世界の銀行家」である存在を「覇権国」と呼ぶようになったのであった。より抽象的にいえば、世界システムにおける「公共財」を独占的に供給している存在だといわれることもあった。[14]

このような「覇権」の意味の好転の背後には、一九六〇年代後半から一九七〇年代にかけての世界情勢の変化があった。それまで安定していたと感じられた国際通貨制度が、大きな混乱を遂げるようになったことが特に大きかった。一九七一年にアメリカがドルと金との交換を停止し、一九七三年から主要国は完全な変動相場制に移行したが、通貨の安定は得られなかった。一九七三年には石油危機が起こり、世界経済は一挙に物価高と不況のスタグフレーションに陥った。アメリカはベトナムで敗北し、アジアから撤退するのではないかと懸念された。

こうした混乱を見て、アメリカがしっかりしていた時代がいかに安定しているように見えたか。アメリカの能力の低下が、実はこうした混乱を生み出したのではないかとの観測がなされた。こうした見方が国際社会における覇権の必要性、望ましさという観点を生み出すことになったと思われる。一九五〇年代から一九六〇年代までのアメリカの優越のはっきりしていた時代は、こんな混乱はなかった。世界に一定の秩序を与えるためには、優越する力、すなわち覇権国が必要なのではないかとの見方が生まれたのである。

覇権と超大国の関係

しかし、依然として腑に落ちない、という読者は多いであろう。覇権と超大国はどう違うのか。圧倒的に強い国がリーダーシップを握り、それが覇権国だというのなら超大国と同じではないか。そうだとすると、ソ連も超大国なのだからソ連も覇権国か。どうも、ソ連のことをこのような意味で覇権国といっている論者はほとんどいない。たしかに、かつて中国がソ連の「覇権主義」を非難したが、これは先に検討したように悪い意味の覇権であった。ここで、だいぶ基本的なことになるが、それでは「大国」とか「超大国」とは一体何なのかをもう一度検討しておく必要があるかもしれない。
「大国」あるいは「列強」というのは、英語のグレート・パワーの訳語である。このグレート・パワーは、最近は経済大国などという用語が使われることによって若干混乱してきているが、もともとは軍事的な強さを表す言葉である。イギリスの著名な歴史家であるA・J・P・テイラーは、端的に「大国であるかどうかは、戦争を行う能力で決まる」[15]といっているし、E・H・カーもまた、「大国として認められるのは、通常、大規模な戦争に勝利を得たことへの見返りである」[16]といっている。

ドイツの史家ランケによる大国の定義は、「あらゆる他の国々に対して、たとえそれらが束になってかかって来る場合にでも、対抗して持ち堪え得べき国」[17]というものであったが、大方の見るところ、これはまさに「超大国」の定義にふさわしい。イギリスの国際政治学者マーティン・ワイトはこの一つランクの下の国、つまり「いかなる一つの国とでも戦争を企画できる国」というのが「大国」だといった[18]。第一章で、米ソが「超大国」だと述べたのは、まさに米ソそれぞれが、ランケのいったような軍事能力を持っているという意味であった。

ここで「覇権」という言葉と比較してみると、「超大国」や「大国」という言葉にはほとんど価値が入っていないことがわかる。もっぱら軍事力をどの程度持っているかという能力の問題ということである。これに対し、覇権の意味の中には、秩序を維持するとか、基本的ルールを維持するとか、公共財を提供するとかの良い意味が含まれることもあれば、小国を侮り弱国を圧迫するといった悪い意味が含まれることもある。かりに、覇権がリーダーシップ、支配、優越を意味するとすれば、超大国というのは単に中立的な優越という意味のみを持っている概念だというふうに関連づけることができるかもしれない。とすると、覇権と超大国の関係は次のようになる。

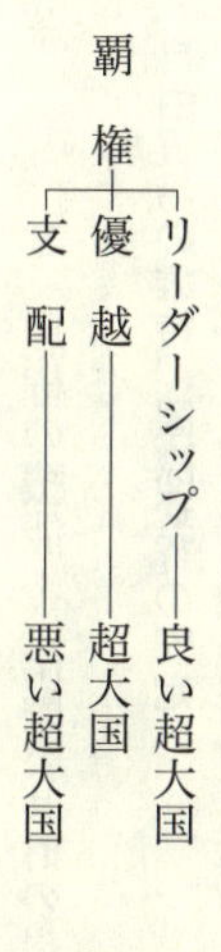

つまりは、超大国であって悪い行動をする国家は、伝統的に「覇権主義」だといって非難されてきたわけであるが、一九七〇年代以降のアメリカの国際政治学を中心とした理解によれば、覇権とは国際的な秩序を維持し、基本的ルールを守るために尽力する——国際公共財を独占的に供給する——良い超大国だということになると整理できるのであろう。ここで「良い」とか「悪い」という言葉を使ったが、それはこの覇権という言葉の使用例には、当然、価値判断が含まれることを示している。論者の立場がはっきりとそこに投影されるからである。自らに好ましいルールのために尽力する超大国は良い覇権国であり、自らに好ましくないと思っているルールを他者に押しつける超大国は悪い覇権国であろう。

その意味で、覇権というのはルールや秩序を形成・維持するという、いわば価値基準を念頭においたうえでの超大国のあり方を示すということができるであろう。つまり、覇権安定論において覇権国という言葉が使われる背景には、ソ連とは異なる「良い超大国」に何らかのカテゴリーを与えたいとの欲求があった。

二つの超大国という言い方は、どちらも価値的に選ぶところのない存在、悪くするとどちらも「暴力団」のごとき存在だということを示しかねない。覇権国に特殊な意味を持たせることで、「警察官」とか「銀行家」などにたとえられる「良い」存在を指し示す必要があったのである。[19]

2　覇権の機能——国際公共財の提供

自由貿易の維持、国際通貨の安定

もし、覇権国がルールや秩序を形成・維持するという機能を果たす超大国のことだとすると、覇権はいかなるルールや秩序を形成・維持するのであろうか。別の言い方をすれば、覇権国はいかなる国際的公共財を供給するのか、という問題である。例によっていくつかの考え方がありうるが、大別すれば、次の五つの考え方が存在する。

①　平　和

② 自由貿易
③ 国際通貨の安定
④ 何らかのレジーム
⑤ 上記のすべて

第一の考え方は、覇権国の存在が平和をもたらすという考え方である。これは実質的には、第二章で議論した「二極安定論」や「多極安定論」と対比していえば、「単極安定論」とでもいったらよい考え方である。十九世紀を「パクス・ブリタニカ」（イギリスの平和）とか二十世紀を「パクス・アメリカーナ」（アメリカの平和）という時、人々が考えるイメージであり、より端的にいえばアメリカが「世界の警察官」であるといった時の考え方である。[20]

第二の考え方は、比較的に自由な貿易秩序が作られるという考え方である。歴史上、自由貿易が存在した時代は、つまり覇権が存在した時代だった、という考え方である。十九世紀に自由貿易が存在したのはイギリスの覇権があったからであり、第二次世界大戦に至る過程で自由貿易が保護主義にとって代わられたのは、イギリスの覇権が衰退し、誰もこれに代わる能力も意図もなかったからであったという議論である。ウォーラーステインの議論は典型的である。彼によれば、覇権国は、覇権を掌握していた間は、グローバルな「自由主義」の唱道者となる傾向にあった。これら覇権を掌握した諸国は、世界経済全体にわたる生産要素（すなわち、財・資本・労働）の自由移動の原則の弁護者として突き進んだ[21]のである。

この第二の考え方と密接に関連するのが、第三の考え方である、国際通貨の安定という機能である。自由貿易にせよ、そうでないにせよ、世界経済が良好に機能するためには国際通貨が安定していなくてはならないとすれば、この通貨の安定は覇権国の存在によってもたらされることが大きいというのである。典型的な議論は、覇権安定論の端緒ともなった次のようなキンドルバーガーの見方である。

指導国は、その内部に取り入れた諸規則からなる何らかのシステムのもとで、意識的にであれ無意識的にであれ、自ら進んで他の諸国の行動基準を設定し、他の諸国をそれに従わせようとし、そのシステムのために過大な負担を引き受け、とくに困難な事態にさいしては余剰商品の受入れと国際投資の続行と手形の割引とによってそのシステムを支える。イギリスは一九一三年までの一世紀の間このような役割を演じたし、アメリカは第二次世界大戦後から、おおまかに言って金利平衡税が実施された一九六三年ごろまでこのような役割を演じた。……世界不況が長期化した理由の一部、およびそれが深刻なものとなった事情の大部分は、イギリスが国際経済通貨システムの保証人としての役割を続行する能力をなくしたこと、そしてアメリカが一九三六年までその役割を引き受けようとしなかったことにあった、ということである。[22]

国際公共財のすべてを提供する？

第四の考え方は、特に何と指定されることはないが、何らかのレジームが形成され維持されるためには覇権国の存在が必要だという考え方である。世界システムのさまざまな領域には、ある種のルールが存在したり、明示的なルールはないにしても規則的な行動パターンが存在したりすることがあり、これをレジームと呼ぶことが多い。

海洋法に関するレジームとか、国際通信に関するレジームとか、武器貿易に関するレジームとかさまざまなものが考えられるが、これらが存在すれば、それなりに国際的公共財と見なすこともできる。さらにいえば自由貿易も国際通貨もレジームの一種だし、平和がある種のルールによって守られているとすれば、平和も一種のレジームかもしれない。したがって、第一から第三の見方はこの第四の見方の特殊ケースといえる。[23]

しかしながら、覇権が存在するとある種のレジームが形成され維持されるということと、たとえば自由貿易が維持されるということは必ずしも一致しない。貿易のレジームには自由貿易を原則としないものも考えられるからである。したがって、第四の見方は、第一から第三までに比べるとやや弱い理論だということもできるかもしれない。つまり、何らかのレジームが、どの領域と特定しないが、覇権国が存在すると形成されやすい、というような議論になるからである。このような見方をする論者は、実際には覇権がどのレジームにつながるかについてはよくわからないが、とにかく何かにつながるかもしれないから、とりあえず調べてみようというような態度を持つ場合が多い。科学者として慎重な態度であるともいえるし、弱い主張であるともいえよう。

第五の見方は、理論としてはより特定性の強いものであって、覇権国の存在と、第一から第三までのすべてが関連しており、さらに第四のいうようにその他にもさまざまなレジームが形成されるという見方である。覇権国の存在が平和につながり、自由貿易につながり、国際通貨の安定につながり、そしてその他さまざまなレジームの形成につながるというのである。第一の見方から第三の見方をとる論者は、他の分野はともかく、たとえば自由貿易については覇権国は重要だといったり、通貨については覇権国は重要だといったりするのだが、この第五の見方はこれらよりはるかに「強い」主張である。つまり、このように重要な国際公共財のすべては覇権国の存在と関係しているというからである。

かつて、E・H・カーが『危機の二十年』において、十九世紀のイギリスについて次のように語った時、彼の意味しているところは、覇権国についての第五の見方に非常に近いであろう。

歴史的にみて、過去において世界社会へ近づいたのは、いつも、ある特定の国家の優越の結果であった。十九世紀において、イギリス艦隊は大戦争が起こらないことを保障したのみならず、海洋の治安を保って、すべての国に平等な安全を与えた。ロンドンの金融市場は、実質的には全世界のための単一の通貨基準を立てた。イギリスの通商は、たしかに不完全で薄弱な形においてではあったが、自由貿易の原則が広く容れられる態勢を確保した。英語は四大陸の共通語となった[24]。

3　覇権の基礎——経済力か総合力か

経済力を重視する見方

覇権国が果たす機能については、このようにさまざまな見方がある。いずれにしても、何らかの国際的公共財を供給していると見られている。しかし、それではいかなる国がこのような機能を果たすことができるのだろうか。覇権国になるための条件は何か。すでに行った検討で明らかなように、覇権国と超大国は類似の概念である。しかし、超大国がおおむね軍事力の基準で評価されたのに対し、覇権の理論を奉ずる多くの論者はそれ以外のとりわけ経済力を重視している。

たとえば、覇権の理論について最も包括的な検討を行ったコヘインは、覇権とは基本的に「物質資源における優越」と定義したうえで、「四種類の資源が重要である」と主張する。四種類の資源とは、「天然資源に対する支配、資本資源に対する支配、市場に対する支配、および高付加価値生産における競争力の保持」だという。[25] これは、もっぱら経済面における優越が覇権の基礎だとする見解である。

ウォーラースティンも同様に経済面を重視するが、彼によれば、生産、流通、金融の三つの分野で、他国を圧倒する競争力を持つことが覇権の基礎になる。コヘインの天然資源への支配と高付加価値生産の競争力は、ウォーラースティンによれば、生産の優越ということにつながるだろうし、市場の支配は流通の優越につながり、資本資源の支配は金融の優越につながるであろう。[26] したがって、コヘインとウォーラースティンの間には、それほど覇権の基盤について違いはないといえるであろう。

経済力・軍事力・文化的影響力・政治力

これに比べると、モデルスキーの世界指導国は、もう少し特殊な基盤を必要とされている。彼によると、

地理条件としての島国性
結合度の高い開かれた社会
先導経済
世界大の政治・戦略組織

の四つの条件が必要だとされる。[27] つまり、経済面での優越のみでは世界的な公共財を供給することは難しく、地理的に守りやすく（島国性）、社会が開放的であり、世界中に自らの影響力を行使する軍事力なり政治力（政治・戦略組織）を持っていないとリーダーシップを振るえない、というのである。

これらを含め、最も包括的に覇権の基盤を議論したのが村上である。村上によれば、覇権国には以下の四つの力が必要であるという。[28]

（1）経済力

（a）技術的な先導的産業において生産性と生産規模の優位をもつこと。単なるGNPの大きさはそれ自体問題ではない。かつてのイギリスは必ずしもGNP第一位国ではなかった。自然資源の大きさもそれ自体では問題ではない。

（b）国際的な資本の流れをコントロールする力をもつこと。そのためにはシステム危機にあたっても、経常収支黒字を作りだす力をもち、資本輸出を適切に実行しうる能力をもつことが殆ど必要条件である。ここで殆どと言ったのは、過去の資産の切売りという方法がないではないからである。

（2）軍事力

世界を蔽って展開可能な軍事力をもつこと。二十世紀前半までの海軍力、現在での遠距離核攻撃能力はその為に不可欠な要素である。大陸における陸軍力だけでは不十分である。

(3) 文化的影響力

世界的にアピールをもつ指導理念を代表していること。知的活動の広範な領域にわたって指導的人材をもつことが、そのために殆ど不可欠である。

(4) 政治力

以上の国力を利用しつつ、国際的な利害対立の調整にあたって指導的な役割を果す意志と能力をもっていること。そのためには、国際的問題の解決に資源ないし資金を割くことについて国内で合意が成立していることが必要であり、さらに国際的に指導者たりうる人材をもっていることが殆ど不可欠である。

この村上の議論によれば、単に経済力だけではなく、軍事力や文化的影響力や政治力も必要だということになる。村上の経済力の条件は、コヘインやウォーラーステインのそれとほぼ同じであろう。また、軍事力の要件も、ほとんどモデルスキーのそれと同じだと見なすこともできるであろう。村上に特徴的なところは、文化的影響力や政治力も重視していることである。

いずれにしても、これらの覇権国としての基本的要件は理論的に抽出されたものというよりは、どちらかといえば史上覇権国として見なされるアメリカ、イギリス、そしてオランダやポルトガルの事例から帰納的に推測されたものである。したがって、村上の要件は、その多くに観察されるものであるが、やや条件をあげすぎている可能性はある。その反面、コヘインやウォーラーステインは、ややすべてを経済力のある部分に還元しすぎているだろう。他方、村上がいくつかの条件について「殆ど不可欠」と「殆ど」をつけているのは含蓄に富んでいるが、ややあいまいといえるだろう。

4　アメリカの覇権は何をもたらしたか

ソ連は覇権国ではなかった

ここまでの議論で、覇権といった時に意味するところ、そしてそれがいくつかの異なる意味を持ちうることなどが明らかになったと思う。それでは、第二次世界大戦後のアメリカは、本当に覇権国と呼ぶのに適当な存在だといってよいのだろうか。また、ソ連をこのような意味で覇権国と呼ぶのは不適切なのだろうか。もし、アメリカもソ連も、ともにここで議論したような意味で覇権国だというのであれば、覇権という概念を導入する意味は相当に薄れざるをえない。つまり、戦後、世界には二つの覇権国が存在したということになり、覇権の時代と冷戦の時代というのは同じことだということになりかねないからである。

実際には、ここで検討したような考え方からすれば、アメリカのみが覇権国というにふさわしい。まず、覇権の基盤の方から検討してみると、前節で検討したすべての論者の基準に第二次世界大戦直後のアメリカがおおむね合致していたことは間違いないと思われる。経済力について、第二次世界大戦直後のアメリカが他の国を圧倒していたのは、特にいうまでもない。一九四八年の工業生産で見れば、アメリカは世界全体の四五％を占め、二位のソ連の二倍以上もあったし、金準備においては、一九四八年には実に世界全体の七割以上を保有していた。[29] 国民総生産についても、一九五〇年の統計で見れば、アメリカは世界全体のほぼ四割を占めていたのである。[30]

もちろん、このような圧倒的なシェアは、ヨーロッパ諸国や日本が第二次世界大戦の結果、灰燼に帰していたという理由が大きいわけだが、それにしても他を圧する国力というのは、この時代のアメリカにこそ最もよく当てはまる。そしてこの点は、ソ連について見ればまったく当てはまらない。第二次世界大戦直後、ソ連は経済的に最も困難に陥っていた国の一つだったからである。

軍事力について見ると、かりにこれを陸軍の戦力や軍事費という面で検討してみると、必ずしも第二次世界大戦後のアメリカが圧倒的だったわけではない。すでに第一章で検討したように、ソ連の陸軍力はきわめて強大であった。ヨーロッパ正面で、数百万の陸軍を動員できたのはソ連だけであった。一九四〇年代後半、もしソ連が陸軍で攻勢をかけたら、西欧諸国にはこれを阻止する手段は原爆しかないと考えられた。軍事費で見ても、朝鮮戦争直後アメリカの軍事費が増えるが、その前後で見ればアメリカの軍事費とソ連のそれはほとんど同じくらいといってもよい水準であった。[31]

しかし、村上やその他の論者がいうように、軍事力の絶対量ではなく遠方投入能力が問題なのだとすると、アメリカはソ連をはるかに凌駕していたといってよいであろう。たとえば、空母の数で見ると、第二次世界大戦が終わった時点で世界全体で三十二隻あったわけだが、そのうちアメリカは二十三隻を保有していた[32]。これに対し、ソ連には一隻の空母もなかった。また、長距離爆撃機もアメリカはきわめて多数のB29爆撃機を保持していたし、一九五〇年代にはB52というその後のアメリカの空軍力の優越を示す爆撃機を開発する。そもそも西欧へのソ連からの攻撃に原爆で対抗しなければならないという事態は、西側にとって望ましくないものであったのは確かだとしても、それが可能だったということは、アメリカの遠方投入能力が圧倒的に強かったことを意味していた。

文化的影響力については、はたして村上のいうような影響力が第二次世界大戦直後のアメリカにあったかどうかは若干疑問が残る。政治的意思力についても、一九四八年のトルーマン大統領の再選までは、それほどはっきりしていなかったということもできるかもしれない。これらは、アメリカの覇権が進展するにつれて、徐々に強化されていったと見るべきではないだろうか。しかし、戦後世界のヴィジョンともいうべき国際連合の考え方などに、アメリカ人の考え方が多く反映していたことは間違いない。

また、政治的意思力についても、不十分とはいえ、トルーマン政権の間にかなり確立されたし、このような政治力の基盤である政策決定メカニズムについても、トルーマン政権の国家安全保障法の成立などによって準備されたといえるだろう。この点に関しては、ソ連はアメリカに対してそれほど劣っていたわけではない。第一章で検討したように、マルクス・レーニン主義の影響力はかなり強かった。したがって、覇権国の基盤として見ると、ソ連に欠けていたのは文化的影響力や政治力というよりも、経済力と遠方投入能力の意味での軍事力であったといえるであろう。

平和ではなく経済レジームに寄与

以上の検討から、アメリカには覇権理論でいう覇権国としての資格があり、ソ連にはその資格がなかったことが明らかになった。しかし、アメリカの覇権についてより問題となりうるのはその機能である。一体、アメリカの覇権はどのようなルールや公共財を世界システムに与えたのであろうか。すでに検討したいくつかの理論について考えてみよう[33]。

第一の説は、覇権は平和をもたらすという考え方であった。はたして、アメリカの覇権は世界に平和を与えたのであろうか。平和といっても、何をもって平和というかはなかなか難しい問題である。まず、世界に戦争が一切存在しなくなるというような状態を平和だというのであれば、このような意味の平和が達成されたことはほとんどない。したがって、アメリカの覇権がこのような平和をもたらしたわけでないことは明らかである。第一章で紹介したように、百前後の戦争が第二次世界大戦後発生しているからである。冷戦時代に、米ソ双方によって「タガ」がはまっていたので、戦争があまり起きなかったという説についてはすでに批判したが、同じ批判が覇権による平和という見方についても当てはまるのである。

おそらく、アメリカの覇権の時期に何らかの平和が達成されたとすれば、それは主要国の間で戦争が起きなかったという意味の平和でしかないであろう。米ソは実際に戦争をしたわけではないし、それのみならず、西欧諸国間でも、日本についても戦争は起きなかった。したがって、形の上では覇権の時期と主要国間の平和は一致したともいえるであろう。しかし、この平和は覇権がもたらしたものであろうか。この時期は冷戦の時代でもあり、また西欧諸国の間では経済相互依存の深まった時代でもあるのである。

主要国の戦争が抑止された背景は、冷戦の論理の方が説得力があるように見える。アメリカが遠方投入能力でまさっていたことは確かではあるが、欧州正面においてはソ連の陸軍力が強大であったことも間違いないからであり、ここで戦争が防止されたのは、この両者の力が核兵器を背景にそれなりの釣り合いを保っていたからであろう。アメリカの圧倒的力に、ソ連のみが抑止されていたと考えるのは不自然である。アメリカもまた、「巻き返し」を軍事力で行うことを抑止されていた。西側陣営の主要諸国で戦争が起きなかったことも、覇権の結果であると考えるよりも、冷戦において仲間割れを避ける論理が働いたと考えたり、お互いが民主主義諸国であった、お互いの経済相互依存が非常に高かったと考える方が自然である。

覇権の第二の機能としてあげられるのが、自由貿易である。戦後の貿易の変遷を見ると、一九五〇年代から一九六〇年代にかけて、貿易がより自由になっていったことは間違いないであろう。ＧＡＴＴ（関税貿易一般協定）の数々の多角的交渉は、数多くの国をより自由で無差別原則に則った方向に巻き込んでいった。たしかに、一九五〇年代にはすでに日本からアメリカへの綿製品の輸出急増から「自主規制」の萌芽が発生しているが、これはあくまでも例外的措置であった。アメリカが日本のGATT加入に対しきわめて寛大な措置をとったことも、アメリカの圧倒的影響力のもとで自由貿易が促進された例と見なすことができるだろう。

しかし、この覇権と自由貿易の間の関係についても、実際は、それほど単純に証明できるわけではない。冷戦の論理もそこに介在しているからである。ソ連に対抗するために必要な国が発展することはアメリカにとって望ましく、そのためそれらの友好国に自由貿易の恩恵を与えることがアメリカの利益に一致したからである。[34]とはいえ、戦後の自由貿易が冷戦の論理だけから導き出せるわけではない。二極対立の時に必ず、それぞれの陣営内部で自由貿易が行われる必然性はないからである。コメコンが自由貿易のシステムでなかったことはいうまでもない。やはり、西側陣営の盟主であるアメリカが圧倒的な生産力・技術力・金融力を誇っていたことが、自由貿易の原則を自らの利益とさせたのだと見るべきであろう。

覇権の第三の機能は、国際通貨の安定である。おそらく、国際通貨の安定こそ、アメリカの覇権の盛衰と最も密接に相関した現象ではないだろうか。一九七一年八月に至るまで、アメリカはドルと金との交換を一定レートで行いつづけたからである。日本にとって、一ドルが三百六十円という固定レートにあったことがどれだけ経済発展にとって好都合であったか。これこそ、まさにアメリカの覇権の恩恵の最大のものであったであろう。しかし、この固定レートはドルの供給が増大すればするほど、ドルへの信認を低下させるという矛盾をはらむものであり、アメリカの圧倒的優位のもとでしか機能しないシステムであった。

覇権の第四の機能としては、さまざまなレジームが覇権国のイニシアティブと負担のもとで形成されるということがあげられる。これもまた、かなりの程度、アメリカの覇権について当てはまる現象であった。ＩＭＦ（国際通貨基金）やＧＡＴＴ自身、このようなレジームの一種であることは間違いない。さらに、海洋自由の原則や、石油の安定供給の仕組みなども、戦後のアメリカの覇権のもとに存在したレジームといってよいであろう。

これまでの検討で明らかな通り、覇権の機能としていわれるいくつかの現象のすべてがアメリカの覇権に伴って起こったわけではない。したがって、覇権の機能として、国際公共財のほとんどすべてが覇権によって生まれるというような「強い」主張は、アメリカの覇権についてては支持することはできない。世界全体の平和は覇権によってもたらされてはいないし、主要国間の平和にしても、覇権というよりは冷戦の効果が大きい。したがって、アメリカの覇権が何をもたらしたかという問いに対しては、第一に国際通貨の安定であり、第二に自由貿易であり、そして第三にその他のいくつかの国際的レジームである、というのが答えであろう。

第四章　ポスト覇権

もし、戦後世界を特徴づけたのが「冷戦」だったのではなく、「覇権」だったとしても、このアメリカの「覇権」という状況が終焉してしまったことも今や明らかである。そして、「冷戦」の終結が一九九〇年代初めに至るまで明白ではなかったことと比較して、「覇権」の終焉はそれよりはるか以前から指摘されていた。「冷戦後」の時代がどうなるかは第二章で検討したが、依然として不確定なところが大きい。しかし、それに比べると、覇権後の時代がどうなるかを理解することはそれほど困難なことではないはずである。各分野におけるアメリカの圧倒的優位がすでに失われてしまって久しいのであって、すでに世界は「覇権後」の時代に入ってかなり経つからである。

それにもかかわらず、「覇権後」の時代について、それほど明確な合意が存在するようにも思えない。覇権の衰退とともに何が失われたのかについて、焦点を当てた実証的検討が不十分だからであろう。以下では、アメリカの覇権の衰退について簡単にその基盤に起こった変化を記述し、その後、覇権の機能のうち何が失われ、何が失われなかったのかを検討することにしたい。

1　衰退するアメリカの覇権

経済面での衰退

アメリカの覇権の衰退は、第一にはその生産規模の面で明白に表れた。第二次世界大戦直後に世界総生産の五〇％近くを占めていたアメリカ経済も、西欧や日本が経済力を復興させるにつれて、その相対的比重を下げざるをえなかった。日本が、自由世界で第二位のＧＮＰ（国民総生産）の規模を達成したのは、一九六〇年代末のことであったが、その頃には西欧全体の生産も回復しており、アメリカの世界総生産に占める割合は二五％程度にまで低下していた。世界貿易に占めるアメリカの地位も低下していた。一九六六年には、西ドイツの世界貿易に占める割合が一九・七％となり、アメリカの一九・五％を凌駕したのである。一九五〇年のアメリカのシェアは二七・三％で、西ドイツのそれはわずか七・三％だった[1]。

第二に顕著だったのは、先導的産業における優位も徐々に失われる傾向が見られたことである。典型的だったのは、家電、自動車などの二十世紀の産業文明を代表する産業における競争者の出現である。自動車産業においては、一九七〇年代後半にはアメリカ市場における販売額の二〇％を日本製自動車が占め、一九八二年にはアメリカから日本に対し自動車輸出の「自主規制」を求めたことにその衰退は象徴的に表れていた。一九八〇年代には、日本が世界の自動車生産台数で世界一の地位をアメリカから奪った[2]（表４－１参照）。その他、半

（単位：千台）

年	アメリカ	日　本	世界全体	アメリカのシェア(%)
1950	8,006	32	10,577	75.7
1960	7,905	482	16,488	47.9
1970	8,284	5,289	29,403	28.2
1980	8,010	11,043	38,514	20.8
1985	11,653	12,271	44,811	26.0
1990	9,783	13,487	48,345	20.2
1994	12,263	10,554	49,693	24.7

（出所）Robert Famighetti, ed. *The World Almanac and Book of Facts 1996*（Mahwah, NJ: World Almanac Books, 1995）p. 212.

表４－１　世界の自動車生産台数の推移

導体、コンピュータなどといった二十世紀後半を代表する産業において、アメリカが特に遅れているわけではないにしても、とりわけ日本との熾烈な競争にさらされるようになったことは、覇権といった地位を満たすものではありえなかった。

第三に、このような生産における相対的地位の低下は、国際的な資本の保有という点においてアメリカの地位をやはり低下させた。転換点として記憶されるべきは、一九七一年と一九八五年である。一九七一年には、アメリカは二十世紀に入って初めて貿易赤字を計上した。以後、アメリカの貿易収支はほとんど継続的に赤字となり、ネットでアメリカから資本は流出せざるをえなくなった。そして一九八五年、アメリカは引き続く経常赤字の結果、対外債権と対外債務の差がマイナスになるという純債務国（それも世界最大の債務国）となったのである。

第四に、世界の資源についての影響という点で重要だったのは、アメリカ自身がエネルギー輸入国になったことである。戦後かなりの間、アメリカは世界最大の石油産出国だったが、一九七一年に生産がピークに達して以来、輸入が増大するようになった。したがって、どこか他の国が石油を武器に政治的要求をしようとした時に、自らの余剰の石油を世界市場に供給することで市場を安定化するというような機能を果たすことができなくなった。一九七三年の石油危機において、OPEC（石油輸出国機構）の石油禁輸が世界に大きな衝撃を与えた背景には、アメリカ自身のエネルギー輸入国への転落という事実が大きく存在していた。[3]

軍事面の優位の減少

こうしてアメリカは、一九七〇年代から一九八〇年代にかけて、経済的な圧倒的優越を失った。これに加えて、軍事力は冷戦後期のソ連の軍拡の結果、やはり相対的に低下することになった。とりわけ、遠方投入能力においてソ連が著しい改善を示したことが大きかった。第一に、戦略核兵器の面でソ連の追い上げは著しかった。一九六〇年にはアメリカの保持する核運搬手段の数が五〇〇だったのに対し、ソ連にはICBM（大陸間弾道ミサイル）が三五あるにすぎなかった。しかし、これが一九七二年には、ソ連の戦略核運搬手段が二二三〇になり、アメリカの二一〇〇より多くなったのである[4]（図4－1参照）。また、ICBMの技術の面でも、すでに触れたように、ソ連もまたMIRV（多弾頭ミサイル）の技術を身に

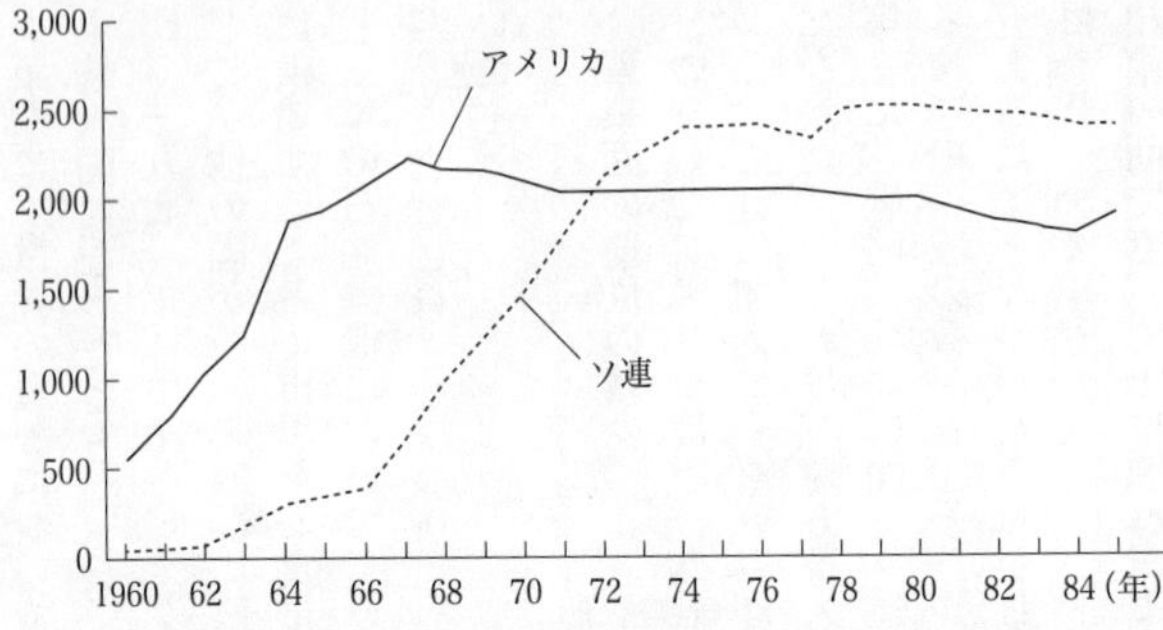

（注）Chris Cook, *The Facts on File World Political Almanac,* 3rd ed.（New York: Facts on File, 1995）p. 363のデータをグラフ化したもの。戦略核運搬手段総数とは、大陸間弾道ミサイル、潜水艦発射弾道ミサイル、長距離戦略爆撃機の合計である。

図４－１　米ソ戦略核運搬手段総数の推移

つけるようになっていた。

第二に、ソ連の海軍力の増強が重要であった。それまで、ソ連が軍事的に介入できる地域といえば、ハンガリーやポーランドなどソ連に近接する地域に限られており、一九六二年のキューバのミサイル危機はまさにソ連の限界を示したともいえるのであった。これが一九七〇年代中葉から、事態がかなり変わってきた。ソ連はアンゴラ、モザンビーク、ソマリアといったアフリカ諸国に軍事的な関与ができるようになったのである。

第三に、ベトナム戦争における泥沼の経験は、アメリカ自身の軍事関与への意図を弱めることになった。たとえば一九七一年、イギリスは財政的理由から、かつての「スエズ以東」に配備していた軍隊を香港における小規模の駐留軍を例外としてすべて引き揚げた。一九四七年に、ギリシアとトルコの防衛コミットメントの肩代わりをイギリスがアメリカに求めたことが、トルーマン・ドクトリンのきっかけであり、冷戦の公式の「開戦」とも見なされているが、一九七一年には、アメリカはもはやペルシア湾岸でイギリスの肩代わりをする意思はなかった。その代わりに、イランをペルシア湾における警察官として扱うことで、ペルシア湾における軍事バランスを保とうとしたのである。これが「安上がり」であったことはいうまでもないが、そのツケは、一九七三年の石油危機においてイランがアラブ諸国に同調するに及ぶや、アメリカとして軍事的行動の可能性が著しく制約されるということで現れたのである。[5] したがって、一九七〇年代以後、覇権の基盤としての軍事力の遠方投入能力という点においても、アメリカは圧倒的な存在というわけではなくなってきていたのである。

ソフト・パワーは衰えず

しかし、村上などがあげる覇権の基盤のその他の要素――文化的指導力や政治力――には、経済力や軍事力に見られるような、このような傾向は特に顕著ではなかった。依然として、社会科学の世界におけるアメリカの学界の影響力は巨大であった。たとえば、経済学や国際政治学において、世界を指導する学者の多くはアメリカ人でありつづけた。世界中の優秀な学生は、アメリカの大学および大学院を目指した。アメリカ的生活様式――ハリウッドの映画、ポップ・ミュージック、コカ・コーラ、マクドナルドは広まりこそすれ、衰退の兆しはなかった。ノーベル賞の受賞者の分布を見ても、一九八〇年代以降もアメリカ人の比率

自然科学系

年	世界計	アメリカ	アメリカの割合(%)
1911～20	24	2	8.3
1921～30	33	2	6.1
1931～40	35	9	25.7
1941～50	36	15	41.7
1951～60	52	27	51.9
1961～70	59	27	45.8
1971～80	67	40	59.7
1981～90	64	36	56.3
1991～93	14	7	50.0

経済学

年	世界計	アメリカ	アメリカの割合(%)
1969～78	15	7	46.7
1979～88	11	8	72.7
1989～94	10	9	90.0

（注）自然科学系とは、物理学、化学、医学・生理学の合計。このデータは『朝日年鑑1995』p. 828からとった。経済学の受賞者および国別は、Robert Famighetti, ed. *The World Almanac and Book of Facts 1996* (Mahwah, NJ: World Almanac Books, 1995) p. 325. アメリカを含む２つの国名が記してある受賞者が４名あったが、これらはすべてアメリカと見なした。

表４－２　ノーベル賞受賞者数（自然科学系、経済学）

は圧倒的であった（表4－2参照）。

このような文化的背景のもと、具体的な政治課題設定能力においてもアメリカの力が衰退したようには見えなかった。カーター大統領が「人権外交」を提唱すれば、その理想主義的トーンにあきれた世界の外交官たちも「人権」を考慮するようになったし、レーガン大統領の「新冷戦」のレトリックに辟易した西欧のデタント主義者たちも、少なくともレーガンのSDI構想の功罪について真剣に議論せざるをえなくなった。一九八〇年代後半に、ポール・ケネディを代表とするアメリカ衰退論がさかんにいわれた時、ジョセフ・ナイが反論として強調した論点の一つがアメリカのソフト・パワーの継続的強さであったが、一九八〇年代にその面での衰退が見られなかったのはナイのいう通りであった[6]。

まとめてみると、一九七〇年代から一九八〇年代にかけて、アメリカの覇権の基盤は、まず経済力、次いで軍事力の面で衰退してきたが、文化的影響力、政治力においてはそれほどの衰退は見られなかった、ということになるであろう。とすれば、このような意味における覇権の基盤の衰退は、覇権の機能に、いかなる影響を与えたといえるのであろうか。

2　覇権衰退の影響

第二章で検討したように、冷戦が軍事的意味で終結したのは一九九〇年代初頭のことにすぎない。その意味で、冷戦後に何が起こるかは依然として推測の域を出ない。しかし、アメリカの覇権の基盤が崩れるようになったのは一九七〇年代初めのことであり、その意味で、世界はすでに覇権後の時代となって四半世紀が経過したといえる。つまり、覇権衰退が世界システムにいかなる影響を及ぼすかは、すでにかなり明らかだといえるであろう。それでは、覇権の機能は覇権の基盤が脆弱になることによって、どのように変容を遂げたのであろうか。

覇権の機能として理論的に提示されてきたものを再び列挙すれば、以下の通りになる。

① 平　和
② 自由貿易
③ 国際通貨の安定
④ 何らかのレジーム
⑤ 上記のすべて

前章の検討で明らかになったことは、この五つのうち、アメリカの覇権が果たしていた機能は、②自由貿易、③国際通貨の安定、④何らかのレジームの三つに限られるということであった。世界平和についてアメリカの覇権が機能したという証拠はあまりない。より限定的な意味の平和である主要大国間の平和にしても、それはどちらかといえば「冷戦」の機能、あるいは経済的相互依存や民主主義といった別の理由によるものであって覇権の機能とは見なせない。したがって、覇権後に平和がどうなったかを問うのはあまり意味がないということになる。覇権がもともと果たしていない機能については、覇権後になっていかなる変化が起こるかと問うても意味はないからである。そして、もし平和が覇権の機能でないとすれば、⑤のより包括的な覇権機能について云々することもあまり意味はない。二十世紀、アメリカの覇権の機能は限られていたのであるから、その限定された機能が覇権後にいかなる影響を受けたかを考察すべきなのである。

自由貿易は死なず

第一の機能は、自由貿易である。一九七〇年代以降の貿易システムはどのような変容を遂げたか。これが問題である。しかし、答えはややあいまいとならざるをえない。まず第一に、公式的な貿易障壁が一九七〇年代からの四半世紀で減少したことは間違いない。各国の関税率は戦前の保護主義の時代とは比較にならないほど低下したし、一九五〇年代から一九六〇年代の自由貿易の「黄金時代」と比較しても、低下した。また、東京ラウンドとウルグアイ・ラウンドの二回の交渉の結果、それまでの多角的枠組みに入っていなかった農業やサービスの多くの分野での開放措置がとられるようになった。したがって、この面から見ると、アメリカの覇権の衰退がとりたてて自由貿易を崩したとはいえないということになる。

しかし、その反面、「新保護主義」といわれるような傾向が出てきたことも事実である。具体的につまり、GATTの枠組みと離れたような保護措置がとられる場合が出てきた。

は、輸出自主規制という形の貿易割当が典型的だった。実質的には輸入割当と同じであるが、表面的には輸入国における輸入割当ではないので、GATT違反ではないという建前になる措置であった。日米間でいえば、一九八一年から一九九〇年代に至るまで最大の貿易品目であった自動車が数量割当のもとにあったことになる。同様の自主規制は電気製品や数値制御工作機械についてもとられたし、鉄鋼などについても自主規制と同じではないにしても管理のもとにおかれた（トリガー・プライス）。

また、一九八〇年代後半からは、輸出自主規制の逆の、輸入自主拡大とでもいうような管理の方法が出現した。一九八六年の日米半導体協定における日本市場での外国半導体のシェアの目標がその一例であり、以後、この方式の「数値目標」が一九九〇年代に入るとさかんに議論されるようになり、一九九五年にはこの問題で日米が対決するまでになった[7]。

また、自由貿易を阻害する可能性のある別のタイプの措置としては、地域レベルの経済統合の動きがあった。経済的な地域統合のタイプとしては、典型的には、域内の関税を撤廃する自由貿易地域と、域内自由貿易に加え域外に対しても共通関税をかけるという関税地域の二つがあり、域外への障壁を以前に比べて高くしない限りにおいては、GATTでも認められてきている。しかし、実際に域外への障壁が高くなるかどうかは、さまざまな事情によって影響されるため、評価は難しい。

一九八〇年代後半から、きわめて大規模な地域統合の動きが見られるようになった。その第一はEC（ヨーロッパ共同体、のちのEU）のさらなる統合であり、第二は北米自由貿易地域（NAFTA）の構想であった。ECは、もともと戦後のヨーロッパで国家間の競争を乗り越えて大きなヨーロッパの共同体を作ろうとの構想のもと形成されたもので、一九五二年にヨーロッパ石炭鉄鋼共同体（ECSC）として発足し、一九五七年にローマ条約でヨーロッパ経済共同体（EEC）となった。EECは典型的な関税同盟を目指した組織であったが、ローマ条約はさらに共通の対外通商政策や共通農業政策を定めていた。

以後のEECについては、一般的にいえば、GATTと整合的であって、反自由貿易的な動きとは見られていなかった。しかし、域内諸国の間では、単に域内関税と数量割当を撤廃しただけでは相互の貿易が思ったほど促進されなかったとの見方が生まれ、一九八六年に域内相互のその他の障壁も徹底的に撤廃することを目指した「単一欧州議定書」（Single European Act）を制定し、一九九二年末までに単一市場を形成することにしたのである。単一市場にするためには、各国の制度や慣習などを共通化することが必要となった。

この動きに対して、域外のアメリカや日本では、ヨーロッパが単一市場という名目で域外からの輸入を阻害する制度を結果的に作り上げるのではないか、ヨーロッパという城壁を張りめぐらすのではないかとの懸念が生まれた。しかし、結果的にいえば、ヨーロッパ単一市場はそれほど貿易阻害的であったわけではない。一九九三年からの単一市場の実施に伴って、特に域外諸国への差別が増えたわけではなかった。かえって、単一市場のための制度や慣行の共通化が進めば、ヨーロッパの貿易相手国にとっても、貿易が行いやすくなるとの側面もあった[8]。

北米自由貿易地域は、もともと、アメリカとカナダの二国間の自由貿易地域構想として、一九八五年頃から検討されるようになったものであった。一九八八年、まず米加自由貿易協定が締結され、一九九二年、これにメキシコを加えて北米自由貿易地域とすることが、米、カナダ、メキシコの首脳間で合意された。各国国内での批准や承認の手続きは困難な面もあったが、結局、一九九四年一月一日から北米自由貿易地域が正式に発足することになった。この動きについても、日本やヨーロッパでは、域外との貿易を阻害するのではないかとの懸念が持たれた。北米自由貿易地域の実施は今後何年もかかるため、その効果がどう表れるかは依然として不透明なところがあるが、これもヨーロッパ単一市場と同様に、ただちに貿易阻害的になったとはいえない。

このようなヨーロッパと北米での動きに反応する形で、アジア・太平洋でも経済協力の枠組み作りが開始された。一九八九年のAPEC（アジア太平洋経済協力）閣僚会議の開始である。しかし、APECは、実質的な貿易自由化を目指したものというよりも、情報交換や分析の交流に主眼がおかれたものであった。一九九三年のシアトル会議から、首脳が集まる非公式首脳会議がクリントン米大統領のイニシアティブで開始され、また一九九四年のボゴール会議では域内先進国が二〇一〇年まで、そして域内発展途上国が二〇二〇年までの貿易自由化を達成するとの合意がなされ、一九九五年十一月の大阪会議ではそのための具体的な行動指針が合意された。

しかし、APECは当初から「開かれた地城主義」を標榜しており、これまでのところ特

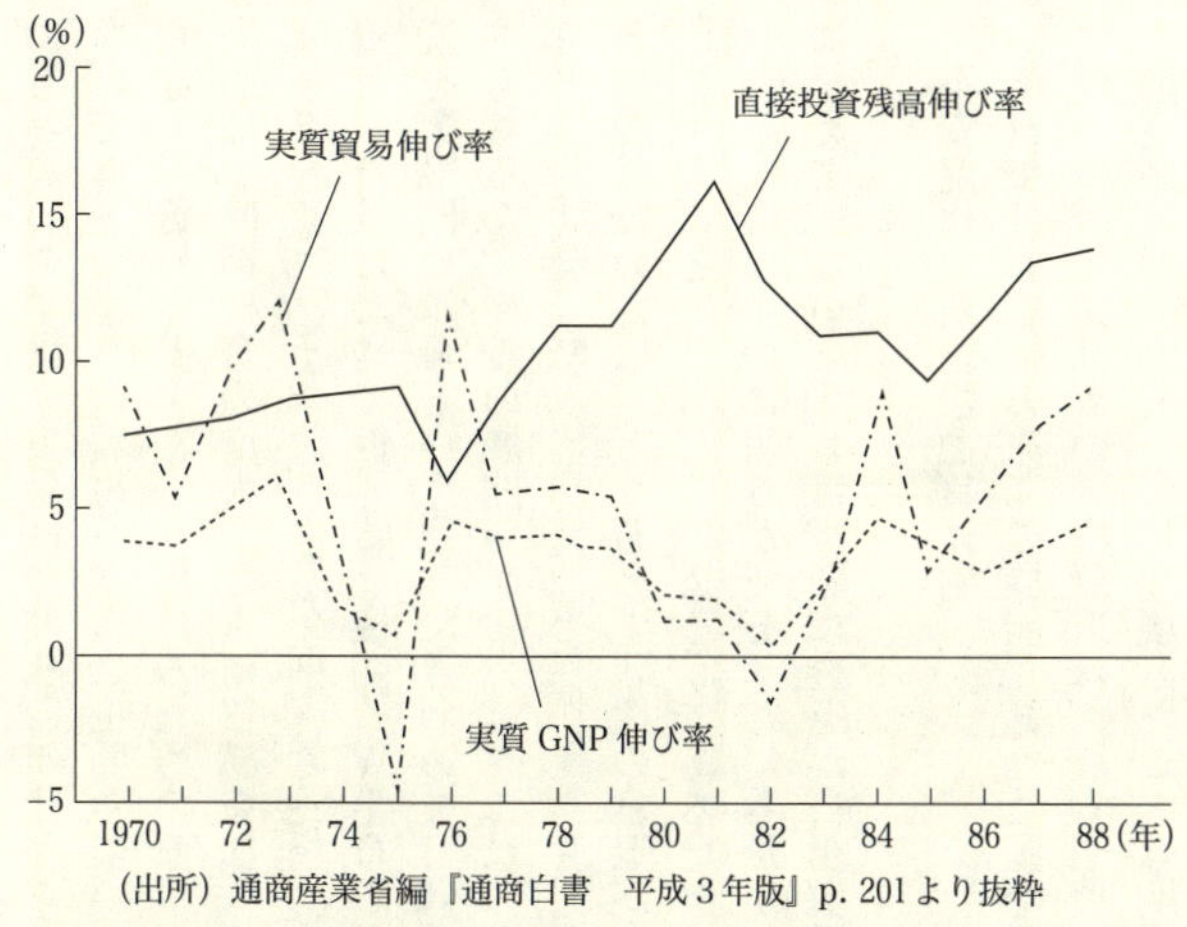

(出所) 通商産業省編『通商白書　平成３年版』p. 201より抜粋

図４－２　世界の直接投資、GNP、貿易の推移

に他地域に対して阻害的措置になる傾向は見られない[9]。一九九〇年には、マレーシアのマハティール首相が東アジア地域の国家のみをメンバーとするＥＡＥＣ（東アジア経済協力協議体）を提唱したが、依然として実態は不明確な段階にとどまっている。

つまり、一九八〇年代後半から地域主義的な動きが強まったことは事実であったが、それらが貿易阻害的に機能したという証拠はないのである。以上、まとめてみると、アメリカの覇権衰退によって自由貿易の枠組みが明白に揺らいだという証拠はない、ということになるであろう。「新保護主義」の動きは確かにあったが、自主規制のいくつかは、すでにとりやめられているものもある。それよりも、やはり重要な点は、「新保護主義」

にもかかわらず世界貿易は一九八〇年代から一九九〇年代にかけても増大した、ということなのである。また、貿易をさらに上回る勢いで直接投資が増大したことも指摘しなければならない。貿易障壁をくぐり抜けるための直接投資という側面もなかったわけではないが、実際には、直接投資の増大がさらに貿易を拡大するという側面の方がはるかに大きかった（図4－2参照）。また、制度的な面でいえば、難航したとはいえ、ウルグアイ・ラウンドが決着し、それによって世界貿易機関（WTO）が発足することになったことは、自由貿易の存続を象徴的に示すという意味できわめて意義が大きかった[10]。

もちろん、今後の展開いかんでは、これらの地域枠組みが域外へ差別的な方向に向かったり、「新保護主義」が再び猛威を振るうという可能性は否定できない。しかし、本章の議論との関係でいえば、とりあえず覇権の衰退が自由貿易の低下をただちに意味しなかった、と結論することは妥当だといえそうである。アメリカの覇権の衰退が一九六〇年代末から一九七〇年代にはすでに明らかであったにもかかわらず、一九九〇年代になっても自由貿易が死に絶えていないとすれば、覇権衰退が自由貿易の死を意味しないことは明らかであろう。

不安定化した国際通貨体制

それでは、覇権の第二の機能であった国際通貨の安定についてはどうであろうか。この点について、アメリカの覇権衰退は、最も明白に表れたといえるであろう。つまり、戦後の国際通貨制度が一九七一年に崩壊したことは明白だったからである。金一オンスを常に三五米

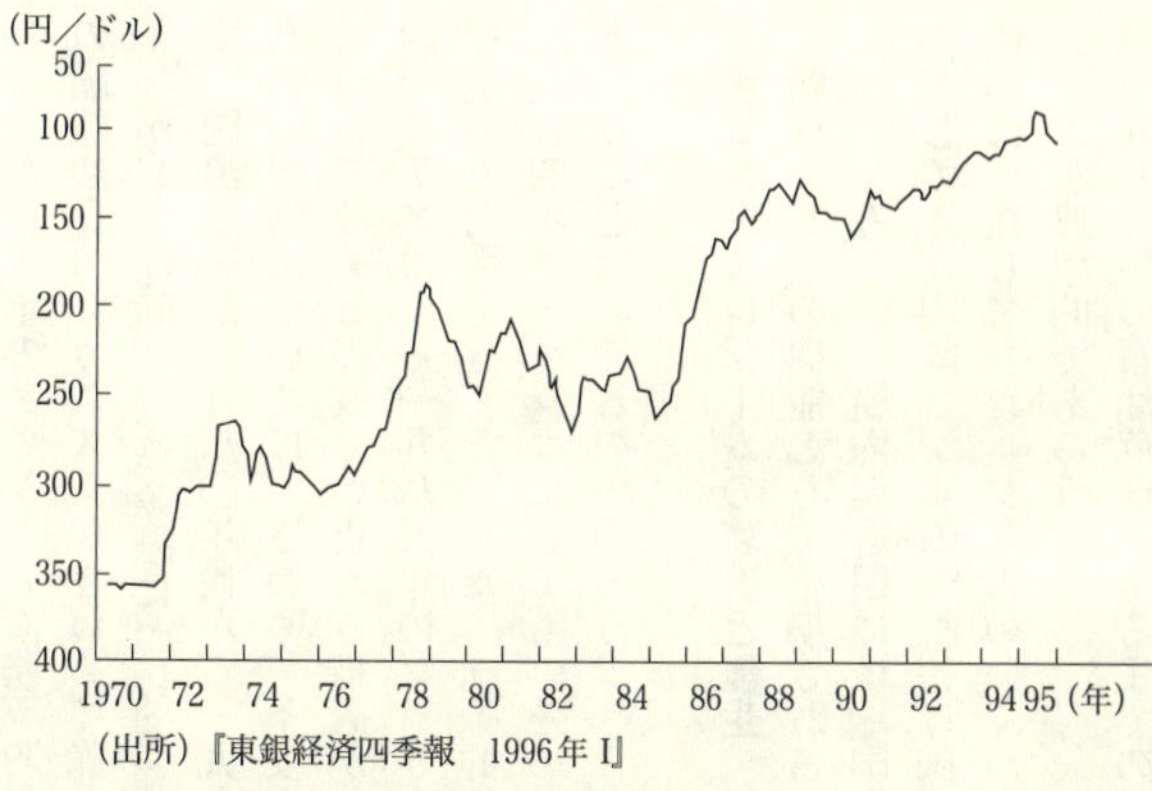

（出所）『東銀経済四季報　1996年 I』

図4－3　1970年以降の円・ドル相場の推移

ドルと交換するとのコミットメントのもとに行われてきた固定為替制度が、一九七一年八月十五日を境に実施されなくなったからである。日本との関連でいえば、一ドルが三六〇円という安定した為替レートは、その日以後起こりえない現象となった。以後、為替レートは一九七三年に完全に変動制に移行して今日に至っており、その変動の幅は一、二ヵ月の間で二〇％も変動するという大きなものとなっている（図4－3参照）。したがって、もし為替レートの変動でもって国際通貨の安定を評価するとすれば、覇権後の世界はきわめて不安定な世界であったということが容易に結論づけられるであろう[11]。

また、国際通貨の安定を、深刻な国際信用の危機があまり起こらないことと定義しても、一九七〇年代から一九九〇年代にかけての国際通貨体制はかなり不安定であったといえそうである。一九八二年のメキシコの債務不履行や一九九四年のメキシコにおける信用不安は、現在の国際通貨のメカニズムがきわめて脆弱な基盤の上に乗っていることを確認させた。[12]

しかし、他面、国際金融における覇権衰退の影響がきわめて明らかであるにもかかわらず、国際金融が一九八〇年代から一九九〇年代にかけて、破局に至ったわけではなかった。為替の変動については、きわめて不安定であることは確かであるにしても、これの行き過ぎについてはある程度くい止める措置がとられてきた。先進五ヵ国（G5）あるいは先進七ヵ国（G7）による一九八五年のプラザ合意や一九八七年のルーブル合意は、為替変動にある程度の方向性を与えた。[13] また、国際的信用危機についても、一九八二年のメキシコにしても一九九四年のメキシコにしても、その危機が国際的に拡大する以前に何とかくい止められたということはいえるのであろう。

さまざまなレジームの衰退と誕生

覇権の第三の機能として指摘される、さまざまな国際的レジームの形成・維持についてはどうであろうか。覇権衰退期には、国際レジームの形成はあまり起こらず、またそれまでに存在してきた国際レジームの維持は困難になるのであろうか。第一にいえることは、覇権全盛期に存在してきたレジームのいくつかが変質したことである。国際石油レジームと海洋レジームが典型的であろう。

一九七三年の石油危機に至るまでの石油レジームは、基本的には欧米石油メジャー（セブン・シスターズ）が供給を管理し、消費国市場での需要との関係で価格が決まるというものだった。この体制への反発に対しては、時には強圧的方法で（たとえば一九五一年にイランのモサデク首相がアングロ・イラニアン石油を国有化した時、アメリカはＣＩＡの秘密工作で革命を起こし、シャーを復権させた）、また別の時にはアメリカの余剰石油を融通するなどで供給の安定を図った。しかし、一九七三年の石油危機で、ＯＰＥＣは政治的理由から石油価格の高騰を実現し、アメリカと石油メジャーによる石油レジームを崩壊させることに成功したのであった。[14]

国際海洋レジームも、一九七〇年代に至るまでは領海は三カイリ、それ以遠の公海においては基本的に自由という体制が続いてきた。しかし、一九七〇年代に入ると領海を一二カイリ、そしてそれを越えて二〇〇カイリに及ぶ排他的経済水域を設ける国が出現することになったのである。ここに、海洋レジームが変質したことは間違いなかった。[15]

しかし、すべてのレジームが変質・崩壊したわけではないし、また変質したレジームについても以後まったく無秩序になったわけではない。また、覇権後にも、新たなレジームが形成されていったことも指摘しなければならない。たとえば、核拡散防止条約（ＮＰＴ）を基軸とするいわゆるＮＰＴレジームは一九六〇年代頃から形成され始め、一九七〇年に条約として正式に発足した。一九六〇年代には中国とフランスが核保有国となり、このままの調子ではドイツや日本など核兵器開発能力のある国が次から次へと核保有国になってしまうのではないかと懸念された。そこで、核兵器を持たない国には核を保有しないことを約束させる代わりに、原子力の平和利用について国際協力をするという取り決めを持たせるNPT体制が作られることになったのである。

たしかに、NPT体制成立後にも核保有国は増加した。インドは公然と核実験を行い、南アフリカ、イスラエル、パキスタンは秘密に核兵器を開発した。また、イラクが核兵器開発を行っていたことは、湾岸戦争後きわめて明白となった。しかし、これらの国を除けば、核保有国は当初予想されたほどは増大しなかった。

そして、一九九五年四月には核拡散防止条約の期限が切れ、この延長をめぐって国際会議が開かれたが、国際社会はこのNPT体制の無期限延長を決めたのであった。また、当初加盟国でなかった中国とフランスもこれに加盟したし、かつて秘密に核開発をした南アフリカも核を放棄し、この体制に入った。NPT体制からの脱退を宣言した北朝鮮についても、一九九四年の米朝枠組み合意とKEDO（朝鮮半島エネルギー開発機構）の発足で、この体制内部にとどまることになった。もちろん、NPTに限界があることはいうまでもなく、依然としてインドもパキスタンも加盟国ではないし、核保有国の義務である核軍縮がどれほど進むかは依然不確定である。しかし、このレジームが覇権後においても存続し、強化されたことは事実なのである。[16]

また、変質したレジームについていえば、石油レジームは結局、OPECの思惑通りには変化していかなかった。国際的石油市場での需要が緩むと、石油価格は一九八六年に暴落し、実質的石油価格は一九七三年の石油危機以前の水準に戻ったからである。とはいえ、石油レジームはかつてのセブン・シスターズ支配に戻ったわけではない。現在の国際通信の発達と投機業者の関与が働く中で、石油をめぐるレジームはより国際市場が影響力を発揮する緩いレジームに移行したと見られる。[17]

また、海洋レジームについて見れば、これが一九七〇年代に変質したのは確かであるが、その変質を狙った主要な当事者がアメリカであった。したがって、海洋レジームの変質がはたして覇権衰退にどの程度関係しているのかはそれほど明白ではない。アメリカの政策変更が理由だったといえるかもしれないのである。そして、以後の海洋秩序がそれほど混乱したわけではない。多くの国が領海一二カイリと二〇〇カイリの排他的経済水域に移行した後は、これに挑戦する動きはそれほど出ていない。新たな海洋レジームを法文化した国連海洋法条約も、一九八二年に採択された後、紆余曲折があったが、一九九四年、多数国の批准を受け発効した。

また、一九八〇年代に入ってから形成されるようになったレジームも存在する。例としては、ミサイル技術輸出制御レジーム（ＭＴＣＲ）があげられるであろう。これは、一九八〇年代後半に弾道ミサイルなどの拡散を防止するためにアメリカ、イギリス、フランス、日本などが中心となって作ったレジームである。中国はこれには加盟しておらず、一九九〇年代に入ってからしばしば中国のイランやパキスタン向けのミサイル技術の輸出が米中間で争点になった。その意味でこのレジームの実効性はそれほど高くないとの評価も可能であるが、他方、中国も公式には加盟していないが、実質的にはこれを守るとの声明は出しており、そ

の意味である程度の抑制効果を持っていることも事実である。(18)

これ以外にも、国際レジームとしては、国際通信をめぐるレジームや通信衛星のレジームなど新たなものが一九八〇年代に入っても形成されている。さらにいえば、自由貿易のレジームの発展した形として、ウルグアイ・ラウンドが決着して世界貿易機関ができたということも、繰り返し指摘されなければならないであろう。

3 覇権衰退の理論

覇権衰退が覇権の機能に及ぼす影響

以上の検討から、覇権の果たしていた機能のいくつかにおいては、覇権衰退によって変化が見られたことが確認されたが、他方、覇権衰退によってもそれほど変化が見られなかった、あるいは機能が向上したと見られるものもあるということが確認された。一体、このような現象はどのように解釈したらよいのであろうか。ここで、覇権が衰退すると何が起こるだろうかという点についての理論的整理を行ってみよう。

前の章で検討した理論は、基本的には覇権が存在すると何が起きるかという設問に答えるものであった。しかし、これらの議論からは、覇権衰退は何をもたらすかはただちには明らかにならない。実際にはいく通りもの論理的可能性が存在するからであり、以下にそれらの可能性を検討してみよう。

第一に、最も単純な理論として、覇権の存在とこれらの機能は「一対一」対応をしている、[19]国際社会におけるこれらの機能の必要十分条件が覇権の存在である、という命題がありうる。この命題から、覇権衰退と国際社会のあり方について五通りの命題が生まれることは明らかである。つまり、

① 覇権衰退とともに平和でなくなる
② 覇権衰退とともに自由貿易がなくなる
③ 覇権衰退とともに国際通貨は不安定になる
④ 覇権衰退とともに国際レジームの形成・維持はできなくなる
⑤ 覇権衰退とともに①〜④のどれもできなくなる

しかし、前節の検討からすれば、このような「強い」衰退論は、国際通貨のレジームに関して以外は、実際の国際社会の動きからはまったく支持しがたいことがわかるであろう。まず、覇権と平和の関係は、前章でも検討したように覇権の全盛期にすら当てはまらなかったし、覇権が衰退したからといって以前より平和でなくなったわけではない。米ソ間では戦争は起きなかったし、また、逆に地域紛争は覇権全盛期と同様に発生した。覇権と自由貿易の関係についてもこのような強い関係は認めがたい。貿易は増大したし、ウルグアイ・ラウンドも達成された。覇権とさまざまなレジームの盛衰についても、この強い理論のいうような

単純な関係は存在しない。したがって、最も強い議論である⑤、すなわち覇権が衰退するといかなる秩序も崩れさるというような議論も現実には支持しがたいことがわかる。

唯一、成り立つ可能性のあるのが、国際通貨と覇権の関係である。ここでは、少なくとも変動相場制を不安定と見る限り、アメリカの覇権の衰退と不安定はかなり密接に関連していると見ることができる。ただしその場合でも、どの程度の不安定かというと、国際経済に壊滅的打撃を与えるような不安定は未だに発現していないし、ある程度の安定化の動きも見られたということができるであろう。

とすると、国際通貨を除いて、覇権とこれらの機能はまったく関係ないということになるのであろうか。そうともいえない、というのが別の見方、いってみれば「覇権安定の弱い理論」である。つまり、これらの機能を果たすのに覇権の存在は有用であるが、覇権が衰退したからといってこれらの機能がただちに消滅するわけではない。他の事情によっては、これらの機能は覇権全盛期と同様に存続する。覇権の存在はこれらの機能の必要条件でも十分条件でもないが、ある程度は関係している、というような理論である。自由貿易やいくつかの国際レジームに関しては、この「弱い理論」の当てはまる度合いは高い。

しかし、「弱い理論」は、いうまでもなく、理論としてはたいへん「弱い」。覇権が存在すると自由貿易やその他のレジーム形成に役に立つこともあるし、覇権が衰退してもそれらの機能が他の事情によっては依然として維持されるかもしれない、というようなことしか意味しないからである。もし、覇権と世界システムの状態がその程度にしか関係していないのなら、大したことはないではないか、あまり魅力的な理論ではない、という反応になりうるからである。

しかし、魅力的であるかはともかく、この「弱い理論」が現実の事態に適合的であったことは否定しえない。つまり、覇権の理論は実は単純に一つの命題で片づくものではなく、分野ごとに法則性に差があるということになる。まとめてみると、

・国際通貨については、強い理論
・自由貿易や他のいくつかのレジームについては弱い理論
・平和については、当てはまらない

ということになる。この結論は、世界システムの今後に希望を持たせるものだろうか。そう考えることは可能である。覇権が衰退しても多くの分野で秩序維持が可能だということを示しているからである。しかし、まだ問題は残っている。つまり、自由貿易なり、他のレジームがそれなりに維持されたのはいかなる事情だったのか、という疑問である。またかりに、国際通貨と覇権の間に「強い」関係があったとしても、国際金融秩序が一九三〇年代ほどの混乱に陥らなかったことは事実である。とすれば、自由貿易なり他のレジームを維持し、国際通貨のレジームの不安定が破局的になるのを防いだ原因は何だったのだろうか。

覇権衰退後もレジームが維持された理由

ここでもいく通りかの考え方がありうるが、大きく分けると三通りの考え方がありうるだろう。第一はレジームの慣性、第二はレジームあるいは協力の合理性、そして第三は敵の存在である。

レジームの慣性とは、つまり、一度できあがった仕組みはそう簡単には変わらない、ということである。自由貿易について見れば、そのレジームの中心にはGATTという国際組織が形成され、その周辺には各国のGATT担当者、自由貿易に利益を感じるロビー集団が存在する。これらの主体の間では、次から次へと自由貿易を維持するための提案や会議がなされ、予算措置がなされていく。ケネディ・ラウンドが終われば次のラウンドの企画が行われ、東京ラウンドが終われば次というように、組織・制度としての自己存続的な動きが生まれるのである。したがって、この制度を形成するのに最も貢献したアメリカという主体がそれほどの意欲と資源を投入する気にならなくとも、それなりに制度の自己運動の慣性が働く。レジームの慣性とはこのような意味である。

第二の、レジームあるいは協力の合理性が何を意味するかといえば、それは、多くの参加国にとって、アメリカがその維持の意欲と資力をなくしたとしても、そのようなレジームや協力関係を維持することが利益になると感じるということである。アメリカが覇権全盛期に作ったレジームがすべて自らの利益のみになって他国の利益とならないようなものだったとすれば、アメリカの覇権が衰退しこれを維持する力がなくなったとしても、他国はそれを歓迎するであろう。しかし、もしアメリカがその形成に尽力したレジームや協力関係が、他国にとっても利益を生むものであったとすれば、他国が協力してアメリカが提供できなくなった側面を分担しようとしてもそれほどおかしいことではない。

アメリカの衰退がはっきりした一九七〇年代初頭から、先進七ヵ国の首脳会談が開催され、また蔵相・中央銀行総裁会議（G７）が発足したのは、このような協力関係を作り出し、制度化しようとした動きにほかならないであろう。国際通貨において為替安定化がある程度効果を示したり、また破局が回避された背景には、このG７による協力がきわめて重要であったことは明らかなようである[20]。

第三の、敵の存在という議論は、つまり冷戦が覇権後の世界の西側陣営諸国間の協力を容易にさせた、という議論である。自由貿易なりその他のレジームが維持されたのは、そして国際通貨の破局が回避されたのは、一九七〇年代や一九八〇年代が覇権衰退の時期ではあっても依然として冷戦が続いていた時代だったので、ソ連という敵の前で内部分裂を避けるという意識が働いたのだ、という説明である。G７がそれなりに有効に機能したのも西側の団結が最優先されたからだ、ということになる。この説明からすると、覇権衰退の帰結は冷戦の存在によって先延ばしにされていたにすぎない。

覇権衰退が真に問題をもたらすとすると、それは冷戦が終わった一九九〇年代以降のことであって、これまで何とか自由貿易やその他のレジームが維持されてきたにしても、今後は保証できない、ということになるのである。冷戦の終焉と覇権の終焉がともに重要な国際政治の要因であることは明らかなわけで、この点は後により深く議論することになろう。

覇権の長期変動論

これまでの議論をまとめると、覇権衰退後も自由貿易が何とか続き国際通貨も破局に至らなかった要因としては、レジームの慣性、レジーム・協力それ自体の合理性、そして冷戦の時代における敵の存在という要因があった。この中で、冷戦が終わったことで最後の要因は消滅した。とすれば、一般的にいえば、自由貿易を維持し、国際通貨の破局を回避し、各種レジームによる協力関係を維持するのはさらに困難になると予想される。しかし、制度の慣性とレジーム・協力それ自体の合理性には変化がないとすれば、ただちに悲観的になる必要もない、ということになろう。

しかし、覇権理論に関連する考え方の中には、これまでの議論とは若干おもむきを異にし、非常に悲観的なタイプの議論もありうる。それは、覇権の盛衰自体を歴史の非常に長い変動の中において、そこから歴史的な一種の法則性を導き出そうとする試みである。[21] 代表的なものとしては、モデルスキーとウォーラーステインのそれぞれの議論が典型的である。

モデルスキーの議論は、単純化すれば、近代世界システムにおいてはほぼ一世紀に一度、世界指導国（ここでいう覇権国）が現れ、秩序を与える、しかし、この世界指導国の秩序も長くは続かず、やがて秩序が非正統化される時期が訪れ、次いで分散化が起こり、その過程でこれまでの秩序への挑戦者が現れ、この挑戦者と世界指導国あるいはその継承国との間で

局面			
世界戦争	世界大国	非正統化	分散化（挑戦国）
1494–1516 イタリア及びインド洋での戦争	1516–1539 （ポルトガル）	1540–1560	1560–1580 （スペイン）
1580–1609 スペイン・オランダ戦争	1609–1639 （オランダ）	1640–1660	1660–1688 （フランス）
1688–1713 ルイ14世の戦争	1714–1739 （イギリス）	1740–1763	1764–1792 （フランス）
1792–1815 フランス革命とナポレオン戦争	1815–1849 （イギリス）	1850–1873	1874–1914 （ドイツ）
1914–1945 第1次、第2次世界大戦	1945–1973 （アメリカ）	1973–2000	2000–2030 （ソ連）

（出所）George Modelski, *Long Cycles in World Politics*（Seattle and London: University of Washington Press, 1987）p. 40.

表4－3　モデルスキーの長期サイクル論

世界戦争が行われる。二十～三十年続くこの世界戦争の勝者が次の世界指導国となり、次の世紀の秩序を与える、ということでサイクルが一周し、これを繰り返す、それが近代世界システムの歴史だ、というのである。[22] 表4－3にその概要を示してある。

一方、ウォーラーステインもモデルスキーとは独立に、覇権の盛衰についての歴史図式を一九八〇年代に入ってから明示するようになってきている。ウォーラーステインによれば、近代世界システムにおいて覇権が存在した時期は三つあって、十七世紀のオランダ、十九世紀のイギリス、そして二十世紀のアメリカだという。

そして、この三つの事例を検討すると、覇権全盛期の後に熾烈な重商主義的な競争の時代が続き、この競争の帰結として世界戦争が大陸勢力と海洋勢力の間で行われ、海洋勢力が勝利することで次の覇権が誕生するというのである。

このウォーラーステインの議論とモデルスキーの議論は細部ではかなり異なるのであるが、十七世紀のオランダ、十九世紀のイギリス、そして二十世紀のアメリカについてはほとんど同一の歴史認識となっている[23]。

彼らの特徴は、過去の歴史を大胆に図式化することによって非常に長期の流れを帰納しようとしたところにある。したがって、彼らの図式からすれば、覇権衰退の時期はかなり長い。モデルスキーの非正統化から分散化の時期はほぼ半世紀から六十年に及び、ウォーラーステインの重商主義競争の時期も半世紀以上続く場合がある。

したがって、本章で行ったような、一九七〇年代以降、四半世紀の個別の機能の検討がかりに正しく、覇権衰退後のしばらくは自由貿易が続き、レジームが形成・維持され、国際通貨体制が破局に至らなかったとしても、彼らのような議論からすれば、覇権衰退の真の影響が出るにはまだまだ時間がかかるというのかもしれない。

しかし、このような長期の変動論には難点もある。

つまり、歴史から帰納したと称していても事例の数はあまりに少ない。秩序の非正統化が起こるとか重商主義の競争が熾烈化するといっても、それでは、具体的に何が起こればこれらの事象が起こったことになり、何が起こればこれらを否定したことになるのかがあいまいなのである。

本章の検討は彼らの議論を否定したことにはならないかもしれないが、彼らの議論の正しさを証明しつつあるというわけでもない。さらにいえば、長期の変動論として見ると循環論のみが前面に出すぎているため、長期的な歴史の趨勢との関係があいまいなのである。歴史の趨勢変化が循環的変化にいかに影響を与えるかがあまり明らかでないからである。[24]

第五章　相互依存が進む世界

冷戦の終焉はたしかにドラマチックだったし、覇権衰退の影響も日々のニュースや新聞紙面に登場した。ベルリンの壁が崩壊する場面を見れば、国際社会の何かが確実に変わっていることは明らかだった。また、一ドルが三六〇円から二〇〇円台に、二〇〇円台から一〇〇円台に、そして一九九五年四月のように七九円にまで下がるということを見れば、やはり世界システムが激動していることが実感できるであろう。

しかし、世界システムの現状を理解するためには、新聞の第一面の大見出しに通常載らないような変化にも注目しなければならない。これまでの四つの章の分析に対して、何か機械的だ、という印象を持った読者もいるのではないかと思う。つまり、冷戦の間はこうだったからそれが終わればその反対の現象が起こるとか、覇権全盛期はこうだったからそれが終われば反対の現象が起こる、というような議論の仕方である。

もちろん、これまでの分析においても、そこまで機械的な分析はしていないはずであり、さまざまな可能性を指摘してある。しかし、そこには少なくとも二つの問題が残っている。第一は、今後の世界システムの変化の可能性として、冷戦終結と覇権衰退という二つの切り口からだけで重要な可能性を列挙したことになるか、という問題であり、第二に、それらの可能性を評価する時に考慮すべき他の要素は何かという問題である。

　そのような長期の歴史過程を一言で表現することはなかなか難しいが、とりあえず世界システム内部の「相互依存」の進展ということができるのではないかと思う。それでは相互依存とは何か。相互依存という言葉自体は今やきまり文句のようになっているが、一体何を意味しているのか。以下、本章では、まず相互依存の概念について整理したうえで、その実態に迫ってみたい[1]。

1　相互依存の指標――敏感性と脆弱性

　相互依存という概念自体には、特に複雑なところはない。お互いに依存し合う状況ということである。しかし、依存するという言葉には、相手が何かこちらを助けてくれるとか、相手に頼るとかいう意味があって、その意味では相互依存は相互扶助とか相互信頼とかに近い意味だととられるかもしれない。本書でいう相互依存にはそういう特殊な意味はなく、単にシステムのある部分の状態が他の部分の状態に関係している、ある部分が変われば他の部分も変わるというような、きわめて中立的意味だけを持たせたいと思う。別の言い方をすれば、相互作用といってもよいかもしれないし、関係の密度とでもいってもよいかもしれない。その意味でいえば、システムを構成する要素は相互依存し合っている。そもそもシステムとはお互いに恒常的な関係を持つ要素からなるわけで、相互依存こそシステムを定義しているといってもおかしくない。

とすれば、世界システムが相互依存的になったなどという言明にはほとんど意味がない。世界システムを構成する要素同士が相互依存しているのは当たり前だからである。十六世紀の世界システムも相互依存的だったし、二十一世紀の世界システムも相互依存的であろう。興味ある点は、世界システム内の構成要素が単に相互依存的であるということではなく、世界システム内の、どの構成要素とどの構成要素が、どのような問題領域において、どのようなパターンの相互依存関係を、どれだけ密接に持っているかということなのである。そして、このような面で、いかなる変化が起きているか、変化を起こす要因としてはいかなるものがあるか、などを検討することなのである。

それでは、世界システムのいかなる部分の相互依存関係に注目すべきなのか。本書で注目したいのは以下の関係である。

① 国家間の関係

② 国家と非国家主体・ネットワークの関係

しかし、このような議論をする前提として、相互依存に関して二つの補助的な概念についてあらかじめ整理しておこう。それは敏感性と脆弱性という二つの概念である。これは、一九七〇年代にコヘインとナイが議論した概念であるが、以下の議論でも有用なのでここで明確にしておきたい[2]。

まず敏感性であるが、これは依存関係の最も単純な指標といってよいであろう。つまり、システムのある部分が変化した時、システムの他の部分が単位時間当たりどの程度変化するかということである。たとえば、ニューヨーク株式市場でダウ平均株価が下落した時に、東京市場の日経平均もただちに下落したとすれば、東京市場はきわめて敏感だということになり、東京株式市場のニューヨーク株式市場に対する依存の敏感性は高い、ということになる。また、一九五〇年代末に中国で大飢饉があったが、日本の米の値段はほとんど変化はなかった。一九五〇年代末に日本の食糧価格の中国における食糧生産に対する依存の敏感性はそれほど高くなかった、ということになる。相互の依存関係の敏感性がともに高ければ、敏感な相互依存関係がある、というわけである。

これに対し、脆弱性というのはかなり複雑な概念である。まず、ある主体が脆弱であるというのは、単にその主体に関連するいくつもの指標が外界の変化に敏感である、ということのみを意味するわけではない。たとえば、日本で何らかの理由で納豆の価格が上昇したとすれば、ロンドンにあるヤオハンでの納豆の販売価格はかなり敏感に上昇するであろう。ロンドン近郊に住む日本人には困ったことに違いないが、イギリス全体として見れば、イギリスが日本における納豆価格上昇に対して脆弱である、ということにはならない。つまり、脆弱性において考慮される指標は、それぞれの主体が重要と考える指標だということになる。

しかし、重要だと考える指標の敏感性がただちに脆弱性を意味するわけではない。たとえば、海外での石油価格が上昇したことによって国内の石油価格が敏感に反応したとしても、その後で、たとえば原子力発電所や水力発電所をフル操業させることでエネルギー供給を安定化させることができれば、その国は海外の石油価格上昇に対して脆弱でない、ということができるであろう。また、より極端な想定をすれば、海外での人為的な供給不足が起こった時に、その供給不足を起こした国を軍事的に占領して政策を変更させることのできる国はやはり脆弱とはいえないであろう。つまり、脆弱性とは、主体が重要と考える変数(指標)に起こった変化を、自らの内部状況や外部状況を変化させることで許容範囲に戻すことができるかできないかの度合いを示す指標だといってよいであろう。

2　国家間の二つの相互依存

軍事的相互依存

それでは、世界システムにおけるさまざまな相互依存関係はどのように変化してきたのだろうか。まず国家間の関係についていえば、これを軍事面と経済面に分けることができる。軍事面の相互依存に最も大きな影響を与えたのは、軍事技術であることはいうまでもない。そして、十九世紀から二十世紀の軍事技術の変化は、他国からの攻撃に対して多くの国々をきわめて脆弱なものにした。軍事面での国家間相互依存は、お互いにきわめて脆弱性の高いものとなったのである。鉄道、後には自動車による輸送、機関銃、戦車、飛行機、そしてミサイルと発達してきた武器によって、第二次世界大戦においてすでに、攻撃を受けた側がその損害を吸収し挽回するということは著しく困難になっていた。フランスが対ドイツ戦用に整備した「マジノ線」はまったく役に立たなかった。日本が対中国戦で始めた戦略爆撃は、連合国によってドイツや日本への反撃に使われ、ドレスデンや東京は焦土と化した。ドイツのV2ミサイル攻撃に、ロンドンの市民は地下鉄に難を逃れるしかなかった。

核兵器の登場は、このような傾向をさらにあからさまなものとした。核攻撃の前に脆弱でない国家というものは考えられなくなった。核に対する反応は基本的には防御でなく、報復であり、報復力を保持することによって核攻撃を抑止するというものであった。核保有国が核を持つに至った動機は、結局自らのみが脆弱になるのを防ぐことであった。しかし、核を持ったからといって自動的に脆弱性から逃れられるわけでもなかった。核保有国同士の相互脆弱性自体、安定的なものかどうか懸念が持たれた。

この相互脆弱な関係を何とか安定させようとした知的アクロバットが、第二次世界大戦後の核戦略であった[3]。つまり、第一撃を受けた後にも相手を壊滅させることができるような第二撃能力を両者が保持することによって、両者ともに抑止される、というのが相互確証破壊（MAD）の理論であった。この理論においても、信頼できる第二撃能力を持つことが脆弱性の窓を開けないことだ、というような議論がされたが、ここにおける脆弱性が許容範囲に収めようとしていたのは国家・国民の生存なのではなく、大量の核ミサイル・サイロであり、戦略潜水艦であり、戦略爆撃機なのであった。核理論において脆弱でなかったとしても、その理論通りのことが起こってしまえば、ほとんど文明社会が消滅してしまうことは確実なのであった。

さらに、第二次世界大戦後の軍事技術は、マイクロ・エレクトロニクスを採り入れ、精密誘導の巡航ミサイルなどを登場させることになった。テレビに映った湾岸戦争における戦闘シーンはその精密さを誇張してはいたが、それにしても現代兵器に対する都市の脆弱さを伝えていた。また、一九九四年および一九九五年のオウム真理教によるサリン無差別殺人は、微量の化学兵器によって大都市の機能が完全に麻痺する可能性のあることを教えた。オウムの場合はいわば国内の集団による化学兵器使用であったが、これが国家間で使われるとすると、これまた国家間の関係は恐ろしいまでに相互脆弱なものとなるであろう。

このような軍事技術の変化は、国境の意味をまったく変えてしまった。もともと近代主権国家は、火薬と大砲の出現という技術革新を前に、非脆弱な組織体を作ろうという動きから誕生したといっても過言ではない。中世の城が大砲の前に脆弱になったことが、かなり大きな規模の、できればフランスのようにどの国境からも首都ができるだけ遠くなるような国家を作ることを促進したのであった。こうしてできあがった国家のうち、少なくとも強国は自らを非脆弱なものとすることができた。一八一二年、ナポレオンの攻撃を受けたロシアはモスクワまで撤退し、モスクワを炎上させたが、その後反撃し、フランスを撃破することができた。

もちろん、第二次世界大戦においても、ソ連はヒトラーの攻撃を吸収し、その後反撃することができたが、第二次世界大戦におけるソ連の損害は二〇〇〇万人を超える死者を出すという想像を絶するものなのであった。今や、国境も、「縦深性のある」国土も、「固い殻」ではなくなった。現代の国家は、よくいって「ソフトシェル」に包まれた存在となったのである[4]。

経済的相互依存

国家間の相互依存は、軍事的な意味で増大しただけではない。経済的な意味の相互依存も深まり、この側面でも国家間の脆弱性はかなり高いものとなってきた。しかし、経済相互依存の進展もまた、さまざまなハード・ソフト両面の技術の発展に伴って、かなり異なる局面を経て現在の段階に至ったといえるであろう。近代世界システムにおける最初の経済相互依存は帆船の技術によるものであったが、十六世紀以来発達して、ポルトガル、スペイン、オランダなどの初期植民地経営につながった。しかし、この段階では、地球上すべての地域が経済的に結びつけられるとまではいかず、近代世界システムといってもヨーロッパおよび南北アメリカおよび、アジア・アフリカの沿海地域のみがその範囲であった。この時代の貿易は、基本的には情報流通のきわめて限定された遠隔地貿易であって、離れた土地の間の価格差が貿易の利益を生み出すといったものであった[5]。

第二の段階は、十九世紀中葉からの蒸気船と鉄道による経済相互依存の拡大であり、地球上ほぼすべての地域が経済的に結びつくことになった。同時に、通信技術も発達し、それぞれの土地の生産要素（天然資源、労働力、資本など）の分布に応じて生産が特化するようになり、産業間の垂直貿易が発達するようになった。世界システムの中心に存在する国々では工業製品が生産され、周辺諸国は天然資源や農産物などの一次産品に特化するといったパターンであった。[6]

この第二の段階の経済相互依存は、十九世紀から二十世紀にかけて進化し、一九三〇年代に停滞した後、第二次世界大戦後、世界的な好景気とともに拡大・深化した。しかし、第二次世界大戦後、徐々に、西欧諸国を中心に異なった形の経済相互依存のパターンが現れはじめ、一九八〇年代以後、爆発的に拡大することになった。経済相互依存の第三段階であり、現在の段階である。[7] この段階の経済相互依存をもたらした技術は飛行機であり、大容量海底ケーブル・通信衛星であり、コンピュータを中心としたマイクロ・エレクトロニクスであった。

この段階の国と国との間の経済の結びつきは、貿易面では垂直分業というよりは水平分業であり、産業内貿易であり、多国籍生産ということになり、また金融面における世界市場の形成ということである。第二段階の経済相互依存における生産イメージが、すべての生産を内製化した巨大工場でベルトコンベアにのって生産されたT型フォードだったとすれば、第三段階の経済相互依存における生産イメージは企画、設計、ハードウェア生産、ソフトウェア生産、マーケティングのそれぞれすべてが世界各地で行われるマルチメディア・パソコンのイメージである。

　この段階においては、単に貿易が増えるだけではなく、生産拠点を世界各地におくため直接投資が急上昇した。今や、ある製品の国籍を問うことはきわめて困難になりつつある。金融面での世界の同時性は、常識的となった感がある。為替変動において、ニューヨーク、東京、ロンドンといった区別はほとんど意味をなくしつつある。

脆弱性の軽減は困難

　このような経済相互依存の進展は、確実に国家間で相互依存の敏感性を増大させている。国際金融市場においては、すでに敏感性というよりも同一性といった方がよい状態にすらなっている。それでは国家の相互依存に対する脆弱性はどう変化してきたであろうか。繰り返しになるが、脆弱性は敏感性ほど単純な概念ではないことに注目しなければならない。脆弱性を評価するには、第一に、何に価値をおいて脆弱性を評価するかということ、第二に、外界の変化に対応して自らないし外界を変化させる能力がどのくらいあるかということの両方に注目しなければならない。

　人間の体にたとえると、気温が急に下がると体温も一時的に下がるが、体が震えたりして体温を一定範囲におさめるようにする。それでも体温が下がってしまいそうになれば洋服を余計に着たり、家の中に入って暖房をつけたりする。このたとえを使えば、脆弱性を評価するためには、評価の基準となる体温に当たるものが何かということと、体温を許容範囲内に戻すための能力（持っている洋服の数とか、暖房設備とか）がどれだけあるかを調べなければばならないことになる。そして、生物と違って社会システムに存在する主体の脆弱性を調べる時やっかいなことは、その評価基準(体温に当たるもの)にかなり主観性が入りこむ可能性があることである。前にあげた例でいえば、イギリス人にとっては納豆の価格は、イギリスの脆弱性を測るのにはほとんど意味をなさないというようなことである。

それでは、国家にとって脆弱性を測る評価変数は何であって、これを許容範囲内におさめる能力はどのように変化してきたといえるであろうか。すでに述べたようにこのような評価変数には主観性が付きまとうので、極端なことをいえば、国によって異なるので一般化はできなくなる可能性がある。しかし、国家の性格の変化に着目すれば、大まかな変化は指摘できるであろう。

まず、経済相互依存の第一期の十六世紀から十八世紀にかけての国家についていえば、評価変数は、基本的には国王の利益、あるいはオランダなどの場合でいえば統合東インド会社理事会の利益ということであろう。これが経済相互依存の第二期に入るにつれ、いわゆる国家利益(国家の生存、国家が重要と見なす産業)などが評価の基準とされるようになり、さらに、とりわけ民主主義国では、より個別的な各産業の状態など評価の基準が増大するようになった。そして、現代の国家とりわけ民主主義諸国においては、国家全体のマクロの経済パフォーマンスのみならず、個別産業や個別セクターの業績といったものも評価基準となるようになった。国家が気にしなければならないことは、増えてきているのである[8]。

それでは、能力の方はどうだろうか。一面では、国家の能力が増大してきたことは間違いない。十六世紀のスペインよりは十八世紀のイギリスの方が、はるかに資金調達能力は高かった。[9]銀行制度や国債の制度を整備することで、緊急時に備えることができるようになった。また、十九世紀の国家にマクロ経済政策などという観念がなかったのに対し、第二次世界大戦後の資本主義国では、一九三〇年代不況の経験から、ケインズ型、反ケインズ型の経済政策の知識が普及するようになった。さらに、貿易保険や投資保険などの制度も、損害を軽減する手段として使われるようになった。

しかし、他面、経済相互依存の性格の変化によって使いにくくなった手段も多い。第一は、軍事力である。経済相互依存の第一期では、軍事力は経済取引の一手段だった。国王の（あるいは東インド会社の）利益にならない行為が起これば、容易に軍事力で利益の回復が図られた。十九世紀から二十世紀にかけての経済相互依存の第二期においても、軍事力は時に最後の手段として使われた。垂直分業の世界においては、とりわけ工業国の側が第一次産品輸出国の側の事情変化によって損害を被ることがあれば、この損害を取り戻そうとして第一次産品輸出国を軍事的に制圧するということも可能であり、それが他に複雑な悪影響をもたらすこともあまりないと見られた。

太平洋戦争直前、日本はアメリカから、中国大陸からの撤退を求められて、石油・鉄くずなどの禁輸を受けた。これに対する日本の反応は真珠湾攻撃であり、石油資源その他の存在する現在の東南アジアを軍事的に制圧することであった。この試みは完全な大失敗に終わったわけだが、その意図は脆弱性を軍事力によって解消しようとすることにあったのである。

第二次世界大戦後も、このような試みがまったくなくなったわけではない。一九五一年、イランのモサデク政権がアングロ・イラニアン石油を国有化しようとした時、英米はCIAなどの秘密機関から資金その他を流すことでモサデク政権を転覆させた。また、一九五六年、エジプトがスエズ運河の国有化の宣言を行った時、イギリスとフランスはイスラエルと共謀し、イスラエルに開戦させ、それを口実にスエズ軍事進駐を図った。また一九七三年の石油危機の時も、キッシンジャー米国務長官は武力介入の可能性も示唆した。さらに、一九九一年の湾岸戦争についても、単にクウェート侵略・併合への懲罰でなく、その真の動機は石油確保だったのだという説が存在する。

つまり、相互依存といっても、その関係が資源と工業製品を取引するというような単純なものである場合、軍事的に強い国はそれを利用することで自らの脆弱性を弱めることができると考えられたのである。しかし、相互依存が水平分業的になり、グローバルな金融市場・商品市場が機能するようになると、関係が複雑になりすぎ、軍事力で何が達成できるのかまったく不明になってしまった。

第二に、軍事力とまではいかなくても、反市場的な威圧的政策手段もよほどの相互依存の非対称性がないと使いにくくなっている。このようにいうと、アメリカがしばしば使用する通商法三〇一条は結構アメリカの役に立っているではないかという反論が出るであろう。通商法三〇一条とは、アメリカ経済が貿易相手国の「不公正な」貿易慣行によって損害を被った時、必要な対抗措置をとることができることを定めた条項である。まさに、アメリカの脆弱性を減らすための手段として作られた立法措置といって過言ではない。

とりわけ一九八五年以降、アメリカはこの手段に訴える傾向が強くなり、かなりの分野で相手国の政策を変えさせることに成功した。[10] 日本が皮革製品の自由化に応じたのも、また半導体協定に応じたのも、またオレンジ・牛肉の自由化に応じたのも、皆、多かれ少なかれ三〇一条による制裁あるいはその脅しが原因であった。しかし三〇一条の脅迫も、アメリカ国内に意見対立が少なく制裁対象国でアメリカの政策に同調する勢力が存在しない場合は、なかなか効果がないという傾向が表れている。[11]

一九九五年の日米における自動車・自動車部品の交渉は、威圧的措置がきわめて困難であることを例証したともいえよう。日本における自動車市場や部品市場を開放するという一般論においては、日本国内にもアメリカに同調する勢力はかなりあった。しかし、そのために数値目標を導入しなければならないとのアメリカの主張に同意する日本の国内勢力はきわめて少なかった。その中で、アメリカは六〇億ドルにのぼる制裁措置を脅迫として使ったわけだが、日本側がこれに屈する姿勢を見せなかったため、結局、数値目標を合意文書には載せずに決着せざるをえなかった。アメリカの制裁に対し、日本も対抗措置をとれば、「貿易戦争」になってしまい、せっかく形成されたWTOも実効性を失い、世界経済に深刻な影響が出ることが恐れられたのであった。もちろん、アメリカやその他の国が強硬な措置を今後もとることはないと結論することはできないが、強硬な措置をとれば相互依存の脆弱性が軽減できるというものでもないことは明らかになったのである。

さらに、より穏やかな保護主義の方法も、それほど脆弱性を軽減しないようになってきた。もちろん、保護主義的な手法は経済相互依存が進んでも依然として健在であり、それが脆弱性を減らす手段として正当化されてきている。日本におけるコメの保護の議論において、自給の重要性が指摘されてきた。いざという時、コメさえ自給できるようにしておけば何とかなる。あるいは、いざという時、コメも自給できていなかったらどうなるか、という議論である。

しかし、江戸時代の農業であったらともかく、現代の複雑に入り組んだ経済相互依存の中で、他のシステムが崩壊した時にコメだけ自給できると考えるのは幻想にすぎない。日本国内でコメを生産するためには農機具が必要であり、農機具を動かすためのエネルギーが必要であり、化学肥料が必要であり、殺虫剤が必要であり、これらはすべて相互依存のシステムの一環として供給がスムーズに行われているのである。したがって、このシステムが動揺する時、コメの自給ができるだけという保護措置では脆弱性を減らしたことにならない。脆弱性を減らそうとすれば関連分野すべてを保護するということになりかねず、そうなると緊急事態に備えるために相互依存から生まれる利益をまったく失ってしまうことになり、もともと欲していた繁栄なり国民生活の安定なりといった評価変数の値自身を低下させてしまうことになるのである。

つまり、国家が検討・関与しなければならなくなった分野が多くなったうえに、脆弱性を軽減するためにとりうる手段は、市場適合的なもの以外はきわめて限られたものになってきているといえるだろう。その意味で、現代の経済相互依存状況下で国家はますます相互に脆弱性を強めているのである。軍事相互依存状況における相互脆弱の典型として核の相互確証破壊をあげたが、現在の日米経済関係もこれに近づいているのかもしれない。貿易戦争は核戦争ほどただちに双方を破壊しないが、究極的には双方に深刻なダメージを与えるとすれば、現在の日米経済関係は相互究極破壊（Mutually Ultimate Destruction：ＭＵＤ）だと特徴づけることができるのかもしれない。

3　国家と非国家主体の相互依存

情報、通信技術で相互依存が進む

しかしながら、現在の世界システムにおける相互依存は、国家間のみの相互依存を意味するわけではない。より深刻な影響を持つものは国家と非国家主体の間の相互依存であり、非国家主体間の相互依存なのである。[12] ここで、非国家主体・ネットワークというようなわかりにくい概念を使ったが、つまりは国家でない行動主体あるいは行動主体からなるネットワークすべてのことである。個人、町内会、地域の環境保護グループからはじまって、労働組合、宗教団体、慈善団体、エスニック集団、テロリスト集団、財団、巨大企業、企業系列、[13] 国際組織など驚くべきほど多様な主体であり、そのような主体からなるネットワークである。

このような非国家主体・ネットワークの存在ないし、それらと国家との相互依存自体は、決して新しいものではない。近代世界システム以前の世界システムには、非国家主体やネットワークがきわめて重要だったものが存在する。第七章で本格的に検討するが、たとえば、近代以前のヨーロッパ中世はまさにそのような世界だった。また、十六世紀以後の近代世界システムにおいても、このような非国家主体やネットワークが存在し続けたことは間違いないし、またそれらの間の相互依存や国家との間の相互依存は重要だった。

十六世紀のスペインの金融を牛耳ったフッガー家、十七世紀オランダの対外進出の中心的存在であった統合東インド会社、十八世紀・十九世紀のロスチャイルド、秘密結社フリーメーソンなどは、国家との関係で重要な役割を果たしてきた。また、十八世紀から十九世紀には、ヨーロッパという狭い範囲であったとはいえ、個人の間で国境を越えて活動することがきわめて容易となった。ほとんどの国でパスポートやビザが必要とされない時期があった。[14]

そのため、卓越した個人はかなりの程度、国境を越えた活動をした。モーツァルトは、ザルツブルクで誕生して以来の三十五年という短い生涯をミュンヘン、ウィーン、パリ、ロンドン、ローマ、ナポリ、ミラノ、フィレンツェ、プラハ、ドレスデン、ライプチッヒ、ベルリンとさまざまな都市で送り、ウィーンで終えた。ワーグナーはライプチッヒで誕生し、若い時代、ウィーンやプラハに旅し、以後、音楽家としてリガ、ロンドン、パリ、ドレスデン、ワイマール、再びパリ、チューリッヒ、ミュンヘン、バイロイトで過ごし、一八八三年、六十九年の生涯をベニスで終えた。[15]

また、外交官といっても、必ずしも国境に縛られていたわけでもない。たとえば、プロシア国王フリードリッヒ・ヴィルヘルムから一時疎まれて公使としてロシアに駐在させられたビスマルクに対して、ロシア皇帝アレクサンドル二世はロシア外務省の高官にならないかと持ちかけたことがあるのである(16)。

その意味でいうと、二十世紀前半は国境の壁の高くなった時代だといえるかもしれない。ナショナリズムの高まりとともに、真の意味での現代的な国境の管理が行われるようになったからである。パスポートが世界中で普及し、多くの国がビザなしの渡航を認めないようになった。パスポートの番号が電子読み取り装置などで電子的に管理され、外国に入るたびにお尋ね者でないかが綿密にチェックされるようになったのはほんの最近のことである。

しかし、それにもかかわらず、二十世紀後半の世界は十九世紀のヨーロッパよりもはるかに個々人にとっても、その他の非国家主体にとっても、そしてそれらのネットワークにとっても、相互依存的である。ビザやパスポートなどの国境管理のテクノロジーの向上にもかかわらず、国境を越えて行われる活動は圧倒的に容易になった。一八七〇年代の最新テクノロジーを駆使しても、地球一周は、八十日間かかった（ジュール・ヴェルヌ『八十日間世界一周』）。一九九五年現在のギネスブックに載っている定期便を使った世界一周の最短記録は、四十四時間六分である(17)。

今や、東京で月曜日の午後一時半のロンドン行きの飛行機に乗れば、同じ日の夜六時十分にロンドンに着き、火曜日、ロンドンのシティで打ち合わせをして午後二時の便でニューヨークに向かえば、同日午後四時四十分にケネディ空港に到着する。その晩、ブロードウェイでミュージカルを見て、翌朝の水曜日、ウォール街でビジネス・ブレックファスト、タクシーに乗って空港に向かえば、楽に午後一時三十分の東京行きに間に合う。この飛行機が成田に到着するのは木曜日午後四時十分である。時差ボケをものともせずに頑張れば、誰でも四日間で、東京、ロンドン、ニューヨークのビジネス・トリップをすることができる。こんなに速く、音楽家は世界一周の演奏旅行はしないと思われるが、それでも現在の音楽家は、モーツァルトやワーグナーとは比べものにならないくらい世界中を飛び回っている。

しかし、それよりさらに速い速度で世界を飛び回っているものは、情報である。電話、ファックス、テレビ、コンピュータ通信には、距離は事実上存在しない。かつて、筆者のような大学教員が在外研究でヨーロッパに滞在したとすれば、通信手段はまず郵便だけで、日本との交信には最低十日間以上かかったであろう。電話は時差があってかける時間を考えなければならなかったが、ファックスであればそれも問題なくなった。

さらに、今やパソコン通信を使えば、オックスフォードであれ、ワシントンであれ、そこから日本のパソコン通信ネットワークであるニフティサーブに入ることは現地のネットワークに入ることとまったく同じであり、電子メールを日本語で授受することのみならず、「日本経済新聞」その他各新聞、さらには通産省のデータベースにアクセスすることも、東京にいるのとまったく同じである。衛星放送の発達もまた、世界的な情報伝達を容易にした。日本にいても、また世界中いたるところでＣＮＮのテレビ放送が見られるのみならず、たとえばイギリスでは衛星放送の設備さえあれば、ＮＨＫのテレビニュースは無料で見られるようになった。

新聞などというハードウェアに制約された通信メディアにおいてすら、たとえば「インターナショナル・ヘラルド・トリビューン」紙は、一〜二日の時差はあるもののほぼ世界中で入手可能になった。東京でイギリスの「フィナンシャル・タイムズ」紙を読む者は、世界で最も早く読むことができる（といっても九時間ほどだけであるが）。「日本経済新聞」や「朝日新聞」、「読売新聞」あるいは「日刊スポーツ」は、世界のかなりの土地できわめて早く読むことができる。「毎日新聞」はファックス・サービスをしているので、世界中、電話線とファックス装置さえあれば、ただちに最新ニュースに接することができる。筆者は一九九五年、イギリスのオックスフォードにいたが、郵送される「読売新聞」はその日の日付のものであった（日本の時間はイギリスより九時間早いため、通信で送った新聞がロンドンで印刷されロンドン以外の土地に郵便で発送されるのは、イギリス時間では発売日の前日ということになる）。

巨大企業と国家の関係

このようなオンラインでつながった世界において、多くの国家よりはるかに活発に活動しているのが企業である。世界最大級の企業がその経済規模において中小の国家に勝っていることは、すでによく知られるようになってきている。たとえば、一九九三年の統計で比較すると、ゼネラル・モーターズの年間売り上げよりも大きな国内総生産を持つ国は二十三ヵ国しか存在しない。トヨタ自動車の年間売り上げは、ポルトガルとフィンランドの間に入る規模である(表5－1参照)。

このような巨大な企業がどのような経営戦略で行動するかは、多くの国家にとって大きな問題となってきている。多くの発展途上国にとって、巨大製造業が、自国ではなく隣国に投資するとなると、それだけで自国の発展が遅れてしまうと見られる。その結果、発展途上国の多くが企業誘致のために競争を強いられることになっている。税制、インフラ、教育、その他さまざまな良い条件のところに企業が工場を立地しようとするのは当たり前であるが、その結果、企業の立場はかなり強いものになってきている。

しかし、巨大企業と強い国家との間の関係はきわめて複雑になってきている。たとえば、一九八〇年代後半に、東芝の子会社である東芝機械が共産圏への輸出規制を行うココムに違反して潜水艦用のスクリューをソ連に輸出し、それが摘発されたことがある。日本の通産省の当初の対応が遅かったせいもあって、アメリカで大きな問題になった。アメリカでは、アメリカの安全保障を傷つけたとして、東芝と東芝機械に対して制裁をするための立法措置が図られた。

この事実は、東芝のような巨大企業ですら、アメリカから睨まれては商売ができないことを示したが、一方、結果として通った立法措置は当初予想されたほど厳しいものではなかった。東芝機械の製品は、アメリカへの輸入が禁止されたが、東芝についてはそれほど簡単で

	国名・企業名	額(百万ドル)		国名・企業名	額(百万ドル)
1	アメリカ	6,259,899.0	51	コロンビア	54,076.0
2	日本	4,214,204.0	52	フィリピン	54,068.0
3	ドイツ	1,910,760.0	53	日産自動車	53,759.8
4	フランス	1,251,689.0	54	ブリティッシュ・ペトロリアム（英）	52,485.4
5	イタリア	991,386.0	55	三星（韓）	51,345.2
6	イギリス	819,038.0	56	フィリップ・モリス（米）	50,621.0
7	スペイン	478,582.0	57	IRI（伊）	50,488.1
8	カナダ	477,468.0	58	シーメンス（独）	50,381.3
9	ブラジル	444,205.0	59	パキスタン	46,360.0
10	中国	425,611.0	60	フォルクスワーゲン（独）	46,311.9
11	メキシコ	343,472.0	61	ニュージーランド	43,699.0
12	韓国	330,831.0	62	チリ	43,684.0
13	ロシア	329,432.0	63	クライスラー（米）	43,600.0
14	オランダ	309,227.0	64	アイルランド	42,962.0
15	オーストラリア	289,390.0	65	東芝	42,917.2
16	アルゼンチン	255,595.0	66	ユニリーバ（英・蘭）	41,842.6
17	スイス	232,161.0	67	ペルー	41,061.0
18	インド	225,431.0	68	アルジェリア	39,836.0
19	ベルギー	210,576.0	69	ネスレ（スイス）	38,894.5
20	オーストリア	182,067.0	70	ハンガリー	38,099.0
21	スウェーデン	166,745.0	71	エルフ・アキテーヌ（仏）	37,016.3
22	トルコ	156,413.0	72	プエルトリコ	35,834.0
23	インドネシア	144,707.0	73	本田技研工業	35,797.9
24	ゼネラル・モーターズ（米）	133,621.9	74	エジプト	35,784.0
25	タイ	124,862.0	75	アラブ首長国連邦	34,935.0
26	サウジアラビア	121,530.0	76	ENI（伊）	34,791.3
27	デンマーク	117,587.0	77	フィアット（伊）	34,706.7
28	ウクライナ	109,078.0	78	ソニー	34,602.5
29	フォード・モーター（米）	108,521.0	79	テキサコ（米）	34,359.0
30	イラン	107,335.0	80	NEC	33,175.9
31	南アフリカ	105,636.0	81	デュポン（米）	32,621.0
32	ノルウェー	103,419.0	82	シェブロン（米）	32,123.0
33	エクソン（米）	97,825.0	83	フィリップス（蘭）	31,665.5
34	ロイヤル・ダッチ・シェル（英・蘭）	95,134.4	84	チェコ	31,613.0
35	香港	89,997.0	85	ナイジェリア	31,344.0
36	ポーランド	85,853.0	86	大宇（韓）	30,893.4
37	ポルトガル	85,665.0	87	P&G（米）	30,433.0
38	トヨタ自動車	85,283.2	88	ルノー（仏）	29,974.8
39	フィンランド	74,124.0	89	富士通	29,093.9
40	イスラエル	69,739.0	90	三菱電機	28,779.8
41	日立製作所	68,581.8	91	ABB（スイス）	28,315.0
42	マレーシア	64,450.0	92	ヘキスト（独）	27,844.8
43	ギリシア	63,240.0	93	アルカテル・アルストーム（仏）	27,599.4
44	IBM（米）	62,716.0	94	ベラルーシ	27,545.0
45	松下電器産業	61,384.5	95	三菱自動車	27,310.9
46	ゼネラル・エレクトリック（米）	60,823.0	96	モロッコ	26,635.0
47	ベネズエラ	59,995.0	97	ペメックス（メキシコ）	26,572.9
48	ダイムラー・ベンツ（独）	59,102.0	98	ルーマニア	25,969.0
49	モービル（米）	56,576.0	99	三菱重工業	25,804.0
50	シンガポール	55,153.0	100	プジョー（仏）	25,669.1

（注）各国の国内総生産はThe World Bank, *World Development Report 1995* (Oxford: Oxford University Press, 1995) pp. 166–167、各企業の販売額は、*Fortune* (July 25, 1994) p. 49からとった。厳密にいえば、国内で生産された付加価値の総和である国内総生産と企業の販売額は比較可能ではない。本表の意図は、大企業の規模をおおまかに示すことにある。

表5－1　各国の国内総生産と製造業企業の販売額

はなかった。輸入禁止にするにはアメリカ国内で東芝製品に依存する企業があまりに多かったからである。東芝制裁によって影響を受けるアメリカ企業は、大がかりなロビー活動を行って厳しい制裁の通ることを阻止したのであった。この事例から見て、東芝の方がアメリカより強力だとはいえないにしても、アメリカもまた、一企業に対してなにがしかの脆弱性を持つに至ったことがわかるであろう[18]。

巨大企業のロビー活動はかなり効果的なものもあって、国家を自らの利益のために使用する傾向がかなり顕著に見られるようになってきている。すでに述べたように、現在のような多国籍生産、企業内貿易の増大した世界では、製品自体の国籍を確定することはきわめて困難になってきている[19]。それにもかかわらず、国家は依然として「自国の」企業を応援する傾向が強いのである。

たとえば、一九八六年に日米間で締結された日米半導体協定である。この協定のサイドレターには、外国製半導体の市場シェアが五年間で二〇%になることを期待する旨の表記があった。アメリカは、これを日本が行った公約だとして、制裁を背景にその実行を迫ったことはよく知られている。しかし、この協定で興味深かったのは、外国製半導体とは何かという定義であった。もし、アメリカがアメリカ合衆国の住民の雇用を優先的に考えたとすれば、外国製半導体の重要な部分となるべきアメリカ製半導体とはアメリカ国内で生産されたものでなければならないはずである。しかし、日米半導体協定がアメリカ製と見なしたものには、テキサス・インスツルメンツ社が日本工場で生産した半導体も含まれていた。つまり、工場の場所ではなく、企業の「国籍」でどこの国の製品かを判断するとしていたのである。[20]

これはもちろん、テキサス・インスツルメンツにとっては有利な話であるが、はたしてアメリカ国民にとってどれだけ有利なのかは疑問が残るであろう。半導体協定のような数値目標は、そもそも貿易関係にとってはそれほど望ましいとはいえないのであるが、しかしその目的が自国の雇用促進と結びつかないのであれば、さらにおかしな話である。

製造業以外でいえば、金融業に関連する企業の影響もきわめて大きなものとなってきている。もちろん、多くの銀行や生命保険会社は、製造業に比べれば政府の規制の強い分野に属しているのであって、その意味で国家の力はまだまだきわめて大きいといえる。しかし、これらの銀行、生命保険会社などが全体として国際金融市場に与える影響は、今や一国の政府では如何ともしがたいほど巨大なものになってしまった。覇権衰退の影響が最も顕著な事例として為替相場の不安定をあげたが、まさに覇権なき後、このように巨大な集合体としての国際金融資本に一国で対抗できる国は存在しなくなった。

もちろん、相互依存が深まる中、企業自身も脆弱になっているともいえる。しかし、脆弱性の観点からすると、領土とそこに居住する国民を基盤にする多機能主体である国家の方が、領土や住民から基本的には独立した単機能主体である企業に比べて脆弱性をはらむ問題が大きい。企業は、いざとなれば工場を収益の高い土地に移転してしまうことができる。また、さらに最悪の場合は、破産したとしても、株主の被る損害は限定されている。これに対し、国家は戦争をしない限り領土は移せないし、国民を遺棄するわけにもいかないのである。

拡がる非国家主体、増大する国家の脆弱性

もちろん、企業だけが国際的な活動を活発に行っているわけではない。とりわけ重要なのは、国家でないにもかかわらず、強力な武力を保持し使用する集団の影響である。第一には、実に多くの国に、独立ないし分離を望む、あるいは現状に著しい不満を有する少数民族・宗教団体が存在する。フィリピンにおけるモロ民族解放戦線、ミャンマーのカレン族、スリランカのタミル人、インドのシーク教徒、ロシアにおけるチェチェン人など枚挙にいとまがない。また、日本のオウム真理教、アメリカ国内における数々の「ミリシア」（民間武装組織）などのような組織も登場するようになった。もちろん、近代世界システムにおいて、非国家武装集団が存在してこなかったわけではない。しかし、武器製造技術の向上は、軍事面において国家同士を脆弱な相互依存関係においたのみならず、非国家武装集団に対する国家の脆弱性もまた強めている。

個人の帰属意識もまた、交通・通信技術の発達と相互依存の進展によって大きく影響を受けるようになった。まず第一に、多くの先進工業地域において、ナショナリズムの相対化現象が見られるようになってきている。つまり、国家を形成する国民だという意識が、帰属意識の一つにすぎなくなる傾向が見られるのである。

日本は、少数民族が世界の他の国と比較するときわめて少ないこともあって、国民意識のきわめて強い国である。したがって、日本人が、日本人だと思うのは、多くの人々にとって

「空気」のように当たり前だといわれる。しかし、香港に本社をおくヤオハンのマレーシアでの営業に携わる日本人にとって、最大の帰属意識は日本であろうか、それともヤオハンであろうか。また、日本での自動車販売において困難を感じているフォードの日本支社に勤める日本人にとって、日米自動車交渉の帰趨をどう評価するのかは、同じ日本人だからといってトヨタの社員と同じというわけにはいかないであろう。

また、地域統合の進むヨーロッパでは、ドイツやフランスなどで急速にヨーロッパ人意識が強まるとともに、ローカルな意識が強まっているともいわれる。フランス人であるよりはブルゴーニュ人でありヨーロッパ人である、あるいはドイツ人であるよりはバイエルン人でありヨーロッパ人であるという人々が増えているといわれるのである[21]。

また、国境を越える社会運動に従事する人々も増えている。環境保護団体であるグリーンピースの活動は、どこか一ヵ国の人々の支援で行われているわけではない。グリーンピースのメンバーにとって、それぞれの国民意識よりも、環境保護のためにいかなる国家にも対抗するという意識は相当強いように思われる。

他方、発展途上地域の多くでは、依然としてナショナリズムはかなり強い。しかし、ここでも、分散化傾向はかなり見られる。列強の帝国主義の影響が強い時代、つまり植民地から解放された直後には、植民地勢力への反発からかなり大きな規模でのナショナリズムを鼓舞することも可能であった。植民地勢力によって人為的に作られた国境によって国家が形成されたわけだが、この国家を前提としてそこにネーションを作ろうというネーション・ビルデイングが行われ、このような新しいネーションの意識の促進が行われたのであった。しかし、植民地勢力が去ってかなりの時間がたつと、伝統的なエスニックな感情が再び生まれたり、またはより伝統的な部族主義とでもいったらよいような帰属意識が強まってくる場合が増えているのである。

一九九四年、大虐殺に遭遇したルワンダはその典型である。フツ族とツチ族を超えた、ルワンダ人意識は、ついに形成されなかった。同様にフツ族とツチ族が居住する隣国のブルンジもこの傾向をたどっている[22]。

つまり、国家同士の相互依存が進展するのみならず、国家と非国家主体あるいは非国家主体からなるネットワークとの間の相互依存も進んでいる。それらの間の関係はきわめて敏感になっているとともに、とりわけ国家の側の脆弱性を強めているように見えるのである。

第六章　制度化する相互依存

国家間の軍事的、経済的相互依存が深まり、また国家でない主体やネットワークなどからなる相互依存も深まっていることが事実だとすれば、それは世界システムにとって平和と繁栄を意味するのか。それとも紛争と停滞を意味するのであろうか。冷戦や覇権の章でも同様であったように、さまざまな考え方が存在する。以下では、そのような考え方を検討し、第二に相互依存状況において紛争を管理するための方策としては、いかなるものが考えられるかについて考えてみたい。

1　相互依存の理論

経済の相互依存は平和を促進する？

相互依存の進展は、世界システムをより紛争的にするのか、それとも紛争を少なくするのか。平和の可能性を高めるのか、それともかえって戦争につながりやすいのか。このような問題が真剣に考えられるようになったのは、相互依存の進展が大きく進むようになってからであるが、このような議論の端緒は十八世紀から十九世紀にかけてすでに行われるようになっていた。

一方には、相互依存とりわけ経済の相互依存は、平和を促進するとの考えがあった。たとえば、モンテスキューは一七四八年に出版された『法の精神』の中で次のように述べた。

商業の自然の効果は平和へと向かわせることである。一緒に商売をする二国民はたがいに相依り相助けるようになる。一方が買うことに利益をもてば、他方は売ることに利益をもつ。そしてすべての結合は相互の必要に基づいている。[1]

カントも、一七九五年に出版された『永遠平和のために』の中で、永遠平和を保証する要因の一つとして、商業精神をあげる。

商業精神は、戦争とは両立できないが、おそかれ早かれあらゆる民族を支配するようになるのは、この商業精神である。つまり国家権力の下にあるあらゆる力（手段）のなかで、金力こそはもっとも信頼できる力であろうから、そこで諸国家は、自分自身が（もとより道徳性の動機によるのではないが）高貴な平和を促進するように強いられ、また世界のどこででも戦争が勃発する恐れがあるときは、あたかもそのために恒久的な連合が結ばれているかのように、調停によって戦争を防止するように強いられている、と考えるのである。[2]

また日本においても、一八八六年、徳富蘇峰が二十三歳の若さで著した『将来の日本』は、日本における相互依存論、相互依存による平和達成を説く著作の嚆矢であったといってよい。彼は、「腕力世界」から「平和世界」への転換こそが、十九世紀の世界政治の一大潮流だと論じた。「腕力世界」を代表するのが「武備主義」あるいは「兵」であり、「平和世界」を代表するのが「生産主義」あるいは「富」である。そして、徳富蘇峰によれば、

ただ一見せば欧州は腕力の世界なり。少しくこれを観察するときには裏面にはさらに富の世界あるを見、兵と富とは二個の大勢力にして「いわゆる日月双び懸りて、乾坤を照らす」のありさまなるを見るべし。しかれどもさらに精密にこれを観察せば兵の太陽はその光輝燦爛たるがごとしといえども夕暉すでに斜めに西山に入らんとする絶望的のものにして、かの富の太陽は紅輪杲々としてまさに半天に躍り上らんとする希望的のものなるを見るべし[3]

この変化の基礎には、蒸気船の発明、鉄道の発明、電信機の発明、郵便網の進歩、新聞の発行などという「分配通信機関」の発達があり、これによって貿易が著しく拡大したことがあると指摘する。「それ貿易の主義は平和の主義なり。しからばすなわち富のますます進歩するに従い平和主義のいよいよ進歩するはあにまたうべならずや[4]」というのである。このような若き徳富蘇峰の主張は、明らかに当時のイギリスの自由主義的雰囲気（コブデン、ブラ

イトなど）の影響が強かった。

経済的相互依存と平和を結びつける考え方は、第一次世界大戦直前には一つの頂点を迎える。典型的な論者はノーマン・エンジェルであった。彼が一九一〇年に出版した『大いなる幻想』は、各国でベストセラーになった。エンジェルによれば、「戦争は、かりに勝利に終わった時でも、諸民族が達成しようとしている目的をなし遂げることはできなくなった」のである。なぜならば、

経済的に文明化された世界における富は、信用と商業的契約にその基礎をおいている（そして、これらは、分業の増大と通信の大いなる発展による経済相互依存がもたらしたものだ）。もし、信用と商業的契約が、没収の試みなどによって不当な干渉にさらされることになれば、信用に依存する富は、傷ついてしまうし、これが壊滅してしまえば、征服者の富の壊滅にもつながる。征服の目的が、自らを傷つけることでないのだとすれば、敵の財産をも又尊重しなければならない。そうしなければ、征服は経済的に意味をもたない。したがって、征服された領土の富は、そこの領民の手のもとに残ることになる。ドイツがアルザスを併合した時、戦争からの上がりとしてアルザスの財産一マルク分すら手にしたドイツ人は一人もいない。現代における征服は、Xで掛け算をした結果をまたXで割り算をして、もともとの数字を求めるようなものなのである。現代の国家は、領土を増大させてもその国民の富を増大させるわけではない。これは、丁度、ロンドン市がハートフォード

郡と合併してもロンドン市民の富が増大しないことと同じである。[5]

懐疑的な見方

このような見方に対し、相互依存への懐疑的な見方も存在した。最も根源的にいえば、ルソーの見方が典型的である。彼は、相互依存にこそ紛争の原因を見たのである。

ヨーロッパ諸民族が歴史的に結合してきたことによって、彼らの権利や利害は、とてつもなく複雑に入り組んでしまった。諸民族は、あまりに多くの点で互いに接触しているので、ある民族のほんの少しの動きですら、他のすべてに衝撃を与えるのである。彼らの間の繋がりがあまりに密接であるため、彼らの間の相違は、それだけ、致命的なものになるし、頻繁におこる紛争は、内戦と同様に残虐なものとなるのだ。[6]

さらにルソーは、商業などによる共同利益の存在を認めはするが、これが戦争が起こることを阻止するわけではないという。つまり、

たしかに、全面的かつ恒久的な平和が商業にもたらす利益は、それ自体は確実で論争の余地がないが、すべての国家にとって共通のものであるため、誰もそれを評価しないであろう。そのような利益というものは、比較によって初めて感じられるものであり、自らの

相対的権力を向上させようとするものは、自らのみの利益を追求するようになるからである(7)。

また、相互依存がかりに紛争をただちにもたらさないにしても、相互依存があるからといって、相互依存している者同士の利益がパレート的な意味で最適になるという保証はない、という議論もありうる。パレート最適とは、他の主体の利益を損なうことなしには、自らの利益を増大させることができないような状況をいう。AとBの二主体の間で、Aの利益を上昇させると同時にBの利益も上昇させることができるとすれば、まだまだ最適の限界点までいっているわけではない。限界点まで達成すれば、片方の利益を増大させたら、もう相手の利益を減少させなければならないような地点に到達するであろう。とすれば、相互依存関係からすべてが最大利益を得るということは、その状況が許す、パレート最適な地点まで到達することを意味する。そうでなければ、まだまだ両者にとって事態は改善できるのにしていないという効率の悪いことになるのであって、相互依存の利益を生かしていないことになる。

しかし、相互依存の状況によっては、それぞれの主体が自らの観点から合理的な行動を行った時、必ずしも、パレート最適が達成されないことがありうるということが示されている。これもまた、ルソーが指摘した例であるが、一つの可能性として、次のような状況である。

鹿を捕えようという場合、各人はたしかにそのためには忠実にその持ち場を守らなければならないと感じた、しかし、もし一匹の兎が彼らのなかのだれかの手の届くところをたまたま通りすぎるようなことでもあれば、彼は必ずなんのためらいもなく、それを追いかけ、そしてその獲物を捕えてしまうと、そのために自分の仲間が獲物を取り逃がすことになろうとも、いささかも気にかけなかった。[8]

A＼B	持ち場を守る	兎をつかまえる
持ち場を守る	(3, 3)	(0, 2)
兎をつかまえる	(2, 0)	(1, 1)

（　）内は左側がAの得点、右側がBの得点。

図６－１　鹿狩りのゲーム

このルソーの話は、二人の間の鹿狩りだとして整理すると、それぞれには、①兎が現れても持ち場を守る、という選択と、②兎が現れたらそれをつかまえようとする、という選択の二つが存在する。二人とも①を守れば、鹿をつかまえることができる。しかし、片方が持ち場を守っている時に他方が兎を捕りに走れば、片方は兎をつかまえもう一人は何もなしということになり、（ルソーの話にはでてこないが）両方が兎を追いかけると、二人で一匹の兎を山分けにして鹿は捕れない、ということになる。

これを、簡単な図にすると、図６－１のようになる。両方にとってパレート最適の選択は、①を採ることである。しかし、最悪の場合自分だけ何も捕れなくなってはかなわないと考えれば、兎が出てきたらとにかくつかまえに走るというルソーのいう通りにするのが合理的なように見える。うまくいけば自分だけ兎が捕れるし、悪くいっても兎を山分けにすることができるからである。しかし、もし、両方がこのように行動したら、結局兎しか捕れず、鹿というよりよい獲物は捕れなくなってしまうのである。

これ以外にも、相互依存状況においてそれぞれの主体が合理的に行動しても、お互いの利益を最大にできない可能性のある状況として、ゲーム論では、「囚人のジレンマ」の状況とか、「デート」とか「チッキン」とか呼ばれるさまざまな状況が検討されるようになっている。いずれにしても、相互依存があれば、お互いただちに最も得な状況になるとは限らないのである。(9)

さらにいえば、パレート最適の状況が、すべての主体にとって満足のいく状況かどうかは、かなり疑問がある。パレート最適に至るまでは、すべての主体にとって交流を増大させ相互依存を深めることには利益が存在する。しかし、ひとたびパレート最適の状況に至ってしまえば、相手の利益を減少させることなしには、自らの利益を増大させることは不可能になるのである。相互依存がすべてにとって利益であるにしても、自らの利益をさらに増大させようとすれば、他者の利益を減少させなければならない、という状況はかなり頻繁に起こりうるのである。(10)

実際、十九世紀末から二十世紀にかけての国際政治の現実は、相互依存が平和をもたらすという見方こそが「幻想」ではなかったかと思わせるものがあった。「平和世界」の到来を待ち望んだ徳富蘇峰は、彼の自伝によれば、日清戦争直後の「三国干渉」によって、「予は精神的に殆ど別人となった。而してこれと云ふも畢竟すれば、力が足らぬ故である。力が足らなければ、如何なる正義公道も、半文の価値も無いと確信するに至った」。後の軍国主義日本のイデオローグ、国権論者徳富蘇峰が誕生したのであった。(11)

また、ノーマン・エンジェルの本の出版の数年後に第一次世界大戦が勃発したことも、相互依存と平和への関連に疑問を持たせるものであった。第一次世界大戦に参戦したヨーロッパ諸国ほど相互依存関係で結ばれていた諸国は、当時は存在しなかったからである。

しかし、ノーマン・エンジェルの理屈自身が完全に打ち破られたともいえなかった。もちろん、経済的相互依存が存在すれば戦争が絶対に起きないというような命題は、第一次世界大戦によって打ち破られたことは確かであるが、傾向として、経済的相互依存は戦争の起こる確率を下げるというような命題は、必ずしも否定されたわけではない。エンジェルの議論は、いわば経済合理性からいって戦争が経済目的には合わない、といっているのであって、その限りでは正しかった。彼の誤りは、戦争の動機が必ずしも経済合理的な目的のみではないこと、さらにいえば、戦争が必ずしも合理的な目的の結果、起こるわけではないことなどを考慮に入れなかったことであった。

いずれにしても、第二次世界大戦後、経済的相互依存関係で密接に結びつくようになった西側先進国の間では、一回も戦争が起きなかった。このことは、経済的相互依存には戦争を防ぐ傾向がある、という仮説を支持する事実であった。また、趨勢として見れば、世界全体の総生産に占める貿易の割合が増大すればするほど、戦争が抑制されることを示す研究もある[12]。国単位で見ても、対外依存度の高い国は戦争に参加する度合いが低いことを示す研究もある[13]。

また、前章の議論を敷衍（ふえん）すると、相互依存が戦争を阻止するあり方としては、経済的相互依存に加えて、軍事的相互依存をあげることもできるであろう。軍事技術の進化によって、軍事的に相互脆弱な関係が強まれば、軍事力に訴えることは単に経済的利益にならないのみならず、損失にすらなるのである。エンジェルが、戦争はX倍してからXで割ることで答えを出すようなものだ、と指摘したが、軍事的に相互脆弱な関係が進んだ状況では、戦争はX倍してから2Xで割って答えを出すようなものになってきたともいえるのである。

第一次世界大戦は、相互依存の夢を砕いたという面もあるが、他方で、この軍事的相互脆弱な関係に諸国が入りつつあることも示しつつあった。第二次世界大戦後、米ソで戦争が発生しなかった最大の要因が核兵器の存在だったとすると、まさにそれは相互脆弱という相互依存の平和寄与効果が表れたということになるのである。

しかし、ルソーの説、相互依存は紛争をもたらしやすいという説も否定できない。つまり、相互依存状況が進んで、紛争が減少しているという傾向は見られないからである。また、相互依存があっても、共同利益が最大化するという保証もない。結局、相互依存と共同利益、平和および紛争の間の関係はどうなるのであろうか。

これまでの議論が矛盾するように見えてきたのは、紛争と戦争とのそれぞれに対する相互依存の影響を区別しなかったところにその理由があるように見える。以下のように整理すると、相互依存と紛争および戦争に関する関係は、かなり整合的になるのではないかと思われる。

① 相互依存は、必ずしも共同利益を最適化しない。
② 相互依存は、紛争を頻発させる傾向がある。

しかし、

③ 経済的相互依存とりわけ経済的相互脆弱関係は、紛争が戦争に至るのを防ぐ傾向がある。
④ とりわけ軍事的相互脆弱関係は、紛争が戦争に至るのを防ぐ傾向がある。

①と②の仮説は相互依存の問題性を指し示すものであり、③と④の仮説は相互依存の問題にはある種の歯止めがかかっていることを示している。しかし、③や④がかりに正しいとしても、これに安住していれば、①や②の仮説によって起こる不利益や紛争が増大し、確率的には少ないとはいえ、戦争にまで至る可能性も否定できない。相互依存への対処のためには、①や②の傾向を何とか是正していくことが必要となる所以である。十九世紀から二十世

紀にかけて、①や②の傾向を是正するために考え出されてきたのが国際的レジームと呼ばれる、世界システムにおける制度化の動きである。国際的制度がもしこのような必要性から発生したのだとすれば、それは第四章で検討したような覇権の存在のみを前提とするものでないことは明らかであろう。諸国家には、国際レジームを形成・維持していく合理性が存在するのである。

2　相互依存の管理——国際レジーム

二十世紀後半の世界大の経済的相互依存の進展は、世界の貿易量を増大させ、直接投資を増大させ、そしてかなりの地域で経済成長を達成している。つまり、経済的相互依存は、世界システム全体の利益を向上させているという意味で望ましい。しかし、相互依存の状況如何では共同利益が最適に実現できない可能性があるし、またこれが紛争も増大させるという傾向すらある。さらに、多発する紛争が戦争につながりかねないとすれば、大問題である。相互依存の利益を増大させ、そこから生じる紛争多発の不利益を減少させる方法は存在するのだろうか。

現実にこのような相互依存の利益を維持しつつ、その不利益を最小にしようとして、過去二世紀にわたって試みられてきたのが、国際組織なり国際レジームである。これらの制度は、基本的には各主体間のコミュニケーションを助け、約束になにがしかの拘束力を与え、そして紛争をできるだけ秩序立って解決しようとする機能を果たすことを期待されてきた。

このような機能を果たす国際的制度化の端緒は、何ヵ国もの領土を通過する国際河川であるライン川の航行を管理するために一八一五年にできた「ライン川航行に関する中央委員会」であるといわれるが、以後、国際電信連合や万国郵便連合などさまざまな「機能的」な分野で、国際組織が設立された。その数は、第一次世界大戦直前には五十前後、第二次世界大戦直前に八十前後、そして一九八〇年代には六百以上の国際組織が存在するまでになったといわれる[14]。

このような国際組織はさまざまな基準で分類できるが、相互依存に軍事的な側面と経済的な側面があったことを基準にすれば、安全保障に関する国際組織と経済関係に関する国際組織の二つに大別することができるであろう。

国際連合と集団安全保障の考え方

安全保障に関する国際組織として、最も典型的な国際組織は、国際連合である。国際連合は、その前身ともいうべき国際連盟が第二次世界大戦の勃発を阻止できなかったという反省のもとに一九四五年に作られた組織である。国連憲章が示すように、国際連合はきわめて多機能的な国際組織であって、その傘下に経済・社会問題などに関係する多数の国際組織を従えている。しかし、国際連合の根本的機能として想定されたのは、安全保障であった。そして、国際連合が平和を達成するために利用した原則は二つであった。第一は五大国の協調であり、第二は集団安全保障の考え方である。[15]

五大国の協調とは、きわめて現実的な配慮に則って想定された原則であって、世界システムにおける強大な国家が協力しないようなシステムは、何を作ってもうまくいかないという考えである。そのための制度的な保証が、国連の最高意思決定機関である安全保障理事会（国連において、国連総会が最高意思決定機関でないことは、国連憲章からして明白である）の常任理事国として、米・ソ・英・仏・中の五大国を入れたことであり、さらにそこで、この五大国のみに「拒否権」を認めたことである。

国際システムにおいて最も神聖視されている主権平等の観念が、現実の国家間の平等を意味してこなかったことは、近代世界システムの歴史に明らかであるが、国家間の不平等を明示的に条文化する試みは、国連憲章に至るまでほとんど存在しなかった。[16] 国連は、そのような国家間の不平等を法的に認めたうえで、それを前提に安全保障を図ろうとした。そして、五大国の協調を前提にしたシステムである以上、この組織が五大国間の紛争には基本的には適用されないことも制度的に明らかであった。しばしば論じられるように、「拒否権」は、国連が「過熱」しないようにする「ヒューズ」と見るのが正しい。もし、国連がその制度からして、五大国のどこか一つを「制裁」するために武力行使をしようとすれば、それはそもそも国連が防ごうとした第二次世界大戦のような世界戦争を、「制裁」の名のもとに始めることと同じであって、国連の目的に反すると考えられたのであった。

それでは、もう一つの原則である「集団安全保障」とはいかなる原則か。これは、考え方としては、まさにルソーがその原稿を整理したサン・ピエールらの考え方に遡る原則である[17]。つまり、すべての国が、第一に、自衛以外の目的で戦争を起こさないことを約束し、第二に、この約束を破り侵略戦争を起こした国に対しては、一致団結して武力制裁を行うと約束するという二つの約束の効果によって、戦争が起こることを未然に防ごうというシステムである。かりに戦争を企図する国があったとしても、もし他のすべての国が一致団結してこれに対抗するということがあらかじめわかっていたとすれば、その国は戦争を起こすことを断念するだろう、というのが集団安全保障の前提となる考え方である。しかし、この集団安全保障の考え方が機能するためには、さらに二つの条件が存在する。

第一は、他のすべての国が団結した時に、その軍事力が侵略を企図した国を圧倒できるほど強力だということである。もし、他のすべての国が一致団結したとしても、容易に侵略国に対して勝利できないとすれば、その抑止効果は限られたものにならざるをえない。また、各国の一致団結の一致度、団結度が常に最高度のものにならないかもしれないとすれば、さらに抑止効果は下がるであろう。かりに、他のすべての国の軍事力をすべて動員すれば侵略国を圧倒できるにしても、もしすべての国が全力を投入しそうもなければ負ける恐れはないと、侵略する側は判断するかもしれないのである。

集団安全保障が機能する第二の条件は、侵略行為について、その行為をしたのでない国すべてが同意して認定できるということである。もし、半分の国はそれを侵略行為だといい、他の半分が自衛行為だと認定したのでは、十分な制裁はできない。逆にいえば、戦争を企図する側から見れば、ややあいまいな行動をとれば一致団結した制裁は被らなくてすむかもしれないと見えるかもしれず、もしそのような見方を侵略国がしたとすれば、戦争を抑止することはできないであろう。

第二次世界大戦後、実際には、国連は集団安全保障の機能をほとんど果たすことができなかった。その最大の理由は、国連による安全保障の第一の原則である五大国の協調が実現しなかったからである。冷戦の結果、世界で最大の安全保障問題は米ソ対立になり、第二章で強調したように、各地の紛争の多くに米ソが直接・間接に関与した。したがって、安全保障理事会では、ほとんどの紛争について、米ソが合意してどちらかの側を侵略国だと認定することが事実上不可能となった。国連は、成立して動き始めたとたんにヒューズが切れて、以後ずっと「停電」してしまったのである。

しかし、ヒューズが切れなくて家が火事になるよりは停電の方が望ましいように、米ソ対立によって国連の集団安全保障が機能しなかったのは、少なくとも国連という組織にとってはよかったのかもしれない。米ソいずれかを侵略国だと認定し、制裁するというようなことになれば、世界戦争が起こる可能性すらあった。世界戦争が、別の要因（たとえば相互核抑止）で阻止されたとしても、たとえば、ソ連が脱退するというようなことになり、普遍的国際組織としての国連の建前は決定的に崩れさったであろう。

国連が「平和維持」機能を果たす

いずれにしても、国連の集団安全保障は冷戦の間、機能しなかった。しかし、そのことは、国連が安全保障面でまったく何の役割も果たさなかったということを意味しない。集団安全保障が機能しない中、国連は、当初、想定されていなかったような安全保障上の機能、すなわち「平和維持」(peace-keeping)を果たすようになったからである。[18]「平和維持」とは、紛争当事国のいずれをも「侵略者」と認定せず、当事国同士の停戦の取り決めが継続的に維持されるように、国連の要員を当事国間に派遣するという活動である。つまり、関係国あるいは国連による調停などの結果、当事国間に停戦合意ができても、依然として不安定な関係が続く中では、この合意が何らかの軍事行動の結果、崩れてしまう可能性が高い。そこで、当事国の軍隊の間に、国連から派遣された中立の軍隊をおくことで、そのような不安定な状態がさらに悪化するのを防ごうという試みなのである。

この平和維持活動のみで、平和が常に維持されるわけでも、また紛争が解決されるわけでもない。しかし、平和維持活動の結果、敵対意識の強くなってしまった紛争当事国の頭を冷やすという効果が現れることもあるし、また、軍事行動再開を企図する側が中立の国連軍を強制的に排除した場合、国際世論が反発するかもしれないとして軍事行動を思い止まるという、ある種の抑止効果を持つことも考えられる。さらに、最低限、紛争悪化の兆候を全世界に知らせるという、警察の毒ガス捜査の時に使われる「カナリア」のような役割を果たすことはできるのであって、それによって国連が次に何をすべきかの議論を促進する可能性はあるのである。[19]

こうして、冷戦にもかかわらず、平和維持活動は紛争悪化を阻止する機能をある程度果たしてきた。しかし、冷戦は、このような平和維持活動をも制限してきた。つまり、米ソが決定的に関与したような地域紛争には、平和維持活動すら導入することは困難だった。ベトナム戦争、中ソ国境紛争、アフガニスタン戦争には、国連の平和維持活動はまったく関与しなかった。

しかし、一九八〇年代から米ソ対立が緩和されるにつれて、平和維持活動の頻度が増大した。八七年までに設立された平和維持活動が十三しかなかったのに対し、以後、九三年には十七を数えた。また、集団安全保障の考え方も復活するようになった。最も劇的にそれが示されたのが、九〇年八月に始まった湾岸危機であった。イラクが隣国のクウェートに侵攻しこれを併合したことに対し、国連安全保障理事会は次から次へとイラク非難の決議を通し、十一月には侵攻以前の段階への復帰を期限付きで求める決議を通過させた。この期限であった九一年一月十五日になってもイラクが撤退しないため、一月十七日、国連決議を受けた多国籍軍が攻撃を開始し、ほぼ一ヵ月でイラクのクウェートからの撤退を軍事的に実現した。湾岸戦争である。

この湾岸戦争は、五大国が協調しさえすれば、集団安全保障が機能することの証拠となった。しかしこの事例は、集団安全保障が機能するのがきわめて限られたケースでしかありえないだろうことも示していた。イラクが行ったほどの明々白々たる侵略行為が、それほど頻繁に起こることはあまり考えられないからである。とはいえ、このケースで国連の集団安全保障がそれなりに機能したことは、積極的に評価すべきであろう。この事例によって、このような明々白々たる侵略行為が今後抑止されるのであれば、そうでないよりよいことは間違いないからである。イラクの侵略が、かりに阻止されなかったとすれば、このような明々白々たるケースですら国連という枠組みでは処理できないということになり、明白な侵略行為を抑止するシステムの一つが消滅するということになったであろう[20]。

しかし、国連の集団安全保障が湾岸戦争で機能したことは、その後の国連の安全保障をめぐる活動に、一種の混乱をもたらすことにもなった。国連への過大な期待が生まれたからである。これまでのように、停戦合意ができてから平和を維持するというような消極的な姿勢ではなく、紛争のあるところには積極的に介入して平和を作り出していかなければならない、場合によっては平和を「強制」していく必要もある、という考え方が生まれたのである。一九九二年にブトロス・ブトロス・ガリ事務総長が国連安保理に提出した『平和への課題』において、平和執行部隊の創設に言及したのも、そのような発想に基づいていた[21]。そして、現実に、ユーゴスラビア崩壊後のボスニア紛争に派遣された「国連保護軍」(UNPROFOR)およびソマリアに派遣された国連ソマリア活動(UNOSOM)において、国連の活動に必要であれば、武力行使も許容するとの決議がなされたのである。

しかし、集団安全保障が想定するような明白な侵略行為が存在しない時(あるいは加盟国が侵略国の認定について合意できない時)、いかなる武力の行使をすれば、いかなるメカニズムで平和が「執行」ないし「強制」されるのかは、明らかではなかった。論者によっては、集団安全保障の論理をそのまま内戦にも当てはめようとする者もいた。ボスニア紛争において、セルビア人勢力が侵略者であるとし、ソマリア紛争においてアイディード派を侵略者であるということに国連加盟国が同意できたとすれば、あるいは集団安全保障の論理が適用できたかもしれない。しかし、どちらが歴史的に侵略的であったかを見極めにくいような内戦状況で、一方の当事者を侵略者と決めつけることには、多くの国が同意しなかった。ボスニア紛争では、アメリカはセルビア人勢力にきわめて厳しい態度をとったが、ヨーロッパ諸国、とりわけロシアはセルビア人勢力を侵略者であると決めつけることには慎重だった。ソマリア紛争においても、アメリカがアイディード派との対決姿勢を強めた時、たとえばイタリア部隊はこれに抗議して帰国した。結局、ボスニアでもソマリアでも、国連は期待通りの成果を短期にあげることには失敗したのであった[22]。

こうして、集団安全保障の論理が多くの地域軍事紛争に適用しにくいことが明らかになる一方、旧来の平和維持活動の方針をそのまま踏襲すればよかったともいえないところに、国連の安全保障をめぐる難問がある。停戦合意ができあがるまで国連は部隊を送らない、武力行使はいかなる場合もしない、というような方針を踏襲するとすると、現代の武力紛争のほとんどに対して、国連はきわめて消極的な役割に甘んじるということになりかねないからである。ただし、実態としては、国連財政が好転する兆しはなく、現代の武力紛争に対して国連の姿勢はきわめて受動的にならざるをえないであろう。

核管理レジームの存在

五大国間の紛争、とりわけ米ソの紛争に関しては、国連が関与できないことはすでに述べた。それでは、戦後、これらの間の軍事的相互依存の関係はどのようにして管理されてきたのであろうか。この問いに対しては、「管理されていなかった」というのが答えであろう。つまり、米ソ間の関係は冷戦だったのであって、何かのレジームが管理していたわけではない。もちろん、レジームをきわめて広く解釈して、事実上の了解事項や行動パターンが存在すればレジームがあったのだとすれば、「冷戦」もそのようなレジームの一種と見なすことができるのかもしれない。しかし、そこには、決して明示的な合意は存在しなかった。米ソ核戦争が起こらなかった要因として、相互脆弱な関係（相互確証破壊）の存在を指摘することはできるが、これがどこまで「安定した」ものだったかは確かなことは何もいえない。

米ソ間で存在したレジームは、より狭い範囲に限定された軍備管理と軍縮のレジームであった。一九七二年の戦略兵器制限条約（SALTⅠ）およびABM（弾道ミサイル制限）条約が、その端緒であった。SALT条約は、米ソ両国が保持する戦略核兵器に上限を設けようというものであった。また、ABM条約は、いわば相互確証破壊の現実を条約で固定化しようとしたものであって、米ソ両国とも、相手の戦略核ミサイルを打ち落とすようなミサイルを（首都周辺ともう一ヵ所以上）配備しないことを定めたものであった。しかし、冷戦の間は、これ以上の軍備管理・軍縮はほとんど進まなかった。SALTⅡ条約は、ついに批准されなかった（もっとも米ソ両国とも、これを遵守した）。米ソの核管理の仕組みを強化することになったのは、やはり冷戦の終結であった。冷戦終結過程とともに、一九八八年、中距離核ミサイル（ＩＮＦ）条約が批准され、ＳＳ－20やパーシングⅡ型といった中距離核ミサイルは一九九〇年までには廃棄された。

また、戦略兵器削減交渉（ＳＴＡＲＴ）も進み、一九九一年に米ソ首脳によって署名された。これによって初めて、米ソの戦略核が弾頭数の上限を六〇〇〇とするなど、実質的に大幅に削減されることになった。これに引き続いてアメリカとロシアで交渉された第二次戦略兵器削減条約は、一九九三年一月に署名されたが、第一段階（ＳＴＡＲＴ発効後七年の間）に総弾頭数を三八〇〇～四二五〇の間あるいはそれ以下にすることなどを実行し、さらに第二段階では総弾頭数を三〇〇〇～三五〇〇あるいはそれ以下にし、多弾頭ＩＣＢＭの全廃などの実行をすることを決めた。しかし、これの実行のための米ロの援助プログラムをめぐる交渉が難航し、ＳＴＡＲＴⅡは依然として批准されていない[23]。

核兵器に関する多国間のレジームとしては、第一に、一九六三年に発効した部分的核実験禁止条約に端を発する核実験を規制するレジームがあり、第二に、一九七〇年に発効した核不拡散条約（ＮＰＴ）を中心とする、核兵器の拡散を防ごうとするレジームが存在する[24]。このうち、ＮＰＴレジームは、核兵器保有国以外の国に対し、原子力の平和利用を保証するのと引き換えに、核保有を行わないことを約束させるというものである。

これまでのところ、加盟国の中で、表立ってＮＰＴレジームに反して核兵器保有にまで至ったことが証明された国は存在しない。しかし、ＮＰＴレジームに入らずして、核実験を行ったインドや、核保有が疑われるイスラエル、パキスタン、NPT加盟以前に核兵器を保有したことを認めた南アフリカなどの国が存在した。またNPT加盟国の中でも、湾岸戦争後の調査で、イラクが真剣に核兵器開発を行っていたことが明らかになった。

また、北朝鮮は一九八五年にNPT条約に調印しながら、条約で義務づけられているIAEA（国際原子力機関）の査察を一九九二年まで受けず、査察の後、すでに核兵器を開発したのではないかとの重大な疑惑が生まれた。IAEAが一九九三年に特別査察を要求すると、北朝鮮はNPTからの脱退を宣言し、緊張が高まった。その後、米朝間で交渉が開かれては停滞するというサイクルを繰り返し、ようやく一九九四年十一月、IAEAの査察を継続するための枠組み合意ができた。しかし、この枠組み合意は、過去の核兵器開発疑惑については、当面明らかにしないものであったため、北朝鮮が本当に核兵器を開発したのかどうかについては、今のところあいまいなままになってしまった[25]。

このように、NPTレジームは核不拡散を完全に実行したわけではないし、疑惑の持たれる国も存在している。しかし、かつて恐れられていたほど多数の核保有国が登場することは防いだことも確かである。さらに、一九九五年には無期限延長が決まった。

もう一つ、このNPTレジームの特徴を指摘しておけば、これが、国連憲章に引き続いて、主権平等の観念を条文上も無視した体制であることである。つまり、核保有国と非核国の間で、その義務がまったく異なることである。もちろん、核保有国にも、核軍縮に努めなければならないという一般的な義務は規定されているが、非核国に対する取り決めと比べれば、ほとんど義務は存在しないようなものである。つまり、戦後の軍事的相互依存状況のもとでの二つの大きなレジーム、国連とNPTはともに五大国の、一種の「特権的地位」を法的に認めた体制であるということができるであろう。

さまざまな経済レジーム

第二次世界大戦後の経済的相互依存を管理するためのレジームとしては、国際金融の面での国際通貨基金(IMF)、発展途上国の開発に関与する世界銀行およびDAC(開発援助委員会)を中心とする援助のレジーム、さらに貿易を管理するGATT、それを引き継いだWTO(世界貿易機関)のレジームが存在する。また、これらほど公式なものではないが、国際金融や世界経済の運営一般についてはG7サミットおよびG7の蔵相・中央銀行総裁会議のレジームが存在するといってよいであろう。

国際通貨基金は、各国の通貨の安定を図る目的で設立された組織であって、国際収支の極端な赤字によって資金繰りに困難をきたした国を支援すること、そのため各国に通貨の運用に節度を求めることなどの活動を行ってきている。一九七一年のニクソン・ショックまで、大枠で固定相場制が維持されてきたことは、国際通貨基金の役割もあったことは間違いないであろうが、どの程度重要だったかということになると議論の余地が大いにある。すなわち、第四章で議論したように、固定制の根本はアメリカ・ドルと金との固定であって、このコミットメントが継続する限りでこのシステムは維持され、アメリカにそのコミットメントの用意がなくなるやいなや、外国為替は基本的に変動せざるをえなくなったからである。

個別の国の中には、ＩＭＦの融資で為替危機を乗り越えた国があったことは確かだが、国際通貨の安定という機能の面からいうと、必ずしも決定的なレジームであったとはいえない。この点は、変動相場になって以来の四半世紀についても同様に当てはまるであろう。この間、各国通貨は著しい変動を繰り返したが、これを安定化させるためにＩＭＦの果たした役割は限られている。

限られた範囲で為替の安定に効果を持ったのは、ＩＭＦというよりは、一九八五年のプラザ合意や一九八七年のルーブル合意に見られるようなＧ５、Ｇ７の蔵相・中央銀行総裁会議であった。いずれにしても、変動制の時代は各国における資本取引が大幅に自由化された時期であって、その意味で世界の資金需要の大半は、民間銀行によってまかなわれたのであった。先進国で、ＩＭＦに依存しなければならない国はほとんどなくなった。

しかし、それでは、ＩＭＦが何の役割も果たさなかったかといえばそうではない[26]。まず、Ｇ５、Ｇ７のプロセスにおいて、ＩＭＦはインフォーマルな事務局的役割を果たすことがある。また、情報の体系的収集や分析も、各国の協調のためのベースとしては重要である。しかし、一九七〇年代以降、ＩＭＦが世界銀行とともに大きな役割を果たすようになってきたのは、先進国間の金融問題ではなく、発展途上国における金融・経済危機への対応であった。その端緒は、一九七四年にＩＭＦが発展途上国の要請で、より長期の資金供与を始めたことである。

これに加え、一九八〇年代には「構造調整」のための資金供与を行うようになった。この時期は、発展途上国における累積債務問題がきわめて大きくなった時期であり、民間からの資金調達は著しく困難になり、ＩＭＦからの資金供与は、累積債務に悩む発展途上国にとっては、きわめて重要な意味を持っていた。ＩＭＦは、累積債務問題解決のための過程で、「構造調整」の必要からさまざまな条件（コンディショナリティ）を発展途上国に要求するようになった。貿易制度、国有企業の問題、価格政策の見直しから財政金融政策に至るまでの、さまざまな経済政策の変更が融資の条件とされた。

このような要求は、世界銀行からのプロジェクトへの援助にあたっても付けられたために、発展途上国の多くにとって、主権にこだわることは必要な資金流入の道が断たれることを意味した。ＩＭＦや世銀のコンディショナリティにはあからさまな政治的条件は含まれなかったが、経済的要求の基調は、徹底的な市場化、自由化であった。したがって、一九八〇年代から一九九〇年代にかけての覇権後退期に、強い覇権安定論が想定した以上に、各国の市場化、貿易システムの自由化が発展途上地域で進むことになったのである。このような傾向は、一九九〇年代前半のソ連・東欧における共産主義政権の崩壊によって、これら諸国への、体制変換に伴う資金供与においても踏襲されることになった。

このように、ＩＭＦや世銀によるコンディショナリティが、実質的に発展途上国の主権の幅を狭めているのは、傾向として定着しつつあるであろう。ただし、主権国家間の差別あるいは階層化という観点から見れば、国連が五大国を特別扱いし、ＮＰＴがやはり五核保有国を特別扱いしているのと同じように、ＩＭＦや世銀は経済的先進国を特別扱いしている。ＩＭＦや世銀における投票は、各国一票ではなく、出資比率に比例しているからである。つまり、実質的のみならず形式的にも各国は平等でない、というのが国際金融に関するレジームであるといってよい。この点は、地域別にできるようになった、アジア開発銀行などの開発銀行においても踏襲されている。

国際金融と並んで、世界経済にとって重要なのは、貿易のレジームである。これは、通常、ＧＡＴＴレジームと呼ばれる。もともとＧＡＴＴはその名が示すように、「関税と貿易に関する一般協定」であって、関税交渉の枠組みを決める協定にすぎなかった。より公式的な組織としては、ＩＭＦに対応する国際貿易機関（ＩＴＯ）が設立されることが想定されていた。しかし、アメリカが国内の反対からＩＴＯの設立を決める「ハバナ憲章」を批准しなかったために、暫定的な協定であったＧＡＴＴを中心とした制度化がやむなく進行することになったのであった。戦後の、各国の関税を低下させるうえで、ＧＡＴＴが果たした役割はきわめて大きい。もちろん、アメリカがＧＡＴＴにおける貿易自由化のための指導力を発揮したことはいうまでもない。

貿易のレジームにおいても、アメリカの覇権が衰退したことによって、まったく自由貿易が死に絶えるというようなことは起きなかった。輸出自主規制（ＶＥＲ）や輸入自主拡大（ＶＩＥ）などのさまざまな新保護主義的な灰色措置にもかかわらず、東京ラウンドからウルグアイ・ラウンドという二つの大きな多角的通商交渉が実行されたのであった[27]。とりわけ、一九九三年十二月という、冷戦終結が明らかになった後で、ウルグアイ・ラウンドが成功裏に終結したことの意味は大きい。アメリカの覇権が衰退したといわれ、また冷戦も終わりソ連という敵もいなくなったという状況においても、基本的に自由化の方向を指向する貿易レジームが継続・発展したからである。経済相互依存の現実は、圧倒的リーダーも圧倒的敵もいなくとも、各国に何らかのレジームの必要性を認識させたのだといえるであろう。

とりわけ重要な発展は、WTOの発足であり、紛争処理メカニズムの強化であった。それまでのGATTにおいては、紛争処理メカニズムの作動に当事国の同意が必要であり、また時間がかかるという難点があった。今回の改正で、片方の当事国が同意しない場合でも紛争処理のメカニズムが作動することになり、また処理時間にも期限が設けられた[28]。

しかし、一九九五年一月にWTOが正式に発足すると、WTOはいきなり難題に直面した。日米自動車交渉で、アメリカが日本に対して一方的制裁をくだすとの宣言をしたのに対し、日本がこれをWTO違反であるとして提訴したのである。日本のWTO提訴は、新たにできた制度を早速利用したということであって、驚くべきではないのかもしれない。しかし、できたばかりの紛争処理メカニズムが取り扱う最初のケースが、日米という世界で第一と第二の経済大国の間の、それもきわめて政治化したケースだというのは問題であった。

制裁の一方的適用は、新たなWTOのルールからして違反であることはほぼ間違いなく、アメリカが負けとなる確率が高かった。しかし、もしアメリカが負けたにもかかわらず、WTOの判定に従わないということになったり、アメリカ国内に根強い「超国家機関」への不信から、そんなＷＴＯなら脱退してしまえばよい、というような意見が多数を占めたとすれば、新たな紛争処理システムの信頼性と有効性が大きく損なわれるのみならず、ＷＴＯそのものが機能しなくなってしまう恐れさえあったのである。

結局、アメリカの対日制裁実行の直前に日米交渉がまとまり、日本はＷＴＯへの提訴を取り下げ、この問題で日米がＷＴＯを舞台に全面対決することはなかった。その意味で、ＷＴＯの紛争処理システムが発足してまもなくその鼎（かなえ）の軽重を問われることはなかった。しかし、そもそも、ＷＴＯが発足したにもかかわらず、アメリカが依然として一方的措置の脅迫を行い、内容はともかく脅迫実行期限直前に合意が実現するというのは、最初からＷＴＯの精神が無視されたことを示している。が、その機能を十分に果たすようになるには、まだ時間がかかるといえよう。

これまで見てきた通り、戦後の多くの国際レジームが加盟国の間に、実質的のみならず、形式的・法的な差別を設けているのに比べると、ＧＡＴＴ／ＷＴＯは、基本的に全員一致がルールであって、主権平等の建前をとっている。しかし、それでも加盟国の間の階層性は存在する。第一に、発展途上国に対する優遇措置である特恵制度は、形式的にいえば、国家を二つの階層に区分けするものにほかならない。第二に、実質的にいえば、ＧＡＴＴの交渉も大国中心的であることはいうまでもない。つまり、東京ラウンドにしても、ウルグアイ・ラウンドにしても、交渉の最大の焦点はアメリカとＥＣ（ＥＵ）が合意できるかであって、米欧合意ができればあとはかなり事務的な処理にすぎなかったといっても過言ではない。

こうして、二十世紀末の世界システムは、冷戦が終結したにもかかわらず、またアメリカの覇権が衰退したにもかかわらず、それなりに機能している国際レジームが数多く併存する状況になってきている。第四章の最後の部分で、覇権衰退期においても国際レジームが依然として機能している理由として、国際レジームにおける慣性、レジーム成立・維持の合理性、そして冷戦の継続（敵の存在）をあげておいた。冷戦はすでに終結したが、その影響はどの程度だと考えればよいだろうか。NPTが無期限延長されたことや、WTOが成立したことを見ると、敵が存在しない場合でも、相互依存を管理する合理的な仕組みとしてのレジームという考え方を各国が共有していると見ていいように思える。

このような国際レジームを支える公式の国際組織も膨大な数にのぼっており、これが衰微する兆しは見えない。しかし、この傾向が単一の世界政府の形成を指し示しているのではないことに注意しなければならない。さまざまな国際レジームは、分野ごとにそれぞれ形成され、組織原理も異なるし、それぞれかなり独立した存在である。また世界中を覆う普遍的なものから、ある地域に限られたものまでさまざまである。現在の相互依存の管理は、多元性にその特徴がある。

第七章　現在の世界システムは「新しい中世」？

結局、現段階の世界システムは、いかなるものだといえばよいのだろうか。ポスト冷戦か。ポスト覇権か。それとも相互依存か。これまでの議論から、筆者の力点が相互依存の世界というところにあることは明らかだと思う。それでは、冷戦が終わったこと、および覇権が衰退したことは、相互依存の進展する世界にいかなる影響を与えるのか。「相互依存が進展する中で、アメリカの覇権が弱まり、そして冷戦が終結した」。二十世紀後半の世界システムの歴史を一言にして語ればこういうことになる。しかし、それでは現段階のシステムは、全体として見るとどのような特徴があるといえばよいのか。冷戦後という言い方も、覇権後という言い方も、何かの後といっているだけで、積極的な概念規定ではない。また、相互依存の進展という言い方も、それだけではいかなる相互依存かについてあまり明確ではない。

すでに述べたように、近代世界システムにおいて、システム内の諸要素は昔から相互依存してきた。前の二つの章で検討したことは、その相互依存の密度がさらに進展し、そのあり方がかつてとは異なってきており、また、相互依存に対処するためのさまざまな現象が生まれている、ということであった。とすれば、冷戦が終わり、覇権が衰退する中で進展してきた現代の相互依存は、どのような名前で特徴づけたらよいのだろうか。

筆者は、二十世紀後半の相互依存の進展によって、近代世界システムの特徴は変質を遂げ、今や世界システムは「近代」と呼ぶのはふさわしくない段階に到達した、今や世界システムは「新しい中世」とでもいったらよいシステムに移行しつつある、と主張したいと思う。つまり、現在のシステムは冷戦や覇権の後の時代に入っただけでなく、「新しい中世」に向かっている、相互依存の進展は「新しい中世」の特徴を徐々に示しはじめている、と主張したいのである。

「新しい中世」という概念は、筆者以前にも、たとえばヘドレイ・ブルが一九七〇年代の後半に書いた著書の中で、将来の国際システムの可能性の一つとして議論している[1]し、また、他の論者でこの概念を使う者もいる[2]。その意味で、特に筆者のオリジナルではない。冷戦がまだ終結したとはいえない段階で出版した本の執筆中にも、「新しい中世」という概念を使う可能性は考えたことはあるのだが、まだその段階ではためらいがあって、「相互依存の世界」というにとどめていた。しかし、冷戦が終わってその後の世界システムの推移を見ていると、他の人々が使いはじめた概念であっても、「新しい中世」が今後の世界システムを形容するのに最もふさわしいのではないかと思うようになったのである[3]。

1 ヨーロッパ中世の特徴

主体の多様性

「新しい中世」を考える前に、かつての「中世」にはいかなる特徴があったかを考えてみることにしよう。ここで「中世」とは、ヨーロッパ中世のことであるが、この概念自体かなり問題をはらむものである。もともと、ルネッサンスの歴史家たちは、自らが古代の輝きを取り戻したとの自負心から、彼ら以前の時代を「暗黒時代」と呼ぶようになった。十七世紀から十八世紀のヨーロッパの歴史家たちは、この「暗黒時代」の代わりに、「中世」(media tempestas; medium aevium) という、より世俗的な言葉を使うようになったのである[4]。しかし、今さらいうまでもなく、世界史が、ギリシア・ローマを中心とする古代から、西欧を中心とする中世を経て、西欧を中心とする近代へと発展してきたという見方は、きわめて偏見に満ちた西欧中心の世界史観である[5]。本書で、現代が「新しい中世」の特徴を持つようになってきたという時に比較の対象としてイメージしている「中世」とは、そのような世界史の発展段階としての「中世」ではない。そうではなく、十六世紀頃から「近代世界システム」と後に呼ぶことがふさわしい世界システムが西欧に誕生する以前に、そこに存在した別のタイプの世界システムのことを意味しているにすぎない。

いずれにせよ、それでは、ヨーロッパ中世という世界システムにはいかなる特色があったか。第一に、主体の特徴から見ていこう。ヨーロッパ中世においては、実にさまざまな主体や、主体からなるネットワークが存在した。神聖ローマ皇帝などといって皇帝を名乗る主体もいたし、フランス王やイギリス王などという王（キング）と呼ばれる主体もいたが、それと並んで、伯爵とか、より身分の低い騎士とかもそれなりの独立を保っていた。また、ローマ教会における教皇もいたし、その配下にあったとされる各地の司教も権力があった。修道院も重要だったし、騎士団などという存在もあった。ベネチアやジェノアといった北イタリアの都市も優勢であったし、リューベックなどを中心にしてできあがった都市間のネットワークであるハンザ同盟も重要だった。ヨーロッパ中世世界を知的にリードしたのは、十二世紀頃からできた、パリやボローニャの大学であった。つまり、主体の多様性が、このシステムの一つの特徴であった[6]。

第二に、これらの主体間の関係はきわめて入り組んだものであって、帰属意識はまったく複雑だった。いわゆる「封建制」のもとの主従関係も、一人の騎士が複数の主君に仕えるということも珍しくなかったといわれた。マルク・ブロックによれば、「十一世紀には、バイエルンの一詩人が、また十二世紀末ころにはロンバルディアの一法学者が、この状態を明らかに正常なものと見做すまでになった。(中略)十三世紀末に、ドイツの諸侯の一人は、二十人の別々の領主から、もう一人は四十三人の別々の領主から封土を受けた家士であると自認していた」という[7]。そして、このような主従関係が何層にも重なっていたのである。

権利関係も非常に入り組んでいた。個人に対する裁判権にしても、封建領主にあったり、司教にあったり、また国王にあったり、あるいはすべてが裁判権を主張したりした[8]。このような権利関係の複雑さの前で、公私の関係はきわめてあいまいだった。裁判にせよ、戦争にせよ、公のために行うのか、私のために行うのか、そもそも公とは何かがはっきりしない状況が多かったのである。

第三に、領土と主体との関係も、固定的というよりは流動的だった。封建領主の領土は、相続や結婚によって次から次へと変化していった。ハンガリーの王子がナポリの世継ぎになったり、イギリス国王がカスティリアの相続権を主張しても何の不思議もなかった。[9] 近代の初めにもこのような現象は依然として残っていて、ハプスブルク家のカール五世がスペイン、オーストリア、ブルゴーニュ、低地地方（現在のオランダ、ベルギー）、イタリアの一部を含む大帝国を形成したのは、相続の結果であった。以後、近代世界システムにおいては、相続による国家の領土の変更は例外的になり、また強い抵抗にあうようになっていった。しかし、それは近代になってからのことで、中世の間、封建領主や国王の領土は、飛び地だらけのジグソーパズルのようなものであった。このような領土の状況と複雑に入り組んだ権利関係は、近代のような相互排他的な領地の上に一元的な権利関係が及ぶという状況とは対極だといってよかった。

主体間の複雑性の結果として、第四に、国内政治と国際政治の区別をつけることが著しく困難だった。領土がきわめて入り組んでいたことも、国内と国際の間を区別することをできなくしたし、司法や徴税に関する権利関係の複雑さも、国内と国際の間の区別を困難にしたのである。

イデオロギーの普遍性

主体の間の関係が、このように多元主義の極致にあったとすれば、イデオロギー（指導思想）の面についていえば、それはきわめて普遍的なものであった。つまり、ローマ教会のものとのキリスト教の普遍主義が支配的であった。最高の権威としてのローマ教会の地位に、イデオロギーの面で挑戦する者はほとんどいなかった。

当時の知的な営みは、基本的にこのキリスト教神学をいかに精緻に、論理的に組み立てるかということであって、これに対抗する考えをうちたてることではなかった。このようなキリスト教普遍主義からは、近代世界システムにおけるような、国家間の主権平等などという観念は出てこない。主体間に階層的秩序を想定することはまったく不思議ではなかったのである。

このようなイデオロギー体系の一側面として、主体間の関係に大きな影響を持ったものに、正戦論がある。近代とりわけ十八世紀以後十九世紀にかけて、戦争に正邪はつけられないという「無差別戦争観」が普及したが、中世においてはこのような見方は存在しなかった。キケロ、アウグスチヌス、トマス・アクィナスへと受け継がれてきた考え方は、トマス・アクィナスの以下の引用に要約されている。

戦争が正義のものであるためには三つの条件が必要である。第一は、宣戦布告を行う能力をもつ支配者の権威である。私人が戦争を宣言することは許されない。なぜなら、彼が自らの権利を擁護したいのであれば、自らの上位者に判断を仰ぐことができるからである。また私人には、戦争において必要になるような、人民を動員するという権利はない。これに対し、支配者は、公共の事柄についての責任を負託されているのであって、彼らこそ、配下の都市、国、州の防衛に責任があるのだ。（中略）
第二に、正しい理由というものがなければいけない。つまり、何らかの罪で攻撃される者は、当然であろう。聖アウグスチヌス（中略）が言っているが、「何らかの悪事に報復する戦争、民族や国家が悪事を働いたのにその償いを行わないためにそれを罰するために行われる戦争、あるいは、不正に獲得されたものを回復するために行われる戦争、これらは一般に正しいと定義される」。
第三に、交戦者には、正しい意図がなければいけない。つまり、何か正しい事を実現しようとする意図か、邪悪を避けようとする意図である。したがって、聖アウグスチヌスは、（中略）以下のように言う。「神に真に従う者にとっては、戦争すら平和的だ。すなわち、強欲や残虐からなされるのでなく、平和への希求から、邪悪を制御し、善を支援するためなされるからである」。したがって、正統な権威によって宣言され、正しい理由があったとしても、邪悪な意図からなされる戦争は不正だとなることは十分ありうるのである。聖アウグスチヌス（中略）によれば、「相手を傷つけたいとか、如何なる手段でも宿怨を返してやるとか、執念深さに凝り固まってとか、勝利に有頂天になってとか、権力を求めてとか、このようなものはすべて、戦争において不正として非難される」のである[10]。

いうまでもなく、主体間の多元主義の現実と、イデオロギー上の普遍主義は、整合的なわけではない。その結果、中世ヨーロッパにおいては、権威と権力の分離というパターンが生まれることになった。権威を象徴するものがローマ教会であったのに対し、権力を象徴したのが神聖ローマ皇帝というわけである。しかし、主体間の多元主義は、神聖ローマ皇帝自体の権力もまた保証はしなかった。ボルテールが後にいったように、神聖ローマ帝国は、「神聖でもなければ、ローマ的でもなく、さらには、帝国ですらなかった」[11]。

もちろん、ローマ教会にも権力はあったが、その影響力は増大したり低下したりした。ローマ教会の影響力上昇のはしりは、おそらく神聖ローマ皇帝ハインリッヒ四世と対決し、これを屈伏させたローマ教皇グレゴリウス七世の時代であろう。世にいう「カノッサの屈辱」である。以後、イノケンティウス三世の時代に教会の権威は絶頂に達したといわれる。これに対し、十四世紀には、ローマ教皇がフランス国王のもとに監禁されてしまうという事態も起こる（アヴィニオン捕囚）。近代の開始直前には、ローマ教皇は、実態的にはイタリア半島のごく一部を支配する領主と選ぶところのない存在になってしまった。

トマスが、正しい戦争の第一の要件として、正当な支配者による宣戦布告の必要性をあげたのは、まさに実態がこれと乖離していたことを示しているのである。近代世界システムのように主権国家が確立し、暴力機構を国家が独占していれば、戦争は正統な支配者である国家が行うのは当たり前であって、私の戦争はいけないなどという必要もなかったであろう。

ヨーロッパ中世の現実は、私戦の頻発であり、より正確にいえば、戦争の公私をつけることが困難だったことなのである。

2　近代世界システム――普及する近代主権国家

近代主権国家の圧倒的優越

このようなヨーロッパ中世に比較すると、十六世紀頃からやはり西欧を中心に次第にその形を明らかにしだした「近代世界システム」は、きわめて異なる特徴を持っていた[12]。第一に行為主体としての「近代主権国家」の圧倒的優越である。中世の国王が自らの領地を次第に固定化させ、常備軍と官僚制を整備して形成していった近代主権国家は、当初の内乱の時期を経て暴力機構を独占していくとともに、租税徴税機構も独占していった。さらに、その領域内において信仰される宗教を決定する権限をローマ教皇に対して主張するようになり、ついには自らの上に上位の存在を認めない「主権」国家となった。

もちろん、国家以外にも、さまざまな活動をする主体は存在したが、それらの多くは国家のもとに統合され、国籍を持つ存在となっていった。多くの都市はみな国家の行政単位となったし、封建領主たちも、国家の内部に領地を持つ貴族となっていった。商人たちの活動が国際的であるのは変わらなかったが、彼らもまた国民として国籍を持つようになった。つまり、国際的には平等な国家が併存し、それぞれの国家の中に、さまざまな主体は階層的に組み込まれることになったのである。

さらに、これらの国家の著しい特徴は、領域性であった。明確な国境によって、領土は相互排他的に区別されることになったし、飛び地の存在も望ましいとは思われなかった。相互排他的な領土で区別され、下位の主体への一元的な支配権を持つ主権国家の「内」と「外」は明確に区別されることになった。「外交」を専門に行う官僚機関としての「外務省」が、各国におかれるようになった。また軍事機構にしても、内向きの「警察」と外向きの「軍隊」はやはり明確に区別されるようになったのであった。

近代世界システムの歴史は、この「近代主権国家」という組織体が地球上に普及していく過程であったと見ることができる。西欧の一角の、フランスとかイギリスに典型的に見られた国家形態が、次から次へと模倣されていった。スウェーデンやロシアがこのような主権国家の体裁をとりはじめるのは、十七世紀あたりからであった。ヨーロッパ内部では、十九世紀に至るまで、ドイツとイタリアには中世的な主体の残滓ともいうべき小国家や都市国家などが残っていたが、これが十九世紀半ばには統一されて現代のドイツやイタリアの基になった。日本の明治維新も主権国家化の典型だと見なせるであろう。

アジアやアフリカで主権国家を作り上げることに失敗した地域は、西欧列強の植民地とされるか、半植民地となった。第二次世界大戦後の世界の一つの大きな特徴は脱植民地の動きであったが、これは、かつての植民地の主権国家化であるといってもよい。その結果、第二次世界大戦後、地球上で初めて植民地という存在がほとんど消滅することになった。逆にいえば、主権国家化の波は、ついに地球上すべてを覆ったといってよいのである。

激しく対立するイデオロギー

主権国家の普及によって主体の均質化が進む一方、イデオロギーの側面でいえば、近代世界システムは対立によって特徴づけられてきた。ヨーロッパ中世のイデオロギー的支柱がキリスト教の普遍主義だとすると、近代世界システムには単一の普遍主義的思想が勝利を占めるということがなかった。複数の普遍主義イデオロギーの徹底的な抗争が、近代世界システムのイデオロギー面の特徴だといってよい。

十六世紀から十七世紀の三十年戦争が終わるまでの時期は、プロテスタントとカトリックの対立抗争がイデオロギー面での最大の対立だった。その後、十八世紀はイデオロギー対立がややおさまったが、フランス革命によって、自由主義的民主制に思想基盤を持ち国民主権を掲げるナショナリズムと、絶対王政の支配権の擁護を唱える正統主義の対立が生まれることになった。

二十世紀は、この自由主義的民主制の普及に対し、前半ではファシズムが挑戦し、後半にはマルクス・レーニン主義が挑戦したのであった。もちろん、十八世紀や、十九世紀末から二十世紀初めにかけての時代のように、イデオロギー対立が表面に出ない時期もあった。しかし、これはその時代に普遍主義が確立したというよりも、論理的には普遍主義を掲げる思想の間で、休戦が成立したということにすぎなかった。

イデオロギー対立が厳しかったわけであるから、イデオロギーのかかわる戦争においては、それぞれの側が聖戦・正戦意識を持つのは当然である。しかし、いずれの普遍主義も勝利をおさめえないとすれば、いずれが正しいと決めることはできないし、戦争の正邪を判断する機関は存在しない。結果として、逆説的であるが、近代世界システムにおいては、とりわけイデオロギー休戦の時期に、「無差別戦争観」と呼ばれる戦争観が普及することになった。つまり、戦争のどちらの当事者が正しいとか悪いといっても、客観的な判断はできないのだから、そのような判断をするのは無益である、という考え方である。十八世紀中葉以降のいわゆる近代国際法は、このような立場に立つことになった。

また、単一の普遍主義が支配しないということは、権威と権力の分立ということが事実として問題にならないということになった。近代世界システムにおいて、権力こそすべてであった。建前からいって、国家はそれぞれ主権平等であって、いずれが権威を持つなどということはなかった。存在するのは、事実として権力を持つか持たないかであった。もちろん、対立する複数の普遍主義が存在したわけで、その内部で権威と権力の分立という問題が起こる可能性はあったが、抗争対立するイデオロギー運動にとって、権威はあるが権力がない主体は役に立たなかった。共産主義の母国がソ連と見なされたのも、ソ連が超大国だったということが決定的だった。

近代世界システムが、ヨーロッパ中世と異なるもう一つの点は、まさに経済的相互依存の進展であった。世界が政治的には主権国家によって相互排他的に分割され、思想的には厳しい対立抗争が続く中、経済的には地球上の各地が資本主義的な市場の中に組み込まれていった。この経済的相互依存のネットワークは、十六世紀から十八世紀にかけては、地球上では西欧内部およびその他の地域の港周辺を結ぶものにすぎなかったが、十九世紀に入ると、その網の目を拡大するとともに、その密度をより細かいものにしていった。近代世界システムは、世界中を主権国家化したとともに、世界市場のもとに統合していったのである。

3　「新しい中世」の登場——ヨーロッパ中世に似た世界システム

これまで見てきたように、ヨーロッパ中世の世界システムと近代世界システムは、

① 主体の特徴
② イデオロギー状況
③ 経済的相互依存

という三つの観点で区別することができる。とすれば、「相互依存が進展する中で、アメリカの覇権が弱まり、そして冷戦が終結した」二十世紀後半の世界システムは、どちらに似ているといってよいのであろうか。

非国家主体の重要度が増す

まず主体の特徴からいえば、第五章の分析で明らかな通り、非国家主体の重要性はきわめて大きくなっている。巨大企業の重要性はすでに指摘した。もちろん、国家が重要であるのはいうまでもないが、今や巨大企業と国家の間の関係は、形式的に企業は国家の主権のもとにあるといってすますには、あまりに複雑になっている。国家も企業を利用するが、今や企業は、アメリカのような国家すら利用する。グリーンピースのようなＮＧＯ（非政府組織）と、中級の国家、たとえばオーストラリアとどちらが権力があるか。たとえば、フランスの核実験再開に反対することにおいて、グリーンピースと南太平洋の沿岸国とを比べて、どちらの影響力が強いか。同様に、日本がプルトニウムのフランスからの海上輸送をする時に、沿岸諸国とグリーンピースの動きのどちらに余計注意を払うだろうか。国家の方が常に影響力があるとはいえないのではないだろうか。

個々人の帰属意識についても、すでに指摘してある。国家のみが、帰属意識の当然の焦点ではなくなっている。個人については、まだ「国籍」はかなり重要であるが、これが企業ということになるとどうか。企業にとって「国籍」が有利であれば、半導体交渉の時のテキサス・インスツルメンツのように「国籍」を強調するであろうが、そうでない時は「国籍」とできるだけ関係ないように行動するであろう。税金のために最適な「国籍」選びをすることは、企業にとってよくある行動である。日本で宗教法人としての解散をさせられることは、オウム真理教にとって、おそらく壊滅的なことであろう。その意味で、オウムの事例は、特殊な宗教団体に対して国家が優越している事例と考えられるかもしれない。しかし、もしオウムの海外拠点作りが実際よりはるかに進み、化学兵器作りの拠点も海外に分散していたとすれば、一国内で宗教法人としての地位を解散させられたくらいでは、壊滅的な打撃を受けることはなかったであろう。

国家の領域性については、形式的には現在も何ら変化はない。国境管理の技術も国によっては、きわめて高度なものになっている。依然として、国家間の領土問題は多くの国で大問題である。しかし、実際には、多くの国の領土の中には、すでに数多くの飛び地のような存在ができているのではないか。外国人による不動産投資によって、その不動産が外国の主権のもとにおかれるわけでないことは、形式的にはそうであるが、実質的には外国人にかなりの影響力を与えることになる。さらにいえば、企業の影響力が強まる度合いに応じて、世界システムにおける領域の意味は薄れざるをえない。企業は領域性に基盤をおく主体ではないからである。また、軍事的な相互依存において論じたように、領土のみの防衛が国家の脆弱性を解消しないことは、今や明らかであろう。

また、現代の世界システムにおいて、国内問題と国際問題の区別はきわめて難しくなってきている。経済問題の多くは、国際問題なのか国内問題なのか、ほとんど区別できない。日銀が公定歩合を上げたり下げたりするのは、どちらであろうか。一九九〇年に決着した日米構造協議では大規模小売店舗規制法の改正が行われ、政府の財政支出の目標が合意された。西友やダイエーが日本各地で出店しやすくなることが、どうして日米間で問題になるのか。

政府の公共事業の支出は、純然たる国内問題ではないのか。今や、スーパーマーケットも建設工事も国際問題なのである。経済問題に比べれば、軍事に関係する問題は国際問題だと見なしやすい。しかし、それでも、戦場の状況がただちにテレビで報道されるようになった現在、たとえば犠牲者の数が増大するなどした時、軍事作戦自体が国内問題化するであろう。テロ対策のような問題も、国内・国際とを峻別することのできない問題である。

こうして、かつては国際問題といえば外務省が専門だったが、今やほとんどの国内官庁が国際問題を扱わなければならなくなった。日本の例でいえば、今やほとんどの省にミニ外務省ができている[13]。

しかし、すでに述べたように、二十世紀は主権国家化が頂点に達した世紀でもある。今や国連加盟国は百八十を超える。その意味で、近代世界システムの特徴は、最大限にまで達したということはできないのだろうか。湾岸戦争は、領土の不可侵性ということで、世界各国が一致団結したのではないのか。主権国家の領域性が、まさに確認されたということにはならないのか。

この点は重要な点なので後で議論しなければならないが、その前にやはり確認しておくべきことは、主権国家が地球すべてを覆ったのは確かなのだが、その内実はどうなのかということなのである。すべての地域が、主権国家という形式のもとに覆われたが、それぞれの主権国家は国連に一票を持つ以外にどの程度均質なのだろうか。たとえば、ルワンダやソマリアのような内戦に苦しむ国家は、一体、いかなる意味で国家なのか。また、イラクのようあな国家と、日本とはどの程度の共通性があるのか。主権国家自体が多様化しているのではないだろうか。

イデオロギー対立の終焉

近代世界システムと中世ヨーロッパのコントラストをなしてきた、第二の側面であるイデオロギー状況はどうであろうか。この点に関しては、未だに確たることはいえない。しかし、冷戦の終結の結果、対抗イデオロギーとしてのマルクス・レーニン主義の影響力がほとんど消滅したことは間違いない。一九八九年は、プロテスタントとカトリックの二つのイデオロギーが休戦した一六四八年と異なり、一方のイデオロギーが敗北した年なのである。もちろん、これによって、自由主義的民主制・市場経済のイデオロギーが完全に勝利したと断言するのはなかなか難しいし、それで「歴史が終焉」するというのも極端に聞こえる。

しかし、フランシス・フクヤマがいうように、それでは対抗イデオロギーとして、「自由主義的民主制」に代わるようなイデオロギーが、どこに存在するか、何がありうるか、と問うてみるとよい。イスラム原理主義だ、とか、アジア的儒教主義だ、とかいう答えはもちろんありうる。しかし、単なる現状不満勢力に力を与える以上の、何らかの統治・経済秩序構想が、イスラム原理主義に存在するだろうか。あるいは、アジア的儒教主義などというが、その体系は一体何なのか。自由主義的民主制の具体的側面について、その修正を求める考え方は無数に存在するであろう。しかし、その根幹を否定し、しかもある程度の現実性を持ったイデオロギーは存在しないように思える。

たとえば、中国の人権状況に対してアメリカがさかんに批判し、これに対して中国が反発している。しかし、中国の反発は人権を認めないといっているのではなく、現在の中国の状況からは非現実的だといっているのである。これは、人権擁護派から見れば、不十分な言い訳に聞こえるかもしれないが、イデオロギー状況を判断する材料として見ると、きわめて示唆的である。普遍イデオロギーとしての人権は、中国も認めているのである。アメリカに対抗するために中国が考えついた方策が、アメリカの人権状況批判（犯罪、少数民族への実質的差別などなど）であるのも、同様に示唆的である。中国もまた、自由主義的民主制のイデオロギーに貢献している。

冷戦の終結は、二超大国の対立の終わりという意味では、近代世界システムの一つのあり方が変わったことを示しているにすぎないが、もしこれが近代におけるイデオロギー抗争の終焉を意味するのであるとすれば、それは、世界システム自体の変質に拍車をかけた出来事といえるかもしれない。また、別の言い方をすれば、相互依存の進展によって、本来であれば二十世紀前半には起こっていたはずの「新しい中世」へ向けての移行が、冷戦によって引き延ばされていたといえないこともない。二つの陣営の対立が、主権国家の軍事的・安全保障面での役割を均質化させて、非国家主体の活躍に制約が加わっていたのかもしれない。

明らかに、冷戦によって引き延ばされていたのは、戦争観の変化である。近代世界システムに特有の「無差別戦争観」は、すでに二十世紀前半には深刻な反省を迫られていた。戦争に良いも悪いもない、という考えが第一次世界大戦につながったと考えられた。その結果、国際連盟規約を経て、一九二八年の不戦条約が締結された。不戦条約では、「締約国ハ、国際紛争解決ノ為戦争ニ訴フルコトヲ非トシ、且其ノ相互関係ニ於テ国家ノ政策ノ手段トシテノ戦争ヲ抛棄スルコトヲ……宣言ス」と規定された。

それにもかかわらず第二次世界大戦が起こり、その反省のもとにできた国連憲章でも、この戦争違法化の流れは変わらなかった。国連憲章は、第一章第二条第三項で、「すべての加盟国は、その国際紛争を平和的手段によって国際の平和及び安全並びに正義を危うくしないように解決しなければならない」といったうえで、「すべての加盟国は、その国際関係において、武力による威嚇又は武力の行使を、いかなる国の領土保全又は政治的独立に対するものも、また、国際連合の目的と両立しない他のいかなる方法によるものも慎まなければならない」と規定した。他方、集団安全保障のための集団的措置に加わることが加盟国に義務づけられ（憲章第七章）、また加盟国には「個別的又は集団的自衛の固有の権利」（憲章第五十一条）が認められた。

その結果、国連は、軍事行動を三つのタイプに分け、そのうちの一つを違法化した。軍事行動を、法的にどう呼ぶかはともかく、事実上の戦争だとすれば、戦争を三つのタイプ、国連の集団的措置のための戦争、自衛戦争、その他の戦争（侵略戦争）に分け、このうち前二者を正しい戦争、後者を正しくない戦争としたのである。

この「正戦論」は、「冷戦」の結果、事実上実行されずに棚上げされていた。しかし、冷戦が終わり、湾岸戦争の経験は、前章で述べた通り、五大国の協調が存続する限りでは国連の集団安全保障の機能、すなわち現代の「正戦論」が作動することを示したのである。したがって、自由主義的民主制という普遍主義のイデオロギーのもと、現在の世界においては、武力行使についての正邪の判定が行いうるとの考えが復活したといえるだろう。ヨーロッパ中世において、正邪の判定をする機関が、ローマ教会だったとすれば、現代のローマ教会は、国連安全保障理事会だということになる。

ヨーロッパ中世の普遍主義が、主体間の平等を想定しなかったとすれば、「新しい中世」の普遍主義は、国家間の主権平等を打ち壊すことになるだろうか。現在の状況はあいまいである。国連憲章第二条は、「この機構は、そのすべての加盟国の主権平等の原則に基礎をおいている」（第一項）と述べている。しかし、前章で指摘したように、安全保障理事会の常任理事国に拒否権を与えたことで、国連は形式的にも国家間に区別のあることを認めたのである。同様の区別は、核不拡散条約にも存在し、さらにNPTにおける区別も一九九五年に条約が無期限延長されることで固定化された。経済面でも、IMFや世銀に分担金に応じた加重投票権を与えたことが、国家間の区別を示している。

このような区別は、現実的措置として正当化されているが、普遍主義のもとの区別だということもできなくはない。つまり、自由主義的民主制・市場経済のイデオロギーのもと、このイデオロギー実現に最も貢献のできる国に、責任ある地位と特権を与えるのは当然だ、という言い方である。もちろん現実の五大国の顔ぶれが、このイデオロギー的正当化からすれば、おかしいことはいうまでもない。しかし、経済機構における区別はこの議論と矛盾はしないし、冷戦が終わり、ロシアがその安定性はともかく形式的には民主主義になったことで、安保理常任理事国の顔ぶれのおかしさはやや軽減されたともいえる。

多様な主体、主体間の多元性とイデオロギーの普遍主義が、「新しい中世」をも特徴づけるとすると、現実に行われる政治では、ヨーロッパ中世に見られたような権威と権力の分離あるいは対立が起こるのであろうか。そのように想定することは、不可能ではない。国連が権威を象徴し、アメリカが権力を代表する。ＷＴＯが貿易問題の権威を代表するが、現実に最も怖いのはアメリカの通商法の三〇一条だ、などという言い方は、それほどおかしくないように思う。国際組織は現代のローマ教会で、アメリカは現代のフランス国王だといったら誇張しすぎだろうか。

前章で述べたように、国際組織は、覇権衰退にもかかわらず、そして冷戦終結にもかかわらず、衰微しているわけではない。ますます、国際組織の機能は拡大しているといってよいであろう。しかし、このような国際組織を足し合わせていったところで、世界政府の方向に向かっていっているようには見えない。国家は依然としてその主権の多くを手放そうとはしない。巨大企業は、そう簡単に、国際組織に完全に服従するわけではない。つまり、現在の世界は、決して「新たなローマ帝国」の方向に向かっているようには見えないのである。アメリカや日本などの大規模国家は、中世のフランス国王やハプスブルク家程度の実力は依然として保持しつづけるのである。

経済相互依存面で中世と異なる

しかし、ヨーロッパ中世と近代世界システムを区別してきた第三の側面である経済相互依存の進展という面から見ると、現在の世界は、ヨーロッパ中世とはまったく違う世界である。第一に技術水準が決定的に異なる。第二に、経済システムがまったく異なる。ヨーロッパ中世の覆う範囲は、現在の世界システムの覆う範囲よりはるかに狭い地域であったが、各地の間のコミュニケーションや交通手段は、現在の世界システムよりはるかに悪かったであろう。活版印刷もなければ、外洋航海のできる船もなかった。ヨーロッパ中世の経済が、各地でまったく孤立していたといえばいいすぎであろうが、それでも現在のような経済相互依存関係が成立していなかったことは確かである。

さらにいえば、これ以外にも、ヨーロッパ中世と現在の世界は異なる側面がある。まず、システムを取り囲む環境の面でも違っている。現代の世界システムは、地球上すべてを覆っているという意味で、他の世界システムとの相互作用ということはありえない（地球以外の生命がいかなるものかがわかるのはまだずっと先のことであろう）。他方、ヨーロッパ中世に対しては、ビザンチン帝国とか、イスラム世界といった、技術的、経済的、学芸的にはるかに進んだ世界システムがかなり近いところに存在した。したがって、「新しい中世」は、かつてのヨーロッパ中世よりも閉じたシステムの特徴を強く持つことになるのであろう。その意味では、徳川時代の日本のような特徴が出てくるのかもしれない。また、第二にイデオロギーの内容にしても、ローマ教会と現代の自由主義的民主制・市場経済の間には、大きな違いが存在する。現代の国際組織がローマ教会にあたるといったが、現代の国際組織の特徴は、それ自体が多数存在し、組織のあり方も多様なことである。現在の世界には、単一の「権威」は存在しない。

しかし、このような技術的・経済的な違いや、環境の違い、普遍主義の内容の違いは、世界システムの形態に何の共通性ももたらさないということにはならない。中国古代の戦国時代や、古代ギリシアは、しばしば近代世界システムと形態的な類似性を持つといわれる。つまり、無政府状態のもとで独立し、しかも相互に似たような主体が、軍事力を基盤に相互作用するシステムだという意味においてである。そして、そこには勢力均衡のメカニズムが働くといわれる。技術水準や経済状態が変わっても、さまざまな要素の相互関連のありようによっては、似たような主体や似たような主体間の相互作用が生まれることはありうるのであろう。

現在、ヨーロッパ中世とまったく異なる技術水準のもと、世界政府（世界帝国）でもなく、また主権国家システムでもない、少なくともヨーロッパ中世と比較可能なような相互作用の形態が生まれつつある。近代世界システムの第三の特徴であった資本主義経済の拡大・深化が、今や近代世界システムを特徴づけた他の二つの特徴を崩壊させ、その二つの側面において、近代以前のヨーロッパ中世に似た世界システムを登場させていると考えることは十分可能なのである。

しかし、もし現在の世界システムが、ヨーロッパ中世のような世界に向かっているのだとすると大変なことだ、という反応もありうるだろう。ヨーロッパ中世といったら、生産は停滞し、人口も増えず、いたるところで戦争が起こる時代だったではないか、という反応である。もちろん、このような特徴づけをすることが正しいかどうかは問題となりうるが、しかし、かりにそうだったとしても、「新しい中世」が必ずそうなるということにはならない。直前に指摘したように、技術水準、経済システム、世界システムを取り囲む環境、普遍主義の内容など、さまざまな点で違いがあるからである。

また、世界システムの特徴を考察する場合、もちろん、過去の類似のシステムとの比較から得るところは多いに違いないが、それだけにとどめる必要はない。直前の歴史的趨勢から導き出される傾向もまた参考にすべきなのである。したがって、「新しい中世」の特徴は、ヨーロッパ中世との比較、現代の相互依存の傾向、覇権衰退による影響、冷戦終結の意味などさまざまな要素を加味して、把握されなければならないのである。

第八章　三つの圏域(スフィア)の相互作用

現在の世界システムは、「新しい中世」に向けての移行期にある、というのが本書の立場である。移行していった先の「新しい中世」が、最終的にいかなる世界システムとして安定するのかはわからない。現在の人口爆発や環境破壊が、破局的な帰結をもたらさないためには、「新しい中世」もまた、ヨーロッパ中世のように、人口においては定常的なものにならなくてはならないであろう（実際のヨーロッパ中世には破局もあった。黒死病のような大災厄を防ぐためにも、人口動態のソフト・ランディングが望ましい）。また、経済発展にしても、環境に適合したようなタイプのものにならなくてはならないであろう。とすれば、長期的にいえば、「新しい中世」は、やはり近代世界システムを特徴づけた、拡大・深化する経済的相互依存をもまた停止させた世界になるのかもしれない。

しかし、このようなことが起こるのはまだかなり先、少なくともあと一世紀くらいは先のことになるであろう。さらにいえば、このような定常状態が本当に破局なしに実現できるかどうかはわからない。これからたどるプロセス如何では、「新しい中世」ではなく、「新たな原始状態」に達してしまうかもしれないし、また「新しい中世」がきわめて悲惨なものとして現れるかもしれない。現在の世界システムの傾向が、大枠でいって「新しい中世」に向かっているのだとしても、それは必然ではないし、具体的に何が起こるかを確定するものではない。

いずれにしても、今後の世界システムの動向が、現在の傾向を持続させるか、持続させたとしても、より望ましい方向で持続するのか、それとも悲惨な方向で持続するのかを決めることになる。それでは、現在の世界システムの動向の中で、何に注目すべきなのだろうか。「新しい中世」の傾向については、すでに抽象的には述べた。もう少し具体的にいうと、どういうことになるのであろうか。もちろん、確定的なことは何もいえないが、以下でいう「三つの圏域（スフィア）」の相互作用というモデルを考えてみることが、近代世界システムから「新しい中世」への移行を観察する時に役に立つように思われるのである。

1　三つの圏域とは

世界システムを三つの部分に分けるという考え方は、新奇なものではない。「三つの世界」という考え方は、二十世紀後半にはしばしば使われた。しかし、何がそれぞれの世界を構成するかについては論者によって異なっていた。最も頻繁に使われた「三つの世界」論は、冷戦における東西陣営のそれぞれを世界の一つと見なし、両者に入らない発展途上国を第三世界と見なすものであった。西側先進国が「第一世界」、東側共産主義諸国が「第二世界」、その他が「第三世界」というものである。

これに対し、毛沢東が晩年に考えだした「三つの世界」論は、米ソの両超大国を覇権主義の「第一世界」とし、資本主義的な先進国を「第二世界」とし、そして、中国も含まれる発展途上諸国が「第三世界」を構成すると考えるものであった。したがって、この二つの「三つの世界」論は国家の区分けが異なるが、共通するところは、発展途上諸国がすべて「第三世界」に入るとカテゴライズしたことである。ウォーラーステインの「世界システム論」などでも、「中心」「準周辺」「周辺」との区別がなされている。

しかし、一九七〇年代以降はっきりしてきたことは、このような「第三世界」ないしは「周辺」が一色ではない、ということであった。一方には、OPEC（石油輸出国機構）諸国のように、国際市場でそれなりに有利に販売できる資源に恵まれている国々が、自らの立場を主張するようになった。また、他方、東アジアの多くの諸国のように、輸出指向型の産業化に成功し経済発展の道を歩みはじめた国家も出てきた。これに対し、アフリカの多くの国々のように、経済発展は進まず、また国内における統治能力自身きわめて低いと見られる国家が存在する。また、冷戦の終結によって、かつてのソ連を構成した国々や東欧諸国が、その政治経済体制を変えることになった。こうして、通常の「三つの世界」論も、毛沢東風の「三つの世界」論も、どちらも現実に合わないことになってきたのである。

これに対し、本章で提唱しようとする「三つの圏域」論は、冷戦の終結によって勝利した自由主義的民主制・市場経済というイデオロギーでもって、世界を分類したらどうなるかという観点でできあがっている。「新しい中世」における普遍主義が、自由主義的民主制と市場経済というコンビネーションだとすれば、このイデオロギーの基準で世界の各地域を分類するのは、それほどおかしなこととはいえないだろうからである。この種の「三つの圏域」論もまた、完全に筆者のオリジナルというわけではない。筆者の知る限り、イギリスの外交官ロバート・クーパーが、このような考え方を明示的に示していた。[1] しかし、以下に示すのは、筆者の枠組みのもとで整理し直したものである。

分類の枠組みは、基本的には図8－1に示すような単純なものである。この図は、横軸に国内政治体制としての自由主義的民主制の成熟度・安定度を示し、縦軸に国内経済体制としての市場経済の成熟度・安定度を示している。

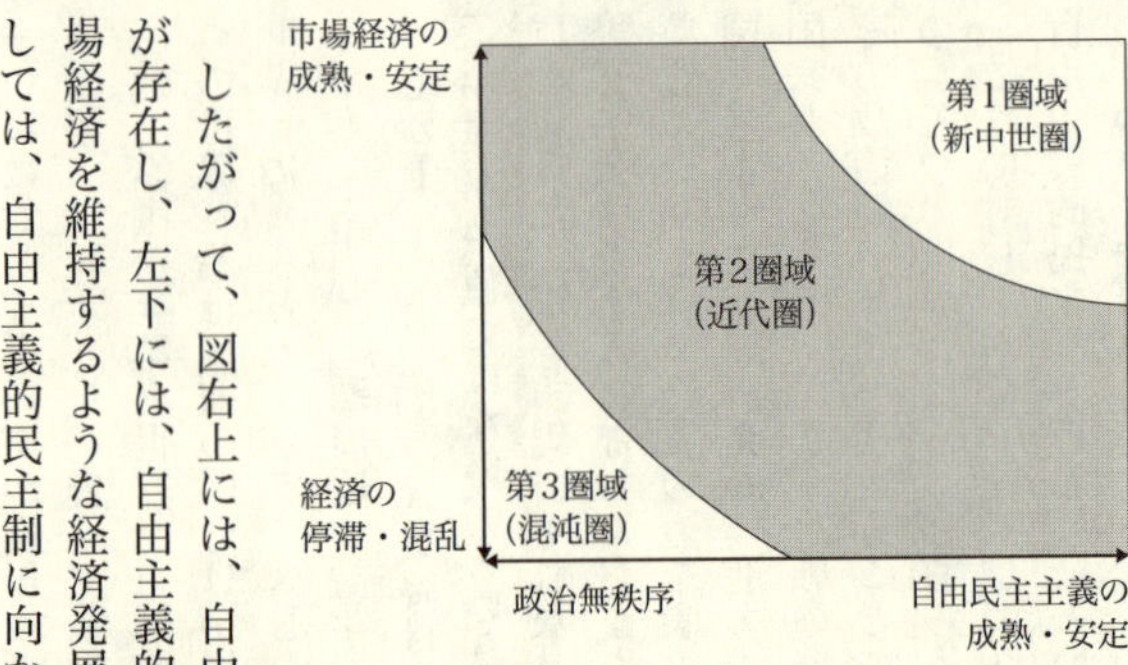

図8－1　3つの圏域のモデル

したがって、図右上には、自由主義的民主制も市場経済もともに成熟・安定している地域が存在し、左下には、自由主義的民主制どころか政治秩序そのものが与えられず、さらに市場経済を維持するような経済発展がまったく進まない地域がくる。その中間に、政治制度としては、自由主義的民主制に向かっているが、市場経済がうまくいかないという地域や、市場経済はある程度機能するようになったが、政治制度としては自由主義的でも民主的でもないような段階にとどまっている国家がくる。以下の叙述では、右上を「第一圏域」、中間を「第二圏域」、そして左下を「第三圏域」と呼ぶことにしたい。

もちろん、このような区別は概念のレベルのものである。具体的には世界のどの部分が「第一圏域」に入り、どの部分が「第二圏域」、「第三圏域」に入るのだろうか。厳密に考えると、自由主義的民主制の成熟度・安定度と市場経済の成熟度・安定度を示す、多くの人に受け入れられる指標で世界の各国を位置づけることが必要になる。残念ながら、万人が納得できるような指標を見いだすことは今のところ難しい。そこで表8－1では、フリーダムハウスというNGOによる各国の政治体制の自由度（政治的権利、市民的自由の総合指標）を自由主義的民主制の成熟度・安定度を示す代理変数として使い、購買力平価で測った一人当たり国内総生産（GDP）と国民の平均寿命を市場経済の成熟度・安定度を示す指標として、各国の位置を図示してみた。この図で、体制自由度が「高く」、一人当たりGDPが一万ドルを超える国々が第一圏域、体制自由度が「低く」、平均寿命が六十歳に達しない国々が第三圏域、それ以外が第二圏域に入るということになる。ここで使った指標が最善とはいえないかもしれないが、かなり示唆に富む位置づけをもたらしていると思う。それでは、それぞれの圏域では何が起こっているのだろうか。

平均寿命60歳以上

〔新中世圏（第一圏域）〕

1人当たりGDP1万ドル以上

国	1人当たりGDP
アメリカ	22,130
スイス	21,780
ルクセンブルク	20,800
ドイツ	19,770
日本	19,390
カナダ	19,320
フランス	18,430
デンマーク	17,880
オーストリア	17,690
ベルギー	17,510
スウェーデン	17,490
アイスランド	17,480
ノルウェー	17,170
イタリア	17,040
オランダ	16,820
オーストラリア	16,680
イギリス	16,340
フィンランド	16,130
ニュージーランド	13,970
イスラエル	13,460
スペイン	12,670
バハマ	12,000
アイルランド	11,430

1人…

国	1人当たりGDP
キプロス	9,844
ポルトガル	9,450
バルバドス	8,667
トリニダード・トバゴ	8,380
韓国	8,320
エストニア	8,090
ギリシア	7,680
マルタ	7,575
ラトビア	7,540
モーリシャス	7,178
チリ	7,060
ウルグアイ	6,670
ハンガリー	6,080
リトアニア	5,410
アルゼンチン	5,120
コスタリカ	5,100
パナマ	4,910
ブルガリア	4,813
ボツワナ	4,690
ポーランド	4,500
エクアドル	4,140
ドミニカ国	3,900
南アフリカ	3,885
セントビンセント	3,700
ジャマイカ	3,670
セント・クリストファー・ネビス	3,550

〔近代圏（第二圏域）〕

国	1人当たりGDP
シンガポール	14,734
クウェート	13,120

国	1人当たりGDP
ベネズエラ	8,120
マレーシア	7,400
メキシコ	7,170
ロシア	6,930
ベラルーシ	6,850
ウクライナ	5,810
コロンビア	5,460
タイ	5,270
ブラジル	5,240
フィジー	4,858
トルコ	4,840
アルメニア	4,610
アンティグア	4,500
セイシェル	3,683
グルジア	3,670
アルバニア	3,500
モルドバ	3,500
ルーマニア	3,500
パラグアイ	3,420
モロッコ	3,340
キルギス	3,280
グアテマラ	3,180

国	1人当たりGDP
アラブ首長国連邦	17,000
ブルネイ	14,000
バーレーン	11,536
サウジアラビア	10,850

国	1人当たりGDP
オマーン	9,230
リビア	7,000
シリア	5,220
チュニジア	4,690
イラン	4,670
カザフスタン	4,490
アゼルバイジャン	3,670
エジプト	3,600
トルクメニスタン	3,540
イラク	3,500

	体制自由度 低		体制自由度 中		体制自由度 高		
	中国	2,946	ペルー	3,110	セントルシア	3,500	当たりGDP1万ドル未満
	アルジェリア	2,870	ドミニカ共和国	3,080	グレナダ	3,374	
	ウズベキスタン	2,790	スリナム	3,072	ベリーズ	3,000	
	インドネシア	2,730	ヨルダン	2,895	モンゴル	2,250	
	タジキスタン	2,180	スリランカ	2,650	ボリビア	2,170	
	キューバ	2,000	ニカラグア	2,550	ソロモン諸島	2,113	
	北朝鮮	1,750	レバノン	2,500	ガイアナ	1,862	
	カタール	1,400	フィリピン	2,440	バヌアツ	1,679	
	ベトナム	1,250	エルサルバドル	2,110	カボベルデ	1,360	
	モルジブ	1,200	ホンジュラス	1,820	サントメ・プリンシペ	600	
平均寿命60歳未満〔混沌圏（第三圏域）〕	スワジランド	2,506	ガボン	3,498	ナミビア	2,381	
	カメルーン	2,400	コンゴ	2,800	ベニン	1,500	
	ラオス	1,760	ジンバブエ	2,160	マラウィ	800	
	コートジボワール	1,510	パキスタン	1,970			
	イエメン	1,374	セネガル	1,680			
	ナイジェリア	1,360	パプア・ニューギニア	1,550			
	ケニア	1,350	レソト	1,500			
	スーダン	1,162	カンボジア	1,250			
	シエラレオネ	1,020	バングラデシュ	1,160			
	アンゴラ	1,000	インド	1,150			
	ジブチ	1,000	ネパール	1,130			
	モーリタニア	962	ウガンダ	1,036			
	リベリア	850	ザンビア	1,010			
	ガンビア	763	ガーナ	930			
	ソマリア	759	ハイチ	925			
	トーゴ	738	モザンビーク	921			
	アフガニスタン	700	ギニアビサウ	747			
	赤道ギニア	700	マダガスカル	710			
	ルワンダ	680	コモロ	700			
	ミャンマー	650	ブルキナ・ファソ	666			
	ブルンジ	640	中央アフリカ	641			
	ブータン	620	ニジェール	542			
	タンザニア	570	マリ	480			
	ギニア	500					
	ザイール	469					
	チャド	447					
	エチオピア	370					

（注）Raymond D. Gastil, *Freedom in the World: Political Rights and Civil Liberties, 1994-1995* (New York: Freedom House, 1995) pp. 678–682に掲載されている体制自由度、購買力平価による1人当たりGDP、平均寿命のデータを筆者が図表化したもの。体制自由度の高はFreedom Houseによる“Free”、中は“Partly Free”、低は“Not Free”である。表内の数字は購買力平価による1人当たりGDP、単位はアメリカドル。

表8－1　体制自由度、平均寿命、購買力平価による1人当たりGDPによる各国の位置

2 第一圏域（新中世圏）——複雑に入り組んだ相互依存

国際問題と国内問題の区別が困難

第一圏域では、自由主義的民主制も定着し、その内部での政治改革はさまざま考えられるものの、この政治体制を転覆しようなどという試みは、時に起こるテロ活動を除いて、ほとんどありえない。また市場経済の制度も確立し、景気の好不況はあるにしても、人々の生活水準が著しく上下動をすることもない。またこの世界に属する地域内の生活水準は、国が異なるからといって、著しく異なるわけではない。人々の一人当たり国民所得は二万ドル前後といったところであり、また文化の違いは国によってあるにしても、その生活様式は基本的にきわめて似ている。具体的にいえば、西欧諸国、北米のカナダとアメリカ、日本、オーストラリア、ニュージーランドなどのOECD（経済協力開発機構）加盟諸国である。

この圏域内部の国際関係は、最もよく「新しい中世」の特徴を示している。地理的には離れているものの、交通・通信網もこれらの地域間を結ぶものは、きわめてよく整備されている。第一圏域内の人々相互は、今や短期滞在に関してはほとんどビザを要求されることもないし、国境での審査についてもフリーパスに近い。ヨーロッパ連合内部において、西欧諸国民の移動が基本的にはまったく無制限であるのは当然であるが、西欧諸国においても、日本人は、たとえばアラブ諸国からの旅行者に比べて、入国審査にかかる時間は比べものにならないほど短い。

企業活動も、この圏域内部ではきわめて「国際化」している。有力企業はその出身国がどこであっても、それぞれ地域内の重要なセンターで、自らを現地化させる努力をしている。日本企業は、北米やヨーロッパに生産と販売の拠点を作っているし、北米企業やヨーロッパ企業も同様の戦略をとっている。さらに、これらの地域に属する企業間では、国籍を超える「戦略的提携」は日常茶飯事になりつつある。

人々や団体の帰属意識も、きわめて複雑なものになりつつある。NGOなり企業なりへの帰属意識が強いことに加えて、国内レベルの地域に対する帰属意識が強まる傾向も存在する。その反面、国民を代表する国家に対する感情は、きわめてクールなものになりつつある。もちろん、国家の役割を期待しない国民はほとんどいないであろうし、経済運営や福祉の維持について、国家への要求は依然として強い。しかし、良かれ悪しかれ「我が国」を支持すべきだ、国家がなければ自らの生存もありえない、国家は「運命共同体」だ、などという強いナショナリズムの主張は、あまり見られなくなっている。

その結果、国際問題と国内問題を峻別することはきわめて難しい。相互依存から発生する問題は、次から次へと起こり、政府間でその処理が求められるが、それぞれの問題でどう対処することが「国家利益」になるかなどと定義することはきわめて難しい。国民の間の利害は錯綜し、いかなる解決策にしても、国境をはさんで利益を得るものも損失を被るものも出てくるからである。

しかし、そのような紛争の頻発にもかかわらず、これらの国と国の間の紛争が軍事化することはほとんどありえない。第一に、相互依存関係の複雑さ、相互脆弱化の進展があるからである。また第二には、相互の政治体制が自由主義的民主制だからである。この政治体制においては、「主権者」である国民は、よほどのことがない限り、武力行使で一致することはない。また、この政治体制は、基本的にその政策過程が透明で外部からも観察しやすい。したがって、双方の国民は他方で何が行われているかを観察しやすいし、他方で行われる政治の結果が自らにとって好ましいものでなくとも、それは少なくとも自らのと同様の「民主的」なプロセスの結果であって一概に否定しにくい、という傾向を持つのである。すでに検討したように、最近、きわめて明瞭に指摘されるようになってきた「民主主義国同士は戦わない」という命題は、まさにこの地域のことをいっているのである。古典的な「現実主義」の国際政治観に従えば、この圏域に属する国は「大国」たるにふさわしい能力を持っている。アメリカ以外にも、ドイツや日本やフランスがそうである。もし、この地域で、古典的な国際政治観が貫徹するとすれば、冷戦が終わるとともにこれら大国相互の疑心暗鬼が始まり、お互いを想定した軍事態勢づくりが開始されるはずである。特に国境を接する独仏間は、緊張してもなんら不思議はない。

しかし、ドイツ統一から数えて五年以上、ソ連消滅から数えて四年以上経とうというのに、それぞれの軍事費削減の動きこそあれ、相互を想定した軍備拡張の徴候は一切存在しない。もちろん、まだまだわからない、ということは可能であるが、「新しい中世」へ向かう

しての独立を保つことはできない、というのが国家の存在の正統性であった。明治日本が「富国強兵」を唱え、現代中国が国家目標の一つとして「富強」を唱えるといったように、共通な意識を持つのはそれほど不思議ではない。現代の日本人にとって、隣国が、かつて自らが目標として大失敗した、いわば時代錯誤的な用語を国家目標にしているのは不思議でもあり、いささか心配でもある。しかし、中国が十九世紀の近代世界システムの特徴を依然として色濃く残している第二圏域に属していることに照らせば、これは十分理解可能なのである(4)。

権威主義的な政治体制のもとでは、世界的な交通手段や通信手段の発達にもかかわらず、完全とはいえないにしても、情報を制限し、人々の行動を制約することは可能であり、軍事的手段も、特にこれを忌避しない場合が考えられる。指導者の判断如何では、経済相互依存から起こる脆弱性もそれほど高く評価されない。軍事行動の結果、たとえば、経済制裁を受けるとしても、その制裁によって国民生活が脅かされたとしても大したことではない、と指導者が判断したとすれば、経済制裁の可能性は抑止効果を持たないであろう。湾岸危機を引き起こしたサダム・フセインの計算がいかなるものであったかは、依然としてよくわからない。おそらく、彼は重大な誤算をしていたのではないかと思われるが、いずれにしても、彼にとって軍事行動はまったく通常の手段であったことは間違いない。彼は、一九八〇年にもイラン・イラク戦争を引き起こしている。

政治体制が権威主義的でない場合、つまり自由主義的民主制が行われている国の場合でも、市場経済が十分機能せず、経済成長が困難な場合、やはり軍事行動の可能性が排除できない。最もありそうなパターンとしては、経済が不安定化して、自由主義的な政権がつぶれてしまうというものである。戦前の日本が軍国主義の道をたどった一つの背景に昭和恐慌があることは、おそらく間違いない。

自由主義的な政府がつぶれるタイプとしては、クーデタや暗殺などという方法もあるが、民主的に崩壊する場合もありうる。ナチス・ドイツは、ワイマール共和国の民主的な選挙を通して政権を獲得したことを忘れてはならない。したがって、複数政党による自由な選挙が行われるようになったからといって、その制度が持続するという保証は一般的にはない。自由選挙を次からはやめるという主張を持つ人物や政党が、自由選挙によって選ばれる可能性があるからである。

また、自由主義的民主制がそのまま続いていたとしても、経済的困難は、民主主義的指導者に対してすら対外軍事行動の誘因を与えるかもしれない。国内の経済的困難から国民の目をそらせるために、対外危機を醸成するというパターンである。また、エスニックな集団間の対立が存在する場合は、民族紛争の一方の当事者である民族が多数を握る国は、やはり、民主主義的制度によって軍事行動を起こそうとするかもしれないのである。

このような理由から、第二圏域の中では、「新しい中世」的な現象は顕著には見られない。とりわけ権威主義的政治制度が定着し、経済的にいっても第一圏域との結びつきがあまり強固でない地域では、戦争を当然の手段とする古典的な国際政治のパターンが継続しているといっても過言ではない。しかし、第二圏域は、それだけで存在しているわけではない。第二圏域の中でも、第一圏域に近い地域では、徐々に「新しい中世」的現象が現れはじめている。一九八〇年代から政治の民主化と経済の自由化が進んだラテン・アメリカは、急速に「新しい中世」的特徴を示すようになっている。[5] また、第二圏域の紛争に、第一圏域に属する国が関与して、古典的なパターンとは異なる現象も現れている。これらは、三つの圏域の間の関係を述べる部分で検討する。

4　第三圏域（混沌圏）——崩壊する秩序

いわゆる「第三世界」が解体していること、現実と合わなくなっていることを示した大きな現象は、秩序というものがまったく崩壊してしまう地域が顕著に現れるようになったことである。強権的な権威主義体制のもとでは、人権が無視されていようが経済が停滞していようが、それなりの秩序が存在する。しかし、現在、アフリカのかなりの地域およびかつてのソ連や東欧の共産主義国を構成したいくつかの地域で、秩序崩壊がきわめて大規模に起こっている。具体的にいえば、ルワンダ、ブルンジ、ソマリア、スーダン、シエラレオネ、リベリアなどアフリカ諸国がそうであり、表8－1では「混沌圏」に分類されていないが、レバノン、旧ソ連のタジキスタン、グルジア、アルメニア、アゼルバイジャン、東欧のボスニアなども実質的にはこの圏域に入るといってもよいかもしれない。

もちろん、それぞれの地域に固有の事情があるため一概にはいえないが、これら地域では冷戦の間、マルクス・レーニン主義の影響を強く受けた軍事独裁政権がソ連の援助のもとに存在（旧ソ連の内部では、ソ連自身が統治していたのはいうまでもない）したが、これが冷戦終結で次から次へと崩壊した。もともと、旧植民地体制のもと人為的にできた国境の中に、独立後、強権政治を被せただけで、独自の国民意識も生まれなかったうえに、近代主権国家としての統治機構も十分に発展させなかった。とりわけ、自由な立法機構ができなかったのに加え、効率的な行政機構、司法機構もできなかった。

唯一、近代的な存在は軍だけであった。しかし、軍にしてもそれほど効率的なものになったわけではなかった。そのため、ひとたびソ連からの援助が途絶し共産主義の正統性が失われるや、これらの国には、国を一つのものとして何とか統治していくシステムがまったくないことが明らかになってしまったのである[6]。

その結果、現在起こっていることは、部族間の虐殺、エスニック・グループ間の内戦、難民の大量発生であり、伝染病の蔓延である。このような状態では、経済状態の改善はまったく期待できない。この第三圏域では、「新しい中世」に向かうどころか、近代が達成したものさえ失われようとしている。現に起こっていることは、「ヨーロッパ中世」の最も悲惨な側面にさえ匹敵するような悲劇であるといってもよい。この第三圏域の悲劇が継続するとなると、「新しい中世」がいかに第一圏域に平和と繁栄と「智のゲーム」をもたらしたとしても、世界システム全体としての「新しい中世」は、全体として見ると、きわめて悲惨なシステムだということにならざるをえないであろう。

5　三つの圏域の相互作用

本章で使った三つの圏域という言い方は、しかしながら、それぞれが独立に存在していることを意味していない。これらは、独立の地域ですらない。これらの圏域は、地理的区分として定義されたわけではないから、地理的にいえば、それぞれの圏域の違いがモザイク上に現れる地域もあるであろう。西欧はおおむね第一圏域に属しているが、たとえば日本の周囲には第二圏域の国が多い。また、第三圏域は、第二圏域の中の各所に散在している場合が多い。したがって、この三つの圏域の間には密接な関係が生まれざるをえない。そして、それらの関係は地理的には千差万別であるから、それぞれの地域の事情を反映したものとなるだろう。しかし、圏域を越える関係には、かなりの共通性、傾向が見られるのではないかと思われる。そして、この傾向が今後どうなるかによって、世界システム全体の動向が左右されるのではないかと思われるのである。

第一圏域と第二圏域の関係――国家中心の相互作用

第一圏域が「新しい中世」の様相を最も強く持ち、第二圏域が「近代」の様相を最も強く維持しているとすると、この両者の関係には、両者の特徴が混在するだろうことは当然である。しかし、それは単にランダムに混在するわけではなく、ある程度整理することができるだろう。

まず第一に、第二圏域内の経済ダイナミズムの進んだ部分と第一圏域は経済相互依存を強め、経済的にいえば、第一圏域とほとんど変わらない状況が生まれるようになるであろう。第二圏域の経済面に関心を持つ主体の多くは、第二圏域のこの部分との関係強化に積極的になる。しかし、第二圏域のこの部分は、政治的には自由主義的民主制が十分成熟していないか、あるいはきわめて権威主義の側面の強い部分である。したがって、第一圏域内部のさまざまな政治面に関心を持つ主体にとっては、この面での変化を第二圏域に求める傾向が出てくる。つまり、人権状況の改善要求である。

具体的には、米中関係にこの側面は典型的に表れている。一方で、ダイナミックに発展する中国経済に対する、アメリカの実業界の関心はきわめて高い。それにもかかわらず、中国国内の政治的自由への圧迫は、アメリカ内部における対中人権改善要求をきわめて強いものにするのである。中国国内においても、経済発展の継続のためにはアメリカ市場への輸出が決定的に重要だし、またアメリカからの資本や技術の導入が望ましい。しかし、アメリカの人権改善要求をすべて聞いてしまえば、共産党政権の基盤そのものが揺らぐとの認識が強い。

こうして、一九八九年六月の天安門事件以来、米中関係は、常にこの両方の要求の相互矛盾に揺れ動いた。アメリカ議会では、中国が人権その他の面で事態を改善させないのであれば、中国に与えている最恵国待遇を見直せという要求が強く出た。ブッシュ大統領は、人権と最恵国待遇を絡めるのは問題が多いとしてこの要求を拒否してきたが、一九九三年に就任したクリントン大統領は、一九九四年の最恵国待遇の供与を認めるかどうかの判断基準として、人権状況やその他の中国の行動を監視するとした。これに中国側は著しく反発し、一九九四年春にアメリカのクリストファー国務長官が訪中中に、民主運動家を逮捕したり自宅監禁したりする挙に出た。

一方、ボーイングその他のアメリカ企業は、中国市場への売り込みにきわめて熱心で、最恵国待遇と人権を結びつけることに強く反対した。こうして一九九四年六月には、クリントン政権は、中国における人権状況がそれほど改善しなかったにもかかわらず、今後最恵国待遇と人権を結びつけることはしないと決断したのである。しかし、これは必ずしもアメリカが中国に屈伏したことを意味するわけではない。それ以後も、米中関係は人権と経済の間で揺れ動いている[7]。

第二に、第二圏域内で民主化の動きは見られるものの、経済面での成果のあがらない地域と第一圏域との関係にも緊張が見られる。つまり、一方では、民主化の動向に対してこれを支援すべきだとの勢力が存在する。しかし、他方で、企業などの経済面に関心を持つ主体にしてみれば、経済ダイナミズムが欠如する地域を支援するというインセンティブはなかなか生まれない。そのため、このような国に対する支援は、多角的、国際的な枠組みで行うという形になる。しかし、経済ダイナミズムが欠如する地域に支援するというのは、言うは易く行うは難いことである。経済発展のための根本的仕組みがしっかりしていない地域に、いきなり資金をつぎ込んでもうまくいくという保証はないからである。

具体的には、ロシアに対する関係に、この事情は典型的に表れている。冷戦が終わった結果、ロシアはもはや敵ではなく、かえって中国などに比べて政治的民主化に熱心であるところから、ロシア支援の声が非常に強くなった。一九九二年にはG7による二四〇億ドルの支援、そして一九九三年には再び二八〇億ドルの支援が発表された。しかし、実際に供与されたのは、前者のうち一六〇億ドル、後者のうち八〇億ドルにすぎなかった。(8) ロシア国内における支援受け入れシステムが、あまりにずさんかつ腐敗し、無駄が多いため、支援供与の条件を満たさなかったのである。最も必要な支援は民間の直接投資であったが、民間企業はロシアの経済情勢が安定に向かうまでは、それほど積極的にはならなかった。そうこうするうちに、ロシアの政治体制についてもかつてほどの民主化の勢いは見られなくなり、権威主義的な手法が再び強く見られるようになった。一九九五年十二月の議会選挙では、共産党が全体の三分の一程度の議席を占め、第一党になった。このようなロシアに対して、いかなる方針で関係を打ち立てるかについて、アメリカもそれほど指導力を発揮するわけでもなく、またかつての西側先進国が団結するというわけでもなくなっている。

第三に、第二圏域内の、経済的にもダイナミックに発展し、民主化も進むような国々に対しては、第一圏域の諸国は良好な関係を維持している。たとえば、台湾は政治的経緯によってほとんどの国と国交がないが、経済発展と一九八〇年代後半の民主化の進展の結果、その外交的立場をもかなり改善することになった。例をあげれば、一九九五年にはアメリカ国内で台湾支持の勢力はきわめて強くなり、ついにクリントン政権が李登輝総統の「私的訪問」に査証を与えたのである。つまり、中国にとっては、自らの経済発展は国内政治体制に対する外国の要求をはねつける有力な武器ではあるが、比較の問題でいえば、同様に経済ダイナミズムを持ち、しかも民主化に熱心な地域に比べると、第一圏域との関係において不利な立場にあるのである。

第二圏域内で、第一圏域の国々と最も敵対的な関係に立つのが、政治的には権威主義的体制を維持し、経済的にもそれほど魅力を持たない国々である。これらの国々が、対外的に何の軍事的脅威ももたらさないのであれば、おそらく第一圏域の諸主体はこれらの国々にあまり関心を持たないであろう。しかし、これらの国々の中には、周辺国に軍事脅威を及ぼしていると見なされる国が多い。イラクはその典型であったが、北朝鮮、イラン、リビア、キューバなどがこのカテゴリーに入る。

これらの国々に対する第一圏域諸国の対応は、第一義的には、これらの国に危険な武器や武器技術が渡らないようにするための国際レジームの強化ということであり、最終的手段としては、集団安全保障の仕組みに頼るというものであろう。現在、対共産圏向け輸出規制のレジームであったココムは、その役目を終え、今や「ポスト・ココム」の規制レジームが議論されるようになっている。この目的は、表立っていうにせよ、いわないにせよ、ここにあげたような国がターゲットであることは明白である。また、このような国が侵略行為を起こした時には、湾岸戦争型の多国籍軍を動員してこれに対処するというのが第一圏域内における見方であろう。

全体として見ると、第一圏域と第二圏域の間の関係には、依然として国家中心の相互作用が有力だといえるだろう。とりわけ権威主義的政権との関係は、軍事中心、国家中心にならざるをえない。経済市場あるいは資源供給先としてそれほど魅力のない権威主義国家は、第一圏域にとって軍事的脅威としてしかありえないからである。しかし、権威主義的ではあっても経済的にダイナミックな国家との関係は、複雑なものになっている。一方で、第一圏域内の企業などの主体はこれらの国との関係強化を望み、これを、第二圏域のこのような国家は利用しようとするであろうからである。

おそらく、冷戦の終結と覇権衰退の影響は、この第一圏域と第二圏域との関係に最も色濃く表れるであろう。つまり、冷戦の終結によって敵が存在しなくなったため、第一圏域内の国家やさまざまな主体の間の団結を保つことが難しくなった。また、アメリカの覇権の衰退は、アメリカ国内で、自国の短期的犠牲で各国の間の調整を図ろうとのインセンティブを低下させている。

現在、第一圏域の国の中では、アメリカは最も自国の「強さ」に対して意識的な国である。「新しい中世」の国々の間では、国家の対外的強さということに対する意識はどうしても低くならざるをえない。しかし、「近代」的な要素、国家中心・軍事中心の発想を強く持つ第二圏域の諸国と相互作用する時は、新中世圏の国もまた国家中心的に発想せざるをえない。アメリカが最も「強さ」を意識するところが多いのも、かつての「覇権国」として、第二圏域の諸国との相互作用を最も頻繁かつ真剣に行わなければならなかったからである。しかしそのアメリカも、覇権衰退の結果、対外的役割に対して国内の統一をとることが困難になりつつある。その結果、たとえば中国のような国に対して国内でも意見の対立が現れるが、国と国の間でも意見の差が出てくる。そして、このような意見の差は、権威主義的政権の側からすれば利用しない手はない機会なのである。

もちろん、紛争処理が困難になるという意味では、冷戦終結と覇権衰退の影響は第一圏域内の政治についてでも同じなのだが、第一圏域内の関係においては紛争が軍事的な側面を持つことはあまりありそうもない。しかし、第二圏域内の権威主義政権との関係においては、軍事的な側面を否定できない。もちろん、経済的意味のあまりない中小規模の権威主義政権の場合、第一圏域内の調整はそれほど困難ではないであろう。しかし、ロシアや中国のような巨大な国の場合、これら諸国との関係の持ち方をめぐって、第一圏域内の諸主体の間で深刻な対立が生まれるかもしれないのである。そして、このような対立が第一圏域内で起こるとともに、中国やロシアと第一圏域内の国、たとえば、アメリカが深刻な対立に陥ったとすれば、その他の領域での国際的調整もまた困難になるであろう。国連の常任理事国同士の対立は、他への影響が甚大だからである。

さらに、もし中国が権威主義的なまま経済成長を続けていった場合、巨大な軍事大国にならないであろうか。もしロシアが経済成長の失敗から民主的制度自体が崩れ、再び権威主義的体制に戻ったら、かつてのソ連のような軍事的脅威の源泉にならないだろうか。このようなことが起こるとすると、第一圏域内部での「新しい中世」の動きは、再び「冷戦」の時のような臨戦体制に戻らざるをえなくなるであろう。そうなれば、世界システムの特徴づけとしても、「新しい中世」というよりも、第二章で検討した「多極の世界」になるといった方がふさわしくなってしまうであろう。また、中国がさらに成長を遂げ、しかも覇権サイクル論でいうような「挑戦国」として、二十一世紀の覇権獲得に乗り出すというようなことがあれば、世界は「多極」からさらに次なる「世界戦争」という段階に立ち至るかもしれない。もちろん、このような可能性は低いと評価されるが、それにしても、中国とロシアの今後はきわめて重要だといわざるをえない。したがって、今後の世界システムの動向を占う場合、中国とロシアの国内における変化およびこれら諸国と第一圏域内の諸国との関係がどうなっていくかが最大の焦点となるであろう。

第三圏域との関係——大きくなる国連、NGOの役割

第一圏域および第二圏域と第三圏域の関係にも、冷戦の終結とアメリカの覇権衰退の影響がやはり表れている。まず、第三圏域自体の存在の一つの理由が、冷戦の終結と関係していた。ソ連の支援で存在していた軍事独裁政権の崩壊が、これらの国に権力の空白をもたらしたという面が否定できないからである。そして、冷戦の終結とアメリカの覇権の衰退は、アメリカがこれらの権力の空白を自ら埋めるために積極的な努力をするというインセンティブ

をなくさせた。

ソマリアにおける国連平和執行活動はあまりうまくいかず、アメリカ軍は一九九四年にソマリアから撤退した。その過程で、アメリカ国内では、なぜソマリアのようにアメリカの「国益」とまったく関係ない地域に軍を派遣するのかという疑問が続出した。「冷戦」の最中には、ソマリアが「アフリカの角」と呼ばれ、きわめて高い戦略的重要性を持つと議論されていたことは、ほとんど忘れ去られてしまった。

それでは、この第三圏域は、第一圏域が「新しい中世」に向かう中で、かかわりたくない「混沌」として忘れ去られてしまうのであろうか。その危険は非常に強い。しかし、若干ではあるが、希望を与えてくれる徴候もないわけではない。第一に、国連の平和維持活動は、この第三圏域の問題のためにまったく役に立たなかったわけではないことである。ソマリアでの平和執行活動はうまくいかなかったし、ボスニアの平和執行活動も当初の目的からすれば失敗だったといってよいであろう。しかし、他の平和維持活動を検討してみると、成果のあがっている場合も指摘できるのである。UNTAC（国連カンボジア暫定統治機構）は、カンボジアに完全なる正義と秩序をもたらしたわけではないし、依然として政情は不安定である。しかし、それでも、一九七〇年代後半に人類史上でも稀にみる虐殺が行われ膨大な難民を出した国が、自由選挙のもと一応平穏な事態に戻るまでになったことは評価すべきであろう。モザンビークでの国連の選挙監視や、ナミビアの選挙監視なども、成功例としてあげることができるだろう。

現在の無秩序状態をもたらした原因としては、冷戦の終結以外にも、世界経済の変化が大きな影響を持ったものもある。ルワンダにおける大虐殺へのプロセスの一つの引き金は、一九八七年のコーヒー価格の暴落であった。ルワンダの輸出の八〇％はコーヒーと茶であって、このような過度の一次産品への依存が、世界経済の変動への脆弱性を著しく高めていた。(9) このような経済構造を一朝にして解決することはできない。しかし、今回の悲劇の一つの引き金が経済変動だったとすれば、やはり地道な経済援助と経済構造変革のための援助が、事態改善につながるのではないかとの希望を与えてくれる。

一九八〇年代に大飢餓に見舞われたエチオピアが、内戦の終結と政権の変化とともに、ある程度の事態改善の方向に動いていることも、そのような希望を持たせる一つの事例である。また、このような危機に対しては、国家よりも民間のNGOの活動がきわめて効果的である場合が多い。その意味でも、第三圏域の諸問題に対して「新しい中世」的主体の役割が大きくなっているといえるのである。

つまり、相互依存が進む過程で、国際的制度やNGOを通して事態の処理にあたるという動きは、積極的な役割を果たしているのである。もちろん危険は存在する。現在のアメリカの中には、国連への財政拠出に対してきわめて消極的な傾向が存在する。国連予算は近年急上昇したが、それでも日本でいえば外務省予算程度の規模であって、アメリカでいえばニューヨークの消防署と警察の予算の和くらいにすぎない。この程度の予算を維持・拡大することが、第一圏域の国家にとってとてつもない財政負担であるはずはない。

もしこの程度の財政負担を第一圏域がしないために、第三圏域の無秩序状態が継続あるいは拡大するということになったとすれば、「新しい中世」の道義的基盤はきわめて弱いものとなるであろう。「新しい中世」を特徴づける普遍主義が自由主義的民主制と市場経済だとした時、内戦と飢餓という基本的人権を最も蹂躙（じゅうりん）する事態に対し何事もなしえないとすれば、このイデオロギーの普遍性は著しく損なわれることになるだろうからである。ヨーロッパ中世のローマ教会による普遍主義が、実際にはきわめて腐敗したものであったと同じように、「新しい中世」の普遍主義である政治的・経済的自由主義もまた、現実にはきわめて偽善に満ちたものにならざるをえないのであろうか。

第九章　アジア・太平洋――「新しい中世」と「近代」の対決

世界システム全体が「新しい中世」に向かっているというのが本書の立場であるが、それではは日本が位置するアジア・太平洋の状況は、どのようなものと考えればよいだろうか。一言でいえば、東アジアは、「新しい中世」へ向かう動きと、「近代」を代表する動きとが、全面的に対決している舞台だ、ということができると思う。

世界システム全体が「新しい中世」へ移行できるか否か、移行できたとしても「新しい中世」がより望ましい形になるかどうか――これらの点は今後二、三十年間の東アジアの動向にかかっているといっても過言ではない(1)。

二十一世紀は、アジア・太平洋の時代だといわれることがしばしばある。この言い方にはさまざまな意味合いが込められているが、筆者の観点からすれば、二十一世紀の世界システムの動向がこの地域にかかっている、という意味で、まさにこの言い方は正しい。二十一世紀の世界システムが安定的な「新しい中世」を迎えるか、悲惨な「新しい中世」を迎えるか、あるいは「近代」の不安定に舞い戻るかは、アジア・太平洋の国際関係の動向にかかっている。その意味で、二十一世紀はアジア・太平洋の時代なのである。

1　三つの問題群

領土問題

まず、アジア・太平洋の今後をより構造的に考える前提として、現在、何が具体的に問題となっているかを考えてみよう。この地域の安定を脅かす可能性のある物事はさまざまあるから、すべての問題を列挙することは不可能である。しかし、多くの論者が指摘する問題をまとめてみると、歴史的な起源を異にする、次の三つのグループに分けることができるように思える。

第一の問題群は、南沙群島（スプラトリー諸島）や西沙群島（パラセル諸島）などの南シナ海の島々や、尖閣諸島などをめぐる領土問題である（図9－1参照）。これらの領土問題がなぜ発生したかを考えてみると、最も根源的には、東アジアにおいて十九世紀に至るまで近代的な意味の領域主権が確立していなかったという事態に突き当たる。よく知られているように、十九世紀にヨーロッパ列強が東アジアに近代世界システムの論理である領域主権の考えを持ち込むまで、この地域には厳密な意味での主権国家は存在しなかった。ある地域は、Aの国土であるとすればBのものではない、といったような排他的な領域観念が厳密に守られていたわけではなかった。中華帝国の空間観念は、文明の及ぶ範囲が徐々に徐々に薄れていくといったもので、どこかに線がくっきりと引かれるというようなものではなか

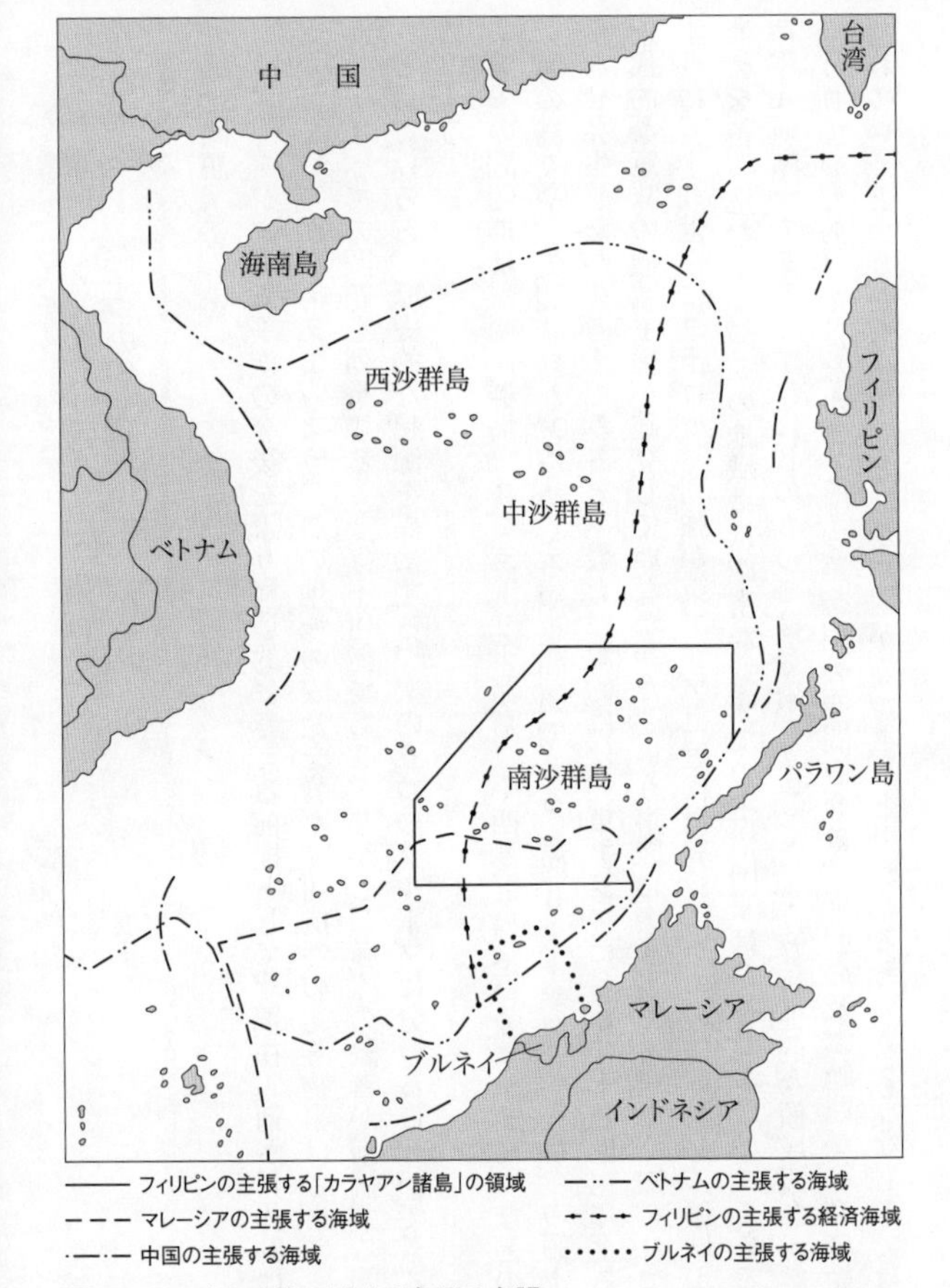

図9－1　南シナ海に関する各国の主張

った。

現に、琉球は清朝と薩摩の両者に朝貢使節を送っていて不都合はなかった。一八七一年に、琉球人五十四名が台湾の先住民に殺害されるという事件が起こったが、この時、日本政府の抗議に対して清朝は、台湾東部の「生蕃」は「化外の民」で自らの政教が及ばないと答えた。つまり、中国の文明の外だから、関係ないといったわけである。もちろん、清朝にしても、台湾が自らの影響のもとの地域――「版図」――であるとの意識はあったが、そこには近代的な意味での領域主権の考えは存在しなかったのである。日本は、この発言を口実に、「生蕃」地域が清朝の領域ではないとして、「台湾出兵」を行ったのであった。

つまり、十九世紀には、東アジア地域で、近代主権制を一つの柱とする「西欧」の文明と、このような観念を持たない東アジア世界との論理が、「文明の衝突」を起こしていた。[2]そして、この「文明の衝突」は、西欧の論理を東アジア世界が受け入れることで、決着がつけられることになった。しかし、東アジア諸国間の領土問題の決着は、完璧とはいいがたかった。あまり重要とは見られない部分についての領土の確定は、必ずしも万全ではなかったのである。その典型が南シナ海の島々であった。西沙群島については、一九〇九年に清朝が領有を宣言したが、実効的支配とまではいかなかった。以後、ベトナムを植民地化していたフランスとの間で議論が生じた。さらに、一九三〇年代末、東南アジア進出を図った日本は、西沙群島を奪取するとともに南沙群島はこれを「無主地」として占領、領有を宣言した。

しかし、第二次世界大戦後、敗北した日本との講和を決めた一九五一年のサンフランシスコ平和条約は、この島々の帰属先を規定することなく、これを日本が放棄することのみを規定した。[3] 再び、これらの島々の帰属について不確定な状態が生まれたのである。一九七〇年代に入ると、石油などの資源に対する関心が高まり、中国、台湾、ベトナムのみならず、マレーシアやフィリピン、そしてブルネイもまた、これらの島々すべて、あるいは一部について領有権を主張するようになった。各国は、実効支配を確立しようと独自に島々の占拠を試み、一九九五年までには、マレーシアは三島、フィリピンは八島、ベトナムは二十一島、中国は八ないし九の島を軍事占拠するようになった。台湾は、最大の島である太平島に八百名の兵力を駐留させている。[4]

一九九二年二月に、中国が「領海及び接続水域法」を公布して、沿岸の島々のみならず、尖閣諸島や南シナ海全域の領有を主張し、いくつかの島を軍事的に占拠するに及んで、南シナ海の緊張は一挙に高まったのであった。

日本に関係する問題としては、尖閣諸島の問題がある。尖閣諸島の領有については、日本はきわめて明確にこれを主張しており、現在、実効支配しているが、これに対しては中国および台湾が異議を唱えている。一九七八年、日中平和友好条約締結の直前、中国の漁船多数が尖閣諸島周辺の海域に大挙進入するという事件が起こったことがある。この事件の真相は依然不明であるが、この後、中国の鄧小平が「次の世代」にまかせるとの発言を行って、現在、問題とはなっていない。[5] しかし、前述の中国の「領海及び接続水域法」には、尖閣諸島も「釣魚台」の名称で含まれており、排他的な領域主権の観念からすれば、依然として問題をはらんでいることに違いはない。

また、日本は、韓国との間には竹島の領有権をめぐって紛争がある。この島は、現在は韓国の実効支配のもとにあり、独島と呼ばれている。一九九六年初め、日本が国連海洋法条約批准の準備として竹島を基点に排他的経済海域の設定を行うと発表したところ、韓国では強い反発が起こった。韓国民のあまりに強い反発に驚いた日本人は多かったに違いない。

中国の分裂、朝鮮半島の分断

これら、十九世紀末に急遽行われた、東アジアにおける主権国家体制への移行の不完全性に由来する問題群に加えて、より深刻な問題群として第二次世界大戦前後の歴史に由来する第二の問題群が存在する。具体的には、中国の分裂であり、朝鮮半島の分断である。中国の分裂も、広い意味では十九世紀に起こった近代世界システムと東アジア世界の「文明の衝突」に由来する問題だといえなくもない。そもそも、一九九七年七月に中国に返還されることになっている香港がイギリスの植民地となったのが、十九世紀の「文明の衝突」の発端だった。一八四二年、アヘン戦争を終結した南京条約で、香港島がイギリスに割譲され、一八六〇年には、九竜半島南端が北京条約で割譲された。さらに、一八九八年、九竜半島大半（新界）が九九年期限でイギリスに租借され、こうしてイギリスの香港植民地が形成されたのであった。

しかし、さらに大きい、大陸と台湾の分断という事情についても、そのような経緯は指摘できる。もともと台湾には、明代以後多くの漢民族が移住していたが、日清戦争の結果、下関条約で日本に割譲され日本の植民地となった。第二次世界大戦における日本の敗北の結果、国民党統治下に入った。しかしその後、再び大陸と台湾は別々の政治体制のもとにおかれることになった。日本敗北後、中国の支配をめぐって中国国民党と中国共産党が内戦を戦い、大陸を支配下においた中国共産党が一九四九年十月、中華人民共和国を建国したのに対し、中国国民党は台湾に逃れ、中華民国政府を維持したからである。

しかし、そもそも中国国民党と中国共産党が何をめぐって戦ったかを考えてみれば、それは、近代世界システムへの対応において著しく不十分な対応しかできなかった清朝に代わる政治体制をどのように確立するかという争点をめぐって戦ったという一面を指摘することができる。主権国家としての中国をいかに確立していくかをめぐって、蔣介石の国民党と、毛沢東の共産党が、一九二〇年代以降、数次にわたり戦ったのが国共内戦だったからである。

しかし、そのような十九世紀の「文明の衝突」に由来する側面に加えて、「冷戦」という近代世界システムにおける一大抗争が決定的に関係していた。中国共産党は、中国の独立と主権を擁護する政党であったとともに、マルクス・レーニン主義を奉ずる政党でもあった。したがって、日本が敗北し中国大陸から退場した直後に再発した国共内戦において、次第に国民党をアメリカが支援し、共産党をソ連が支援するという図式が明確化していったのも不思議ではない。

その後の中ソ対立の激化によって明らかになったように、当時の毛沢東とスターリンの間にかなりの対立の根が存在したことは間違いない。しかし、それにもかかわらず、一九四九年夏には、毛沢東は米ソ冷戦において中間の立場はなく、「向ソ一辺倒」しかありえないと主張したし、翌年には、日本および日本の同盟国を仮想敵国とする「中ソ友好同盟相互援助条約」を締結したのである。さらに、この分断を決定的にしたのは、朝鮮戦争の勃発であった。朝鮮戦争の勃発によって、それまで台湾に移った国民党政権を支持するのかどうかあいまいであったアメリカが台湾海峡に第七艦隊を派遣すると宣言し、共産党の台湾進攻（と国民党の大陸反攻）を阻止したからであった。こうして、台湾海峡をはさむ中国の分断が固定化することになった。

朝鮮半島の運命にもまた、十九世紀の「文明の衝突」の犠牲とでもいうべき側面があった。近代主権国家として、対外的に有効な軍事的態勢を整えることに失敗した李朝の朝鮮は、いち早く近代主権国家の体裁と軍事力を保持することに成功した日本によって、一九一〇年、併合され植民地化されてしまったからである。しかし、朝鮮半島が分裂することになった事情には、「冷戦」の影響が決定的であった。一九四五年、日本の敗北に引き続き、朝鮮半島は、南からアメリカ軍、北からソ連軍が進駐することになった。その際、朝鮮半島における日本の降伏受理については、北緯三八度線以南をアメリカが、以北をソ連が行うということで米ソが合意した。

この便宜的な線引きが、冷戦の激化とともに固定化していき、一九四八年八月、大韓民国の成立、引き続いて九月、朝鮮民主主義人民共和国の成立へとつながったのであった。一九五〇年六月二十五日、北朝鮮軍は、三八度線を越え南進し軍事統一を図ったが、米軍を主力とする国連軍の反撃にあい、その後中国の介入もあったが、戦局は一進一退を続け、一九五三年に休戦協定が締結され、三八度線での分断は一層固定化することになった。

南シナ海の領土問題などの第一の問題群に比較して、この第二の問題群の特徴は、中国の分裂にしても朝鮮半島の分断にしても、それらが冷戦を背景に固定化されたために、著しく軍事化が進んだということである。朝鮮半島においては、現実に、第二次世界大戦後最大規模の戦争が戦われたし、また台湾海峡をめぐっても一九五四年および一九五八年に、かなりの規模の軍事対決が行われた。朝鮮半島と台湾海峡は、アメリカが現実に核兵器使用の威嚇を行った数少ない事例なのである。

こうして、朝鮮半島は、冷戦の最中、東西ドイツ国境とならんで最も高度に武装された軍事境界線となった。さらに、現在では、冷戦の終結と両ドイツの統一に伴い、三八度線以上に高度の兵力が集中対峙している軍事境界線は他には存在しない。現在、北朝鮮の陸軍は一〇〇万（総兵力一一二万八〇〇〇）を数え、韓国のそれは五二万（総兵力六三万三〇〇〇）といわれる。

さらに、韓国には、米軍が三万六四〇〇人駐留している。[6] 北朝鮮の現在の経済困難やエネルギー不足から考えて、北朝鮮の戦力を過大評価するのは間違いであろうが、それにしてもこれほどの兵力が集中している場所は今や世界には存在しないのである。人口一億二五〇〇万の日本の自衛隊の実員が二四万を超えないのと比べ、人口二三〇〇万の北朝鮮、四五〇〇万の韓国の兵員の数がいかに多いかがわかるであろう。

また、一九九四年の米朝合意は、北朝鮮のさらなる核兵器開発については、当面これを阻止することに成功したが、この合意にもかかわらず、北朝鮮には核兵器に使用可能なプルトニウムが核兵器二～三個分存在するかもしれないという疑惑は否定されていない。また、一九九三年に日本海に向けて実験が行われたように、北朝鮮にはソ連のスカッド・ミサイルを改良した弾道ミサイルが存在する。(7) いずれにしても、朝鮮半島で、再び本格的な軍事対決が起これば、世界最大規模の戦争になる可能性はきわめて大きい。

朝鮮半島ほどではないにしても、台湾海峡をはさむ軍事態勢はきわめて深刻なものである。中国の全兵力が台湾海峡に集中しているわけではないが、総兵力二九三万、陸軍二二〇万、海軍二六万、空軍四七万といわれる。(8) 対する台湾は、人口二一一八万のところ、総兵力三七万六〇〇〇人といわれる。(9) 中国人民解放軍の武器自体は旧式のものが多く、現在、ただちに台湾進攻を容易に行いうる能力があるようには見えないが、それにしても近代化の努力は進めている。たとえば、ロシアから二十六機のSu－27を購入し、安徽省蕪湖の航空基地に配備し、さらにキロ級といわれる潜水艦一隻もロシアから購入したといわれている。(10)

一方、台湾も、軍事力を着々と近代化している。アメリカからは、F16戦闘機百五十機の購入を決定しており（一九九七年配備という）、フランスからは、ミラージュ2000戦闘機六十機の導入を予定している。海軍力においても、現在の主要水上戦闘艦三十三隻を、さらに近代的なものにしようとしている。

朝鮮半島ほどの緊張は台湾海峡には存在しないが、それにしても相当な軍事力の集積が進んでいることは間違いない。中国の指導者は、台湾が独立するなどといえば「座視しない」といっているし、未だかつて武力行使の可能性を否定したことはない。特に一九九五年には、アメリカが李登輝総統の訪米を許可したことに対して反発し、台湾における独立派の勢いを削ぐという目的もあって、複数の軍事演習を台湾海峡で行い、ミサイル実験を台湾北方で行った。一九九五年末には、台湾作戦を目指して「対台湾軍事司令部」が設置されたとの報道もあった(11)。

さらに、一九九六年三月下旬の台湾総統選挙の直前にも、ミサイル試射と軍事演習を行った。これに対応してアメリカが二つの空母部隊を台湾近海に回航させ、台湾海峡は一九五八年以来最も緊張した。

こうして、第二次世界大戦終結から冷戦開始にかけて発生した第二の問題群は、冷戦が終結した今も、きわめて軍事的な危険を秘めて存続しているのである。

軍拡競争の危険

さらに、アジア・太平洋には、これら第一と第二の問題群に関連して、軍拡競争の危険という第三の問題群が存在している。第一と第二の問題群が、ともに過去に起源を持つとすれば、アジア・太平洋における第三の問題群は、この地域の将来に由来するとでもいえよう。

いうまでもなく、現在のアジア・太平洋地域、とりわけ東アジア諸国は未曾有の繁栄を謳歌している。世界で経済的に最もダイナミックな地域が東アジアだというのは、今や常識である。ほとんどの国で、経済規模の拡大が当然視されている。ここで、経済規模の拡大の一定部分を軍事力の近代化に投入したいと考えるのは主権国家としては当然であろうし、国家内部の政治力学からいって、軍部もまた経済発展の分け前に与ろうと考えるのも当然であろう。しかし、このような想定をすべての国がしたとすればどうなるか。他国の軍事力が増大するとすべての国が予想することになる。とすると、自らだけ軍事力の増大をさせないことは、自らの安全保障を脅かすと考えないであろうか。古典的な安全保障の見方に従えば、そう考えて当然である。とすると、経済発展が続く限りすべての国で軍事力増強が行われることになる。

　ここで、各国の指導者が、最悪のシナリオを考えるとどうなるか。他国より遅い速度で軍事力を増強するのでは、将来的に自らの安全保障が脅かされると考えないであろうか。これも、やはりそう考える可能性は高い。とすれば、安全策を各国がとったらどうなるか。他国以上の速度で軍事力を増強しようと考えるであろう。もし、すべての国がこう考えたらどうなるであろうか。典型的な軍拡競争が始まってしまうであろう。

　つまり、各国が現在の経済繁栄の継続と、そのもとでの各国の軍備近代化をリンクさせ、さらにお互いに疑心暗鬼にとらわれたとすれば、この地域で軍拡競争の起こる可能性を否定することはできないのである。つまり、各国が将来の予測を近代主権国家の枠組みで冷徹に行っていけば、軍拡競争になる可能性を否定できないのである。その意味で、軍拡競争の危険は、この地域の将来に由来するといったわけである。

しかしながら、危険な軍拡競争は、まだ始まっていないと見るべきであろう。各国の軍事力整備は、依然として、旧来の兵器を新式のものに更新するといった程度にとどまっているからである。特に日本が、冷戦終結後、防衛費を〇～三％のレベルでしか増加させていないことは重要であろう。もし、日本が大々的な軍事力強化に乗り出す場合、経済的に余力を持つようになったこの地域の軍事力の水準はひとまわり強化されることになり、さらには軍拡競争の悪循環が始まるかもしれない。

しかし、軍拡競争の危険な兆候はすでに現れはじめている。朝鮮半島は、すでに高度な軍事的対峙の舞台である。台湾海峡をめぐっては、双方に軍事力増強の動きが見られる。とりわけ、中国の全般的な軍事力整備の動向には注意が必要である。一九九五年十一月に中国国務院新聞弁公室が発表したいわゆる「国防白書」[12]は、中国における軍事力整備の「透明化」の努力であって評価しなければならないが、それにしても、依然として中国の国防力の中身については不明な点が多い。

国防予算が毎年一〇～二〇％も増加しているといっても、インフレを差し引けば、それほどの増加と見るべきではないかもしれない。しかし、国防予算に計上されていないにもかかわらず、軍事力整備に使われている部分がどれだけあるかが明確でなく、その点で「不透明感」が漂っている[13]。また、中国のとりわけ人民解放軍指導者が、中国の「海洋権益」は断固守るといっている姿勢も各国に懸念を与えている。

他方、ASEAN（東南アジア諸国連合）諸国の中にも、軍事力の近代化を積極的に進める動きが出ている。マレーシアは、ロシアから十八機のMiG－29戦闘機を購入し、アメリカに八機のF／A－18多用途機を発注し一九九六年に配備する予定にしている。シンガポールは、すでに十八機のF－16A／Bを保有しているが、さらに十八機のF－16C／Dを一九九四年、アメリカに注文した[14]。

もし、このような現在の軍備近代化の動きが、第一の問題群である領土紛争と関連してさらに加速したり、第二の問題群である朝鮮半島や台湾海峡の問題と関連していけば、この地域で軍拡競争が始まる恐れは排除できない。そして、軍拡競争が始まってしまえば、第一の問題群も第二の問題群もさらに危険性を増し、またこれまで軍事的に問題とならなかったような問題まで、軍事化する危険が存在するのである。

2　アジア・太平洋における「近代」

「多極化」の影響

以上検討してきた三つの問題群は、きわめて「近代的」な問題である。第一の問題群は、十九世紀に東アジアに「近代」をもたらそうとした試みを、二十一世紀になろうとする現在においても完成させようとしているために顕在化している問題だといってもよい。十九世紀に西欧列強が主権国家観念を清朝に押しつけるまで、排他的な領域主権の観念も制度も存在しなかった。たとえば、南シナ海の島々の帰属はあいまいだった。

また、第二の問題群にしてみても、一つの民族は一つにまとまらなければならない、というイデオロギーによって、朝鮮半島の人々も中国の人々も思考しているのだとすれば、これは国民国家を理想とするきわめて近代的な問題設定の仕方であろう。また、過酷な国際関係の現実の中では、一つにまとまらなければ、外敵によって侵略、植民地化、あるいは半植民地化されてしまう、したがって統一が必要だ、という論理を保持しているのだとすれば、これもきわめて近代的な論理であろう。第三の問題群である軍拡競争の恐れもまた、きわめて近代的といってよいかもしれない。つまり、軍拡競争の悪循環は、お互いが最悪の事態を想定し合理的に考えることによって、お互いの事態が今よりも悪くなるという一種の「囚人のジレンマ」であるが、これは、まさに、内部統一がとれ、合理的に行動する自らと他者が存在するという、前提の上になりたっている。自らが誰で、他者が誰かということが判然としない状態では、必ずしもここでいったような軍拡競争が起こるとは限らない[15]。

アジア・太平洋が抱える問題群が近代的だということは、前章までの議論からすれば当然である。前章で指摘した三つの圏域の区別からすれば、アジア・太平洋のうち、東アジアのほとんどの地域が第二圏域に属するからである。アジア・太平洋の中で、自由主義的民主制も安定して、市場経済のシステムも根づいた国々といえば、北米、オーストラリア、ニュージーランド、および日本のみであって、韓国や台湾はこの第一圏域に入るか入らないかの境あたりに存在する。これに対し、中国、北朝鮮、ベトナム、ASEAN諸国の一部などは、典型的な第二圏域の諸国である。

アジア・太平洋においては、つまり第一圏域と第二圏域が併存している。とすると、この地域の国際政治がいかなる形をおびるかは、前章の議論からおおむね導きだされる。つまり、第二圏域内部ではきわめて近代的な国際政治、そして第一圏域内部では「新しい中世」的政治、しかし、第一圏域と第二圏域の相互作用はかなり「近代性」をとどめざるをえない、ということである。

具体的には、どのような構造的特徴が現れるといってよいであろうか。大きく分けて三つの特徴が指摘できるように思う。

第一は、「多極化」の影響である。もし「新しい中世」的な特徴が存在しないとすれば、第二章で検討したように、そこに現れる「冷戦後」の特徴は「多極化」である。ソ連の解体で極東ロシア軍の力は低下し、アメリカ軍がこの地域から削減されていくと、米、ロ、日、中、さらにはASEAN、インドなどが、ほぼ同等の力を保持しつつ相互作用するという事態が想定できるかもしれない。もしアジア・太平洋地域が近代的特徴を色濃く残していくとすれば、この地域の国際政治は「多極化」の影響を最も強く受けるということになるであろう。暫定的なものであったが、第二章の結論を再び繰り返してみよう（第二章の表2－3参照）。

大国間の戦争の頻度については、これが頻発するかどうかは、力の分布のみからは何ともいえないが、かりに起こった場合の規模については、海洋多極の時のように大規模になることはない。

大国の関与しない戦争については、その頻度は冷戦期ほど多くならない。しかし、その規模については、冷戦前期よりは大きなものになる可能性がある。

第二章で検討したように、この結論は楽観的にひびくかもしれないが、実はそうではない。つまり、大国の関与する戦争の規模が海洋多極の時ほど大規模にならない、ということは、冷戦の時と同じくらいにはなる可能性があるといっているにすぎない。アジア・太平洋では、冷戦期に朝鮮戦争やベトナム戦争があったことを忘れてはならない。当面、アジア・太平洋でアメリカ海軍に対抗しうるような海軍力を持つ国は登場しないと見られるが、長期的には、たとえば中国が海軍力を増強するかもしれない。さらに他の国も海軍力を増強するとなると海洋の多極状態が生まれるかもしれない。もしこのような事態が起こるとすると、アジア・太平洋はさらに危険になるであろう。

政治体制の混在、覇権交代の可能性

アジア・太平洋地域における第二の構造的傾向は、政治体制の混在という特徴である。これも第二章で検討したが、過去二世紀の間の戦争のパターンを検討してみると、自由主義的民主制の国同士は戦争はしない、というパターンが見いだされた。この議論に対しては異論も存在するが、かりにこの説が正しいとすれば、第一圏域内部では戦争は起こりにくいということがいえるであろう。しかし、この民主主義による平和の議論が正しいにしても、アジア・太平洋では、この議論は当てはまらない、という結論になる。

つまり、第二圏域に属する国が多く存在するし、第一圏域と第二圏域の関係にはこの議論は当てはまらないからである。一九八〇年代後半から、フィリピン、韓国、台湾、タイなどで民主化が進んだが、北朝鮮の政治体制は元のままだし、中国やベトナムも共産党支配をやめていない。東南アジアにもまだまだ権威主義的政権は存在する。したがって、冷戦の終結によって、全世界的には自由主義的民主制と市場経済というペアのイデオロギーが勝利したのは確かだとしても、それによる平和化という果実は、アジア・太平洋にはただちには当てはまらないということになる。

さらにアジア・太平洋の構造的傾向の第三として、覇権交代の可能性ということが指摘できるだろう。第三章および第四章で議論した覇権安定論の多くは、アジア・太平洋の今後を議論する時、それほど参考にはならない。いずれにしても、アメリカの全般的覇権的地位は失われたわけだし、またアメリカの覇権的地位が失われたからといって、ただちに破局がくるわけではない。自由貿易の維持や各種のレジームの維持のためには、他のメカニズムが利用できるであろう。国際金融の安定についても、これはアジア・太平洋にとどまる問題ではない。

しかし、一つだけ、覇権に関連する議論でアジア・太平洋と密接に関連しうるのは、超長期のサイクル論との関係である。つまり、現在はアメリカの覇権後退期であるが、二十一世紀に入る頃に次の覇権を狙う挑戦国が現れ、この挑戦国との間で熾烈な抗争が起こり、世界戦争さえ起こるかもしれないという議論である。

かつて、このような挑戦国としては、ソ連が想定されていた。しかし、冷戦の終結で、ソ連という可能性が消えた。また、一部には日本を想定する論者もいた。これも、九〇年代の日本の不況と、別の可能性の登場とともにおおむね消えたようである。つまり別の可能性としての中国の登場である。

百年に一度、海洋勢力と大陸勢力の間で、一大争覇戦が起こるというこの図式からすれば、二十一世紀の超大国として中国が登場するというシナリオはいかにももっともらしく聞こえる。もちろん、このようなシナリオに歴史的必然性があるわけではない。しかし、もし中国の経済成長の継続とともに海軍力増強が行われるとすれば、このシナリオを「ばかげている」といって捨て去るわけにはいかないであろう。

以上の三つの構造的傾向が正しいとすれば、アジア・太平洋の将来はそれほど明るくない。この三つの構造的傾向は、領土問題解決についても、分断国家の将来についても、また軍拡競争の可能性についても、その困難を増しこそすれ減らすことにはならないだろうからである。

3　アジア・太平洋における「新しい中世」

経済相互依存の進展、情報化の爆発

アジア・太平洋地域が、依然として近代の特徴を色濃く持っているということは、そこに変化の兆しが存在しないことを意味しない。すでに述べたように、北米、オーストラリア、ニュージーランドは、明確に第一圏域に属している。韓国や台湾は急速に第一圏域の特徴を持つようになってきている。長期的な展望からすれば、アジア・太平洋において、「新しい中世」的国際関係の増大が見通せないかというとそうでもないのである。その要因としては、以下のような構造的傾向が指摘できるであろう。

第一は、経済発展の展望、経済相互依存の進展、その背景にある情報化の爆発である。この地域を世界の他の地域、たとえば、サブサハラなどと対比する最大の特徴は、ほとんどすべての国が今後の経済成長を期待できる、ということである。地域全体でパイは大きくなっていることが、この地域の紛争を制限する要因となっている。さらにいえば、そのような経済発展の源が、経済相互依存の進展だということが重要である。また、経済相互依存といっても、かつてのような垂直分業的な相互依存は急速に薄れ、この地域の相互依存はきわめて水平分業的、産業内貿易的になっている。この結果、第五章で検討したような相互脆弱性が、各国間で急速に高まることになった。

さらに、これらの経済相互依存をもたらし、これをより促進する要因として、情報化の傾向がある。インターネットが中国に広まったからといって、ただちに中国に自由主義的民主制がもたらされるなどと想定するのは非現実的である。しかし、このような情報化の進展は、中国社会といえどもその開放化の度合いを必然的に進めることになり、長期的には自由主義的傾向を促進することになるであろう。

多角的な地域枠組み

第二の構造的傾向は、この地域における多角的制度化の動きである。国際的な秩序をもたらすためのいくつかの制度化の動きが、この地域でも始まるようになってきた。つまり、相互依存の進展が紛争を生む傾向があるのに対して、これを制御するような制度化の動きも進展してきているのである。経済面におけるAPEC(アジア太平洋経済協力会議)が典型的であろうし、安全保障面でのASEAN地域フォーラムが一つの方向性を示している。もちろん、これらの制度化の動きはまだ始まったばかりであって、これらさえあれば万全などとはとてもいえないのだが、それにしても無視することは間違いである(図9―2参照)。

アジア・太平洋地域において「新しい中世」への動きを促進する第三の構造的傾向は、アジア・太平洋における近代の底の浅さである。三つの問題群を検討する時に指摘したように、東アジアに「近代」が訪れたのは十九世紀中葉のことであった。以後各地で近代の導入が行われた。近代主権国家の体制を最も早く整えた日本は、西欧列強とならんで侵略・植民

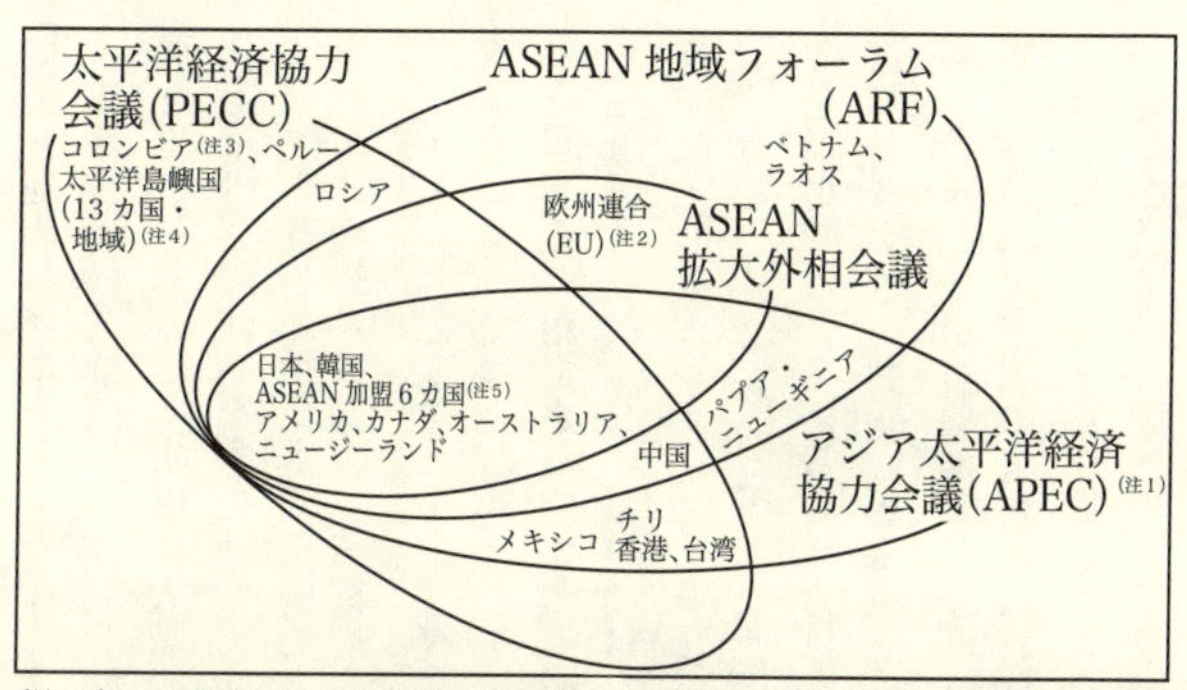

(注1) APECには、ASEAN中央事務局、PECC、南太平洋フォーラム (SPF) がオブザーバーとして参加。

(注2) EUについては、ASEAN拡大外相会議にはEUトロイカ (前、現、次期議長国の3カ国) が参加。第1回ASEAN地域フォーラムには議長国とその補佐としてEU委員が出席。

(注3) コロンビアは、1994年3月の第10回PECC総会をもって参加。

(注4) 太平洋島嶼国：バヌアツ、キリバス、ソロモン諸島、トゥバル、トンガ、ナウル、西サモア、パプア・ニューギニア、フィジー、マーシャル諸島、ミクロネシア連邦 (11カ国)、クック諸島、ニウエ (2地域)

(注5) ASEAN (東南アジア諸国連合)：インドネシア、シンガポール、タイ、フィリピン、ブルネイ、マレーシア

(出所) 外務省『外交青書　1995』第I部、p. 32

(筆者注) ベトナムは1995年7月にASEANに加盟した。

図9－2　アジア・太平洋における地域協力の枠組み

地化を進める側にまわった。

他方、近代主権国家の体制を整えることに失敗した地域は、侵略されるか植民地化・半植民地化された。第二次世界大戦後、これら地域では、西欧列強と日本が退場するに伴い、近代主権国家の体制を整えるべく全力を投入することになった。したがって、これらの地域では、依然として領域主権を中心とする「近代」の観念が強く息づいている。

しかし、それにしても、東アジアが「近代」に接したのは、十九世紀のことにすぎない。そして、「近代」を確立しようという最中に、「新しい中世」の潮流が東アジアにも押し寄せるようになってきた。可能性としていえば、東アジアにおいては、「近代」の呪縛は意外に早く解くことができるのかもしれないのである。

兆候がまったくないわけではない。第一の問題群である領土問題について、中国の姿勢に権力政治的傾向を指摘することは容易である。しかし、他方、尖閣諸島に対する鄧小平の「棚上げ」の発言や、南シナ海に関する共同開発を受け入れる姿勢などは、必ずしも領域主権を固定的にとらえる考え方ばかりをとっているわけではないことを示している。第二の問題群に属する台湾問題や香港問題について、やはり鄧小平のいう「一国両制」の考え方にも、若干の柔軟性は見られる。もちろん、このような発言は中国の単なる時間稼ぎであって、力関係が中国に有利になれば見向きもしなくなるものなのだということは可能である。フィリピンから米軍が撤退した後を狙って、ミスチーフ礁を占拠したり、一九九五年から九六年にかけての香港への強硬姿勢や一九九六年三月の台湾総統選挙へのミサイル試射と軍事演習による威嚇の動きなどには、そのような可能性を示唆するものがある。しかし、周辺諸国がそれなりの決意をもって対処すれば、中国に対して、必ずしも「近代」的とはいえないような解決策の方向へ向かわせることも不可能ではないようにも思えるのである[16]。

いずれにしても、「新しい中世」への動きを促進する三つの構造的傾向は、その移行を保証するものではない。「近代」の特徴を色濃く残す三つの構造的傾向の方が強力だとさえいえるのである。その意味で、アジア・太平洋の今後は、少なくとも、「新しい中世」の光の部分が指し示すような楽観を許していないことは確かである。いずれにしても、アジア・太平洋の動向は決定的である。ここで、「近代」が頑張ってしまうということは、世界全体の「新しい中世」への動きが遅れることにつながる。とりわけ、中国が長期覇権サイクル論的な意味での覇権挑戦的態度をとることになれば、世界は再び、近代的な覇権争奪戦に巻き込まれる恐れすらある。アジア・太平洋の「新しい中世」への移行は、世界システムの今後にとって決定的とすらいえるのである。

第十章　日本は何をすべきか

前章で見たように、アジア・太平洋の今後は、世界システムの今後を占ううえできわめて重要である。とすれば、日本の役割が重要でないはずはない。本書のこれまでの議論は、おおむね、世界システムの現状をどう見るべきか、という分析的な視角から行われてきた。日本やその他の国が何をすべきか、というような「べき論」ではなく、現状がどうなっているのかを問う議論であった。なぜ「べき論」を行わなかったかといえば、そのような規範について語る前に、現状の冷静な分析が必要だからである。しかし、「新しい中世」への移行というのが現状の姿だとすると、一般的な「べき論」を展開することが実はきわめて難しいということに気づかざるをえない。

主権国家が圧倒的に優越した地位を持った近代世界システムにおいては、「べき論」や政策論は、国家主体に考えることが当然と見なされてきた。国家の利益と国民の利益がほぼ同一視され、また、他の主体の利益も国家の利益から導き出されるとすれば、国家中心の規範論を展開するのは当然であろう。

これに対し、「新しい中世」においては、さまざまな主体が、さまざまな影響力の源泉（知識、富、力）を操作し、それぞれの利益・欲求を満たそうと相互作用する。一体、誰の利益や欲求を中心に「べき論」を展開すべきなのだろうか。「新しい中世」に適合した本格的な規範論は、実に難しい。

しかし、難しいということは、それをしなくてよいということにはならない。特に、これまで読者に、現在の世界システムについて、「ああだ、こうだ」という議論に付き合っていただいて、「それではどうしたらよいのか」ということになると、それは「難しい」といって終わりにするのでは、やはり筆者として無責任というべきであろう。本格的な規範論はできないにしても、やはり私たちにとって一番身近なところから、つまり、日本という国家が何をすべきか、という点についてだけ、筆者の考えを述べてみたいと思う。

こういうと、読者の中には、「ああ、やっぱり国家中心の議論に戻るのか」と思われる方もいるかもしれない。筆者の意図はそうではない。「新しい中世」においても国家は消滅しないのであって、他の主体やネットワークの規範を考えるためにも、まず国家、それも読者の多くにとって身近な存在であろう日本という国家の役割から考えてみよう、というのが筆者の意図である。

国家が何をすべきかは、「新しい中世」への移行期において、自明ではなくなりつつある。しかし、自明でなくなることと、国家が何もしなくてよくなるということは、まったく別のことである。「新しい中世」における国家、とりわけ日本という国家の役割は何であろうか、これが、最後に考えてみたいことである。

1 「新しい中世」における国家の役割

ナショナリズムの行方

「新しい中世」における普遍的イデオロギーは、自由主義的民主制と市場経済である、というのが第七章の議論であった。とすれば、「新しい中世」における国家が、近代に提出されたこの政治経済体制イデオロギーとまったく無関係になるはずはない。すでに述べたように、近代の後半、とりわけ十九世紀から二十世紀は、自由主義的民主制と市場経済の展開が不十分にしか進展しておらず、これらと他のイデオロギーとが闘争を繰り返した時期と見ることができる。これに対し、「新しい中世」には、これらが普遍的なイデオロギーとしての地位を獲得すると見られる。とすれば、一見逆説的だが、自由主義的民主制と市場経済が最も純粋な形で要求するような形の国家を作るのが、「新しい中世」における国家像ということになるのではないだろうか。

すでに「新しい中世」の特徴が強く出ている第一圏域の国家は、自由主義的民主制と市場経済の双方がかなりの程度機能するような体制になっている。したがって、これを否定するような形の規範というのは、国家の役割論としてはおかしい。つまり、「新しい中世」における国家の役割とは、第一圏域の国家が果たしている機能から、不必要な夾雑物（きょうざつぶつ）を取り除き、より純化させるといったものになるのであろう。

　しかし、純化させるといっても何を基準に純化させるのか。一体、何が夾雑物なのか。筆者の考えでは、基準は社会契約の考え方だと思う。つまり、個々人が自由と安全と最低限度の生活を保障してもらう代わりに国家という組織に対して一定の義務を負うという契約、これが社会契約だが、これによって国家が成り立っているという考えである。いうまでもなく、この考え方は十八世紀以来の考え方であって、その意味できわめて古い。現在の日本国憲法も、原理的には社会契約の考え方でできている。この原理にできるだけ忠実に国家の役割を考えるべきだというのが筆者の考えである。

　当たり前ではないかとの疑問も出よう。しかし、十九世紀以後近代後期の国家論においては、個人と組織としての国家という二つの主体の間の契約に、さらにまったく別の構成原理から導かれる民族という概念が覆いかぶさっていたことに注意する必要がある。つまり、伝統や言語その他の文化や歴史を共有するとされる民族が、一つの国家を形成すべきであるという議論が主流となったのである。国家とは、「国民国家」でなければならない、という議論であった。国家が個々人の社会契約から形成される組織であるという以上に、民族の魂、ナショナリズムをもまた代表するというような側面を持つようになったのであった。しかし社会契約に基づく国家観とナショナリズムを体現する国家観が合体しなければならない論理的必然性はない(1)。

　この二つの国家観が合体したのは、ひとえに歴史的な事情であった。つまり、フランス革命直後、いち早くナショナリズムを動員して国家を編成し直したフランスが、軍事的に強かったということである。当時の軍事技術からすれば、徴兵によって大動員のできたフランスに対抗することは著しく困難であった。その結果、他のヨーロッパ諸国もまた、このような国家に対抗するために国民国家になろうとした。ドイツの民族文化が創造され、イタリアの民族文化が創造された。ネーションのないところにネーションを作ろうとした。このようにしてできた西欧の国民国家群は、非西欧のさまざまな政治的組織に比して圧倒的に強かった。強さの理由は、技術力の差でもあったが、国民をベースにした国家という形が強いのではないかと思われた。明治の日本が天皇制をベースにそのナショナリズムを鼓舞し、徴兵によって近代国家となろうとしたことに、その影響が強く表れている。

しかし、「新しい中世」という視点から振り返ってみれば、ナショナリズムは、自由主義的民主制と市場経済という普遍主義のもとでの国家にとって、夾雑物でしかないように思われる。「新しい中世」のもとでの国家は、ナショナリズムと離れた形の組織として正当化される必要がある。「新しい中世」の国家にナショナリズムは必要ない。

領域は必要か

それでは国家は、株主が合意すれば解散することも可能な存在である会社などとまったく変わらない組織だろうか。近代主権国家の性格のうち、国民に基づく国家という性格よりもさらに根源的なものとしては領域性がある。近代国家は、ある領域に居住する国民を統治する組織であった。「新しい中世」における国家は、領土と関係のない存在になりうるであろうか。

筆者は、少なくとも見通しうる将来、領域性とまったく離れた国家を構想することは不可能だし、望ましくないと思っている。国境を越える人々の移動にもかかわらず、圧倒的多数の人々は定住している。あるグループの人々に自由と安全と最低限度の生活を保障する存在は、やはり領域と結びつく必要がある。もちろん、技術の進歩によって、現在の総合警備保障会社の進化したような組織が、地球上のどこであれ、地理的にはまったく離れていても、契約した人々にのみ自由と安全と最低限度の生活を保障することが可能になるというような状態を想像することはできる。しかし、それは恐ろしく遠い将来のように思える。少なくとも今後数十年後を展望した国家論としては意味をなさない。「新しい中世」の国家は、依然として領域を持つ。

「新しい中世」の国家における領域の必要性は、さらに二つの観点から指摘できると思う。第一の観点は、世界には依然として第二圏域や第三圏域が存在するということである。世界中が、よく機能する自由主義的民主制と市場経済の国々ばかりになってしまえば、おそらく国境の意味はまったく低下するであろう。国境のどちら側に行っても自由は保たれているし、安全だし、また最低限度の生活も保障されている。対外投資も対内投資もそれほどの差はなくなるであろう。

しかし、世界システムには、第二圏域のように、最低限の安全は保障されても自由は保障されないとか、自由はある程度あっても最低限の生活が保障されないといった地域もあるし、第三圏域のように、自由も安全も最低限の生活も保障されないというような地域も存在する。とすれば、第一圏域の住民にとって、他の圏域との間の境界はそれなりにはっきりさせなければ、自らの自由と安全と最低限度の生活を保障することが脅かされるかもしれない。その意味で、「新しい中世」の国家にも領域が必要である。

第二に、かりに、世界が全部「新しい中世」的な国家になることがあったとしても、それでも領域は必要かもしれない。もし世界中すべての国が自由主義的民主制になり市場経済が有効に機能するようになれば、領域の意味は実質的には低下することは間違いない。しかし、だからといって、単一の世界国家を形成してしまえばよいということにはならないかもしれない。世界中が中央集権的な政治体制のもとに入るということは、かりにその政治体制が自由主義的民主制であっても望ましくないかもしれない。

問題は、世界が唯一の政治体制のもとに入った時、自由主義的な性格がどの程度確実に維持されるかということである。単一の世界国家の中で、専制的考え方を持つ人々が何らかの理由で多数派になった時、少数派の自由はいかに守られるかということが問題なのである。単一の政治体制を作るよりは、自由主義的民主制を持つ複数の国家が存在している方が、いずれか一ヵ国の体制が非自由主義的になった時に、世界全体としては一気に専制になることを防げるといえないだろうか。

また、自由主義的民主制をとる世界国家が専制的になる危険が少なかったとしても、国家は複数あった方がよいように思う。複数の国家が存在し、その間で競争があった方が、それぞれの効率もあがると思われるからである。電力会社やガス会社のような企業も、地域分割することによってそれなりの競争が働き、効率があがるのと同じことが、自由主義的民主制の国家についてもいえるのではないかと思う。

以上、まとめてみると、「新しい中世」の国家とはナショナリズムにとらわれずに、国民の自由、安全、そして最低限の生活を保障することを目的とする存在でなければならないということになる。

2　日本の役割——対第一圏域政策

ここまでは、すこし抽象的な議論であった。より具体的には、日本は何をなすべきか。原則的には明らかである。つまり、日本国民の自由、安全、最低限の生活を保障すべく全力を尽くすべきだということである。もちろん、社会契約としての国家という観点からすれば、国民の側も国家が「お上」だと考えたりしてはならない。選挙、納税その他の義務との対応で、国民が国家の役割を考えるべきなのである。国家は、甘えたり奉仕したりする対象ではなく、選挙や納税といった義務と引き換えに、自らの自由、安全、最低限の生活保障を確保する存在である。したがって、国家の政策がいかなるものとなるべきかは、それが国民の自由、安全、最低限の生活の確保にいかに関係するかを基準に考えなければならない。

本書の対象である国際関係についても、国家の政策の評価基準は同一である。つまり日本の対外政策がいかなるものであるかについても、それが日本国民の自由、安全、最低限の生活をどのように確保しているのかという観点から評価しなければならない。このようにいうと、あまりにも自己あるいは自国中心的だという批判がなされるかもしれない。全人類の自由や安全や生活が重要でないわけはない。しかし、ここでいいたいのは、全人類の自由、安全、生活の確保という目的は、国家自体の直接の目的にはならないだろう、ということである。国家は、他国民への慈善を第一義的な目標にして存在してはいない。

しかし、日本が、日本国民の自由、安全、生活を第一義的目標とするとしても、だからといって、それでは日本が世界の他の地域の人々の自由や安全や生活にまったく無関心でいいということにはならない。すでに本書で繰り返し述べたように、世界の相互依存はきわめて密接になってきている。世界各国の相互脆弱性は、経済面、軍事面を問わず高まっている。このような中で、日本国が日本国民の自由を考える時、他国民の自由を考えないわけにはいかない。他国の安全も考えないわけにはいかない。さらに、他国民の生活も考えないわけにはいかない。世界全体の自由や安全や生活は、日本という国家の第一義的目標ではないが、自国民の自由、安全、生活の確保という目標の維持のためにも、大きな関心を払わなければならないことなのである。

さらに具体的には、日本の対外政策はいかなる方針を持つべきだろうか。以下、三つの圏域論に従って、第一圏域、第二圏域、そして第三圏域のそれぞれについての日本の政策について私見を述べてみたいと思う。

共通利益を体現する日米安全保障条約

対第一圏域政策とは、つまりは北米、西欧、オーストラリア、ニュージーランドなどに対する政策である。これらの国々と日本の間に、基本的な価値観の差は存在しない。したがって、お互いの間で自由を侵害したり、安全を脅かしたりといった問題はそれほど起きない。そして、他の圏域との関係でいえば、自由の維持・拡大について、そして安全の維持について、日本と第一圏域に属する国々との間には共通利益が存在するといってよい。

この基本的価値と共通利益を体現する制度は、日本の場合、日米安全保障条約である。もちろん日米安全保障条約は、冷戦の過程で成立した同盟条約である。その意味で、共通の軍事的脅威が存在しなくなれば、消滅してなんら不思議のない制度だということもできるかもしれない。歴史上、軍事同盟などというものが、それほど長続きしたためしはない、とはよく指摘されることである。

しかし、NATO（北大西洋条約機構）とならんで、日米安全保障条約は冷戦の過程そして冷戦終結後のプロセスを経て、単なる軍事同盟にとどまらない性格を体現するようになったと見られる。つまり、自由主義的民主制の諸国家、つまりカントのいう「平和連合」の団結を示す制度的象徴となったと見なされるのである。第一圏域内の基本的価値の同一性を象徴し、第二圏域や第三圏域の不安定性から第一圏域を守る制度として、日米安全保障条約の有効性は揺らいでいない。

それでは日米安全保障条約の維持は、容易だろうか。実はそうともいえない。日米安全保障条約のもたらす便益に対する日米両国の見方が異なる可能性があるからである。前章で分析したように、安全保障上の危険ということからいえば、日本の方がアメリカよりもはるかに深刻である。ソ連の脅威の消滅によってアメリカ本土への直接の脅威が消滅したのに対し、日本周辺の軍事的不安定性は、ソ連の脅威の消滅にもかかわらず依然として存在している。朝鮮半島や台湾海峡で軍事対立が起きた時の脅威は、日本にとっては直接的であるのに対して、アメリカにとっては間接的である。もちろん、アメリカにとってもアジア・太平洋の平和は、巨大な市場が平和に保たれるという意味から重要であるに決まっている。しかし、死活性の度合いといった観点から見れば、日米安全保障条約は日本にとって、より死活的であるというべきであろう。

それにもかかわらず、日米安全保障条約の規定は非対称的なものとなっている。簡単にいえば、日米安全保障条約のもとでは、アメリカが日本防衛の義務を負う代わりに、日本はアメリカに対し極東の平和と安全のため基地を提供するということになっている。よく知られているように、アメリカ領土が攻撃された時、日本はアメリカを助ける義務はない。冷戦の最中は、このバーターはそれなりの正当性を持っていた。冷戦の最中は、ソ連からの脅威を抑止するために、アメリカが軍事力を前方展開できることは、アメリカの死活的利害に結びついていた。そのため、日本に軍事基地を確保できることは、アメリカにとっても戦略的にきわめて重要な意味を持っていたのであり、これが対日防衛義務と相殺されると考えることもそれほど不自然ではなかったのである。

しかし、冷戦が終わってみると、アメリカにとって事情は変わってきた。東アジアの地域紛争は、直接アメリカの安全にかかわるわけではなくなったのである。とすると、日米安全保障条約のこの非対称性がはたしてどこまで維持可能かが問題となってくる可能性が生まれてきたのである。

日米安全保障条約がこのような非対称な形をとっているのは、いうまでもなく日本国憲法と集団的自衛権との関係をめぐる政府解釈の結果である。政府解釈は、憲法第九条にもかかわらず、日本国には自衛権が存在し、したがって集団的自衛権も存在するが、憲法第九条の規定によって、集団的自衛権の「行使」は禁じられている、という。したがって、アメリカが攻撃されても日本はこれを助けることはできない、というのである。

この解釈が存在しつづける限り、日米安全保障条約を「対称」なものにすることはできない。また、かりに日米安全保障条約が現在のままであったとしても、この解釈が存在するなら、たとえば朝鮮半島で軍事対決が起こった場合、日米の協力はきわめて困難になると予想される。朝鮮半島で軍事対決が起これば、米軍は米韓相互防衛条約に基づき、韓国防衛の義務が発生する。この時、当然、日米安全保障条約第六条に基づいて、在日米軍基地の使用を日本に求めるであろう。これは事前協議の対象になるので、理論的には日本が「ノー」ということも可能であるが、もし日本が「ノー」といえば、それで日米安全保障体制は消滅するであろう。アメリカにとってみれば、日本防衛にほとんどメリットがなくなってしまうからである。

しかし、日本が「イエス」といえば、それですべて解決するという問題ではない。アメリカ人の目から見れば、朝鮮半島の危機は、アメリカにとってよりも日本にとってこそ重要だと見るであろう。それにもかかわらず、朝鮮半島で米軍が軍事行動をとっているのに、日本はただ基地を使用させるだけ、という事態をアメリカは納得できるであろうか。日本が、米軍に対して相当な協力をしない場合、やはり、日米安全保障体制は無意味化せざるをえなくなるであろう。ここで相当な協力とは何かが問題となりうるが、日本国内や日本領海内のみでの補給といった程度では、大した協力であるとは見られない可能性がある。少なくとも公海上での協力や、韓国までの補給という活動は必要であろう。現在の政府解釈がどこまでこれらの行動を許すのかは具体的には不明だが、集団的自衛権行使についての厳格な解釈（武力行使と一体と見られる活動は憲法違反だという解釈）を踏襲しているとすれば、このような行動は困難になるであろう。とすると、現在の憲法解釈と日米安保体制のもとで、朝鮮半島で不測の事態が起きた場合、つまり日本の安全が最も脅かされるかもしれない時に日米安保体制が崩壊するという可能性が出てきてしまうのである。

筆者は、日本国憲法第九条第一項、つまり「日本国民は、正義と秩序を基調とする国際平和を誠実に希求し、国権の発動たる戦争と、武力による威嚇又は武力の行使は、国際紛争を解決する手段としては、永久にこれを放棄する」という条項には大賛成であるが、第二項「前項の目的を達するため、陸海空軍その他の戦力は、これを保持しない。国の交戦権は、これを認めない」という条項は、良くいってあいまいすぎて問題があるし、悪くいえば、まったく非現実的で国民の自由、安全、生活を守るための国家の義務を規定する条項としてふさわしくないと考えている。国家の契約文書である憲法を守ることが国民の安全につながらない可能性があるのであれば、契約文書を直すのが常識的だと思う。最善の解決策は、この第二項を削除してしまうか、国の自衛権および国際連合などの集団措置への参加を規定した条項を追加するかであろう[2]。

いずれにしても、冷戦後の東アジアの軍事情勢を考えると、日米安保体制の実効性を高めるために、日本は相当の準備をしておかなければならない。しかしながら、このことは、日本が軍事的に東アジアにおいてアメリカと同等の攻撃力を持つような存在になるべきだ、といっているわけではないことに注意してほしい。この点は、以下で詳述する。

西欧、オーストラリア重視

上記の安全保障をめぐる日米関係についての問題点を除くと、第一圏域に属する国々との国際関係は、「新しい中世」的な国際関係の典型となるであろう。そこでは、国内政治と国際政治の区別はきわめて困難になり、複雑な利害関係の中で、さまざまな主体が政府を自らにとって有利になるように利用しようとするであろう。説得工作、象徴操作、マスコミ利用、さまざまな手段が用いられるであろう。ここで、日本にとって重要なことは、日本国民の利益ということを中心に考えることである。

第二次世界大戦後のかなりの時期の日本の産業政策は、日本企業の発展ということに中心がおかれてきた。しかし、現在のような多国籍企業の時代において、一体、どの企業を日本企業と見てよいのかは、明確には判断がつかなくなってきた。したがって、日本政府の政策が特定の企業を有利にするような形になるのは望ましくない。日本国民の利益になるような活動をする企業であれば、その名前、出自の如何を問わず優遇すべきであろう。基本的にいえば、政府の国際経済への関与は、明示的な規則を重視したものにすべきであろう。産業の空洞化が懸念されるが、それへの対処策として、出自が日本である企業を特に優遇する必要はない。要は、高付加価値生産の拠点、技術開発の拠点を日本におこうとする企業、すなわち日本国民の生活の向上に貢献するような企業を優遇すべきなのである。

アメリカの覇権が衰退する中、第一圏域の諸国の協力は、国際経済面できわめて重要になってきている。経済規模からいって世界第二位の日本がこれに積極的に協力することは、日本国民の利益である。さらなる自由貿易の推進と、国際金融の安定のために各国との協調体制を重視していかなければならない。

しかし、第一圏域に属する国々は、アメリカのみではない。日本にとって、西欧諸国やオーストラリアやニュージーランドとの関係は、これまでよりも強化していかなければならない。日米欧の三角形の中で、日欧関係はしばしば最も弱い環であるといわれてきた。とりたてて強い西欧崇拝の劣等感がなくなった今日、欧州に対する日本人全般の関心も低下ぎみである。しかし、西欧諸国もアメリカとならんで、日本とは基本的価値観を共有する国々であって、また「新しい中世」という世界の特徴も、西欧諸国間の関係に最もよく現れているし、したがってその関係のあり方から今後の日本が学ぶべき点は多々あるように思う。

もっとも、弱い弱いといわれた日欧関係も、一九九一年には、日本とEC（欧州共同体）の間で日本・EC共同宣言が作成され、自由、民主主義、法の支配、人権、市場原理および自由貿易などの理念を共有することが確認され、日本とECの首脳会合を毎年開くことを決定した。今後の日本の対西欧政策としては、第一に日本が、西欧が関心を持つ問題に協力する姿勢を示すことによって、西欧にも日本が関心を持つ問題に協力してもらうという原則を維持すべきであろう。たとえば、東欧の問題に協力することによって、西欧にもアジア・太平洋の問題に協力してもらうということである。また、とりわけ欧州との関係で重要なのは、無秩序状態に陥っている第三圏域の諸問題についての取り組みである。特に、アフリカ諸国における援助については、欧州諸国および欧州をベースにするNGOとの協力が欠かせない[3]。

オーストラリアは、人口的にいえば小国であるが、日本にとっては基本的価値観を共有するのみならず、貿易構造その他からいってまったく補完的な国である。また、経済規模その他からいって中級国である民主主義国の常であるが、国際社会における多角的ルールの維持ということにきわめて熱心な国である。アメリカや欧州が、時に一方的措置に傾く傾向があるのに対し、オーストラリアにはそういうことがない。その意味で、第一圏域内での国際交渉において、日本にとっては、経済規模をはるかに上回って頼りになる国である。また、アジア・太平洋の多角協力という観点からしても、オーストラリアは常に熱心な国であった。APECが日本とオーストラリアの暗黙の合意のもとで、オーストラリアにイニシアティブをとってもらうことで始まったことを忘れてはならない[4]。

3　重要な日本と第二圏域との関係

一種の勢力均衡が必要

東アジアに位置する日本にとって、第二圏域に対する政策は決定的に重要である。前章で述べたように、アジア・太平洋こそ、第一圏域と第二圏域が正面から向き合っている地域だからである。アジア・太平洋の中で、第一圏域に属する日本は、一方で「新しい中世」的国際関係に身をおきながら、他方で未だに「近代」的な要素をぎらぎらと輝かせている国々と対峙しなければならない。前章で指摘したように、この地域を不安定化させかねない問題群として、南シナ海や東シナ海などの領土問題、朝鮮半島や中国の分断といった問題、そして軍拡競争の危険性といったものが存在する。日本のこの地域に対する政策は、これらの問題群がこの地域の平和を脅かすことを阻止し、この地域の経済ダイナミズムを維持することを通して日本の繁栄に寄与するといったことを目標とするものでなければならないのである。

そのためにはどうしたらよいか。アジア・太平洋には、近代的な国際関係の要素が存在するとともに、「新しい中世」的な可能性も存在している。日本自身は、すでにかなり「新しい中世」的社会になっている。こういう状況のもとでは、日本の政策はどうしても二つの路線を並行してとっていかなければならない。第一の路線は、近代的な意味での、国民の自由と国民の安全の確保である。第二の路線は、アジア・太平洋地域における、第二圏域の変質と第一圏域への移行を促すことによって、近代的な意味での安全保障政策が必要でなくなるような基盤を作る努力である。

前章で指摘したように、アジア・太平洋においては、「近代的」な国際関係の長期的傾向として、多極化による不安定化の危険、異なる政治体制の併存による危険、覇権交代期特有の危険の三つの危険が存在する。これらに対処するにはどうしたらよいか。これら「近代的」な危険に対処するためには、やはり第一には、「近代的」な方策を考えざるをえない。つまり、一種の勢力均衡である。短期的・直接的にいえば、北朝鮮が軍事行動を起こす誘因を持たないような十分な軍事態勢が朝鮮半島でとられていることが重要である。しかし、これは基本的には韓国とアメリカの軍事政策であって、日本は側面から、間接的にこれを支えるという形にしかならない。

しかし、日本がすべきことがまったくないわけではない。前節で述べたが、もし北朝鮮が日米安全保障体制の信頼性はそれほどない、南への侵攻をしても日米の共同行動は難しく、米軍の韓国支援の態勢は大したことはない、などと判断するようなことがあれば、朝鮮半島の安定性は著しく損なわれるであろう。したがって、日米安全保障体制が有効に機能するように仕組みを常々準備しておくことが、朝鮮半島での軍事対決を未然に防ぐ意味からも重要である。

アジア・太平洋の国際関係にとって、長期的により問題となりうるのは、中国が近代的な意味での覇権国になろうとする政策をとった場合である。現在の中国は、最近のいくつかの懸念される行動にもかかわらず、このような方向に向かっていると見なすことは適当ではない。中国は、日本にとっては友好関係を維持・促進していくべき友好国である。しかし、現在の中国の経済力の向上の趨勢を展望し、日本にとって事態が悪化する一種の最悪のシナリオを考えてみると、中国が軍事力を背景に威圧的行動に出るという可能性を完全に排除することはできない。とすれば、日本の政策は、中国がそのような威圧的行動へ向かう政策をとることを未然に阻止し、かりに覇権的中国が出現するといった最悪の場合にも、何とかこれに対処できるように準備するといったものにならざるをえない[5]。

具体的にはどうしたらよいか。まず第一に、専守防衛を超える日本独自の軍備強化策は望ましくない。近代の国際政治に典型的な古典的権力政治観からすれば、日本独自の軍備強化は一つの可能性として考えられる。しかし、これは現在、可能性としてしか存在しない脅威を現実に存在させてしまう確率が高いので望ましくないのである。自己充足的予言という言葉がある。もし日本が、中国が脅威になるかもしれないとして（中国は将来、日本の脅威になる、と予言して）、これに備えるために軍備拡張をしたとする。すると、中国は日本の軍備拡張を見て自らも軍備拡張をする、これを見た日本はまた軍備拡張をする。このサイクルの行きつく先は、日本にとってきわめて軍備拡大された中国、すなわち脅威としての中国の出現で、予言は自己成就してしまうのである。典型的な軍拡競争のわなにはまってしまうのである。したがって、専守防衛を超える日本独自の軍備強化は望ましくない。それではどうしたらよいか。

最善は、ここでも日米安全保障体制の有効性の維持である。現在、アメリカは、アジア・太平洋において領土的野心を持っているとは見られていない。また、軍事力でもって、他国の内政に干渉することもあるまいと思われている（もちろん、人権問題その他について、他の手段でもって干渉することは懸念されているが、中国にしても、中国の人権問題についてアメリカが軍事的に干渉するとは考えていないであろう）。したがって、アメリカが現在のような軍事力をアジア・太平洋に維持することは、地域の各国を過剰反応させることなく、将来の不安定性への担保となりうるのである。

したがって、日本の安全保障政策としては、専守防衛のための防衛力を整備するのは当然だとしても、それとならんで、日米安全保障体制の有効性維持がきわめて重要なのである。そして、そのためには、アメリカが日米安保維持に関心を持ちつづけることである。日本の安全保障政策の多くが、対米政策にならざるをえない理由がここにあるのであり、そのために日米安全保障関係における負担分担に留意しなければならないのである。

多国間協議を利用する

しかし、日本のアジア・太平洋に対する政策については、「近代的」な勢力均衡のみに頼ることは賢明ではない。より長期的には、アジア・太平洋全体が「新しい中世」の方向へ向かうことを促進することによって、「近代」的な安全保障政策がそもそも必要なくなるような事態をもたらさなければならない。やはり前章では、アジア・太平洋における「新しい中世」へ向かう流れとして、経済発展・経済相互依存・情報化の進展、多角的制度化の動き、そして近代を超える観念の創造、ということを指摘しておいた。日本の政策は、まさにこれらの流れを促進することでなければならない。

長期的に最も懸念される中国の動向についても、最悪の場合に備えることは必要であるにしても、より重点をおかれるべきは、中国社会を相互脆弱な経済相互依存、情報相互依存の網の目の中に取り込むことだと思われる。「近代」に特有な軍事行動は、何の利益も生まない、お互い損をするだけだというような認識をアジア・太平洋各国の指導者に共有させることこそ、最善の安全保障政策となるのであろう。

しかも、このような「新しい中世」への動きを促進する方策は、間接的な勢力均衡策である日米安保の維持と矛盾しない。つまり、現在、多くのアメリカ人は、自らの経済の将来はアジア・太平洋の市場への参入にかかっていると認識してきている。もし、日本の政策がアジア・太平洋における経済発展をさらに促進し、アメリカを含む各国の相互依存をさらに促進するのであれば、アジア・太平洋の安全のために自らが軍事的に関与することが自らの利益になると思わせる効果があるのである。アメリカからアジアへの直接投資の増加、貿易の増加は、すべて、実は安全保障にも役立つのである。

ＡＳＥＡＮ地域フォーラム（ＡＲＦ）などの多角的な安全保障対話の試みは、日米安保のような安全保障の最後の拠り所の代替物にはなりえないが、これを補完する試みとしてはきわめて重要である。特に日本はＡＳＥＡＮ諸国の意向については、これを重視しなければならない。ＡＳＥＡＮ諸国は、お互い、政治体制も異なりまた経済発展の段階も異なるにもかかわらず、平和的な関係を深めることに成功してきているといった意味で、アジア・太平洋の「近代」を克服する一つの方法を示唆しているからである。[6]

ＡＰＥＣのような経済を中心とする多国間協議の枠組みも、間接的には安全保障に貢献する。政治体制を異にする国々の多いアジア・太平洋では、指導者同士の交流など、相互誤解の可能性を低める試みはすべて重要である。朝鮮半島をめぐる安全保障については、未だに政府レベルの多角的枠組みは存在していない。しかし、北朝鮮への平和的核利用のための協力機構であるＫＥＤＯがある程度進展するようになり、韓国と北朝鮮の間の南北対話が進むようになれば、周辺四ヵ国（日、米、中国、ロシア）を含む多角的なフォーラムを構想すべきであろう。中国とは、日本は一九九六年一月にも日中安保対話を行った。一九九五年十一月には米中安保対話があった。これら二国間の安保対話をさまざまなレベルで促進するとともに、日米中三国の防衛首脳会議のようなものも開催すべきであろう。

第三に、これらの多角的枠組みやその他のチャンネルを通し、さまざまな地域問題について「近代」的な解決策にとどまらない、「新しい中世」にふさわしい解決策を模索するよう各国に働きかけることも必要であろう。ヨーロッパ近代がアジアに来る以前の国際関係のあり方についての共同歴史研究をすることなども、このような「近代」の呪縛からアジア諸国が逃れるために有効かもしれない。十九世紀以前のアジアの国際秩序が、中華帝国を中心とする「朝貢システム」のみであってそれは階層的秩序であった、というのでは、「新しい中世」のこの地域の秩序構想としてはあまり役に立たないかもしれないが、十九世紀以前の東アジアの海域をつなぐ国際関係の研究は、「新しい中世」における秩序構想にある種の示唆を与える可能性もないわけではない。

ロシアとの関係改善

アジア・太平洋だけが世界システムにおける第二圏域ではない。ロシアを含む旧ソ連諸国、東欧、中東、南アジア、ラテン・アメリカなど、この圏域は非常に広い。この広い地域は、日本にとって、アジア・太平洋ほどの決定的な重要性を持っているわけではない。しかし、この広大な「近代」領域がその近代性を薄め、軍事的不安定性から逃れることはきわめて重要である。日本にとっての利害ということからすれば、重要な資源供給地とそこへの交通路として、中東と南アジアはきわめて重要である。

これらの地域についての日本の政策としてきわめて重要なのは、第一は、大量破壊兵器の拡散の防止ということである。南アジアの大国、インドとパキスタンは、核拡散防止条約に加盟せず、核開発の可能性のある国々である。日本のこれらの国への政策は、両国が核開発に向かわないように説得するというものであろう。そのために経済援助がある種の手段として有効であれば、使用すべきであろう。中東諸国への武器拡散を防ぐこともやはりきわめて重要である。

このような武器拡散の防止とならんで、中東および南アジアでの経済発展は、長期的な地域の安定化にとって重要であろう。一九九五年の中東和平の後を受けて、日本が中東地域に経済発展の基盤を提供することは、日本の資源安全保障にとっても重要であろう。しかし、経済発展は政治的安定をただちに実現するものではない。特に、日本が資源を多く依存する多くのアラブ諸国やイランは、政治的には自由主義的民主制とは最も遠い体制である。日本にとってこれらの国々の内政に大きな影響を与えることはきわめて難しい。おそらく、現在、最も日本にとって必要なことは、これらの国々の内政、社会状態についての詳細な情報分析であろう。中東のアラブ諸国やイランでの政治体制の大変動は、不可避とはいわないにしても、長期的に見ればかなり高い確率で起こる。事前にこれらの変動を察知・分析する能力を身につけておくことが必要であろう。

ロシアや旧ソ連諸国、東欧諸国については、日本の関心はきわめて低い。しかし、ロシアについての日本における関心の低さは、きわめて問題が多い。北方領土についての問題があることは確かだが、冷戦のもとで、ソ連に占拠され日本への軍事的脅威の切っ先になっていた北方領土と、イデオロギー的にも軍事的にも脅威でなくなったロシアの支配する北方領土では、その意味合いはまったく異なる。むしろ、ロシア極東における無秩序状態の可能性の方が心配される今日においては、領土問題を日ロ関係の中心にすえて問題設定することは間違っていると思う。

原則とすべきは、短期的にロシア極東が無秩序状態に陥らないようにするためには日本として何が協力できるかを考えることであり、長期的にはいずれ大国として復活するであろうロシアとの友好関係をどのように築き上げていくかを考えることである。現在のモスクワにおける対日無理解をいうことはたやすい。しかし、現在の未だ混乱が続くロシアと日本の状態を比較すれば、理解を示すべきは日本の側なのであって、友好関係改善のイニシアティブは日本の側からとるべきなのである。

繰り返していえば、いずれロシアが大国として復活することは間違いない。現在の混乱からロシアの将来的実力を過小評価するのは誤りである。教育水準の高い一億五〇〇〇万の人口を擁し、天然資源に恵まれた国がいつまでも混乱のもとにあると考えることはできない。現在、日本とロシアの間の経済協力が低調なのには安価な資源が他の地域から容易に入手できるという理由があるが、この条件が永遠に続くと想定することはできない。アジア・太平洋の経済ダイナミズムは、遅かれ早かれ資源供給の問題を生むであろう。いずれにしても、資源その他の供給元は、日本のような国にとっては多様化させておくことが望ましい。とすれば、将来的にロシアとの関係をよくしておくことは日本にとってきわめて重要だということになるであろう。

また、安全保障の観点からいえば、いずれ大国として復活するロシアがどのような大国となるかが大問題である。地理的にいって、日本に敵対的な国家としてロシアが復活すれば、日本にとって最大の安全保障問題となることは確実である。日本の安全保障問題にとって、ロシアが長期的に日本に対して友好的であることが決定的とさえいえるのである。最も望ましいのは、ロシアに自由主義的民主制が根づき、経済が安定し、ロシア極東がアジア・太平洋の経済相互依存の網の目の中に組み込まれていくことである。このような姿ができれば、アジア・太平洋の第一圏域はさらに広がり、その内部の自由と安全も飛躍的に増大するであろう。もちろんこれは最善のシナリオであって、そうならない可能性もある。とすれば、ロシアに対しても、「近代」の観点からする安全保障面での保険は必要である。そして、その保険が、日米安全保障体制を中心とする良好な日米関係であることは、もはや繰り返す必要もないであろう。(7)

資源という観点からいえば、カザフスタンについても大事だ。また旧社会主義諸国の中で自由主義的民主制と市場経済を根づかせようと懸命な努力をしている国への支援を惜しんではならない。モンゴルとかキルギスタンが典型的である。これらへの日本からの援助は、まさに日本の価値観を証明する重要な政策なのである。

4　対第三圏域政策――平和維持と援助

無視、隔離は不可能

日本の対外政策の中で最も遅れているのが、この第三圏域に対する政策である。そして、この第三圏域に対する政策は実に難しい。第八章で触れたように、この第三圏域は、実質的には国家も存在しなければ、また国家なしの秩序も存在しない、無秩序状態にきわめて近い状態である。現在、内戦状態に陥っている国々、現在は内戦状態ではないにしても経済発展はほとんど展望もできず、治安状態も著しく悪い国々が多い。第二圏域にある国々においては、専制的であっても一応の秩序は保たれている。したがって、外部からの政策も、ある種の相手を見つけることができる。しかし、第三圏域ということになると、一体誰を対象に政策を形成したらよいかすらよくわからない。

このような対象に対しては、これを無視し、隔離せよ、という立場がありうるであろう。つまり、何をやったらよいかわからないし、また、大規模な政策をとらなければならないほどの利害はないのであれば、害がこちらに及ばないようにしたうえで無視するしかない、という立場である。

この立場はきわめて現実的であるとも見られるが、二つの点で難点がある。第一は、現在のように小さくなった地球上で、その一部で起こっている極端な無秩序、悲惨に対して無視が可能か、という問題である。とりわけ、自由主義的民主制を基調とする政治体制のもとの国民が、虐殺や疫病、大飢饉といった状態に対して、まったく無視することができるだろうか。もし、同じ人間存在に起こるこのような悲惨に対して無視が可能だとすれば、それは自らの価値観を結局否定したことになるのではないか。

もちろん、前述したように、「新しい中世」における国家も、基本的にはその領域にすむ人々の自由、安全、生活を保障するという社会契約の産物であるから、この国家が領域外の人々にまで全面的な責任を負うことはできないであろう。その意味で、このような第三圏域の悲惨に対しては、国家は大きな役割を果たすべきでない、ということは可能であろう。人類共同体としての人類の悲惨への対応は国家ではない別の組織が行うべきだ、という立場である。人間として同じ人間の悲惨を無視できないのは当然であるが、他国におけるそれは国家の役割ではなく、国際組織なりＮＧＯの役割だという立場である。

しかし、第二の難点はより深刻である。つまり「隔離は可能か」という問題である。個々の事例について見れば、短期的には隔離は可能かもしれない。しかし、長期的に見ると、内戦、大量難民の発生、疫病の蔓延といった事態を放置しておけば、その害悪をその地帯のみに隔離しておくことはきわめて難しいであろう。最近のザイールにおけるエボラ・ウイルスの発生に見られるように、これを放置すれば、全世界が伝染病の危険にさらされるかもしれない。ＡＩＤＳについては、すでに世界的問題となっているが、無秩序状態がこのまま放置されれば、さらにこの問題は悪化する恐れがある。したがって、かりに国家が領域内の国民にのみ一義的な責任を負うといっても、その責任を全うするためには、第三圏域の極端な惨状については、これを改善するために全力を尽くす必要があるのである。(8)

国連平和維持活動への積極的参加

具体的にはどうしたらよいのであろうか。すでに述べたように、解決策ははっきりしていない。試行錯誤を繰り返していかなければならないのであろう。しかし、いくつかの点は指摘できる。まず第一に、内戦があるとすれば、これを何としても終わらせなければならない。アフリカその他で起こった飢餓や疫病の直接的原因は内戦であった。国際機関その他の人道的救援活動を最も阻害したのは内戦である。第二は、国家の再建あるいは建設である。内戦が終わった段階では、最低限の秩序を回復させなければならない。自由主義的とも民主的とも見えないような政治勢力であっても、もしそのような政治勢力がある程度の秩序をもたらす可能性を持っているのだとすれば、ある程度の支援をしなければならないであろう。そして第三は、底辺における地道な経済再建である。

これは、言うは易く行うはまったく難しい方針である。しかし、もしこのような方針が受け入れられたとすれば、日本は何をすべきであろうか。第一は、国連平和維持活動（PKO）への積極的な参加である。現在起こっている内戦をただちに収束させる力は、ソマリアやボスニアの例に見られるように現在の国連にはないであろう。おそらくアメリカやNATOのような武力を背景にした調停工作のみが、現在起こっている内戦を停戦にまで持っていく力を持っているのであろう。しかし、一度、停戦が実現したら、再び内戦の状態に戻さないためには、国連の平和維持活動はそれなりの役割を果たすことができる。ルワンダの内戦に関連して人道的救援活動のため自衛隊をザイールに送ったのは、この面で評価できる。

しかし、平和維持活動において、日本が積極的であるとは依然として見なしえない。PKO法成立後、三年でその内容を見直すことになっているし、カンボジアでの活動からかなり見直すべき点が指摘されているのに、見直しの動きはでていない。いわゆるPKO本体部分の「凍結」も早急に解除すべきであろう。[9]

経済援助、人的協力の拡大

第二には、国家再建・建設への助力である。この点は、日本には、特にアフリカや中央アジアにおける経験や知識は乏しく、ただちに効果的になしうることはあまりない。しかし、国際機関やNGOとの協力によって、ある程度の役割を果たすことはできるかもしれない。日本がこれらの地域を植民地化しなかったことは、これらの地域に関する日本の知識不足、経験不足の要因でもあるが、逆にいえば、日本人の活動をやりやすくしているともいえる。これらの地域についての調査研究を活発化し、アフリカや中央アジアで活躍できる人材養成から始める必要があるだろう。

第三に経済的基盤の建設への援助である。他の先進工業諸国におけるいわゆる「援助疲れ」を前に、今や多くのアフリカ諸国に対しても、日本は最大の援助供与国になっている。人道的観点からの救援が必要なのはいうまでもないが、可能なところでは、かつてのアジア諸国支援で役に立ったインフラ整備のための円借款を拡大していくべきではないだろうか。

青年海外協力隊の活躍は、特筆大書されるべきであろう。また、各種のNGOとの協力はきわめて重要だと思われる。第三圏域中心に活動しているNGOについては、その柔軟性を損なうことなく、資金援助を行うなり、資金調達が容易になるような税制上の配慮をすべきである。すでに述べたように、国家もまた「混沌圏」の状況改善に役割を果たすべきである。しかし、内戦が終わった地域では、国家が直接行う援助活動よりもＮＧＯの活動の方が柔軟に現地の事情に適合している場合が多い。その意味で、日本の政策もまた、これらＮＧＯとの協力を強く打ち出すことが効果的なのである。

補　章　九・一一事件後の世界を読む

第一章から第十章までの本文が執筆されたのは一九九六年春であり、それからすでに七年以上の月日がたった。その間、二〇〇一年九月十一日におきたアメリカに対するテロ攻撃（九・一一事件）はいうまでもなく、さまざまな出来事がおこった。その後のイラク情勢も、そして北朝鮮情勢もまったく目が離せない。国際政治については、「激動する」という修飾語がつくのが常であるが、まさに九・一一事件以後の世界は大変な変化がおこっているようにみえる。しかし、私は、本書の枠組みが役に立たなくなったわけではないと思っている。[1]

第一章から第十章までで展開した議論を大筋で変更する必要は、ほとんどないと思う。もちろん、この七年間でさまざまな出来事がおきたことは間違いないし、新しい事態も引き続きおこっている。そこで、本書のさらなる応用問題として、九・一一事件とイラク・北朝鮮情勢について、本書の枠組みではどのように解釈されるかを考えてみることにしたい。これが唯一の応用問題の解き方というわけではないが、読者のいささかの参考になれば幸いである。

1 九・一一事件が照出した「新しい中世」

二〇〇一年九月十一日、ニューヨークの世界貿易センター・ビル二棟、ワシントンの国防総省（ペンタゴン）がそれぞれテロリストにハイジャックされたジェット機の自爆突入をうけた。世界貿易センターの巨大な二棟はテレビカメラの眼前で全壊し、ペンタゴンも大被害をうけた。さらにもう一機のジェット機もハイジャックされたが、これはテロリストの目標に到達する前にペンシルバニア州に墜落した。この攻撃によってほぼ一瞬のうちに三〇〇〇人以上が犠牲となった。この冷戦後最大のショッキングな事件によって、国際政治の様相は激変した。アメリカは、この攻撃の背後にオサマ・ビンラーディンを首謀者とするアル・カイーダのテロリスト・ネットワークがあるとして、「対テロ戦争」ということでアフガニスタンの根拠地を攻撃した。アル・カイーダは、内戦が続いていたアフガニスタンで、九〇年代後半に軍事的優勢を達成しつつあったタリバーンに協力し、二〇〇一年の時点ではタリバーン政権との実質的な共棲関係を確立し、アフガニスタンはアル・カイーダの一大根拠地となっていたのであった。アメリカは、このようなテロ活動の再発を防ぐため、なんとしてもアル・カイーダのネットワークを撲滅すべくこのアフガニスタンの根拠地壊滅に乗り出したのであった。そして、軍事作戦に関してみれば、アメリカ軍は圧倒的に強力であり、二〇〇一年十二月までには、タリバーン政権は崩壊し、アル・カイーダのメンバーの多くは捕獲された。しかし、オサマ・ビンラーディンをはじめとする有力リーダーの行方はつきとめられなかった。

これだけの衝撃的な事件は、以下で述べるように数多くの新しい事態を引き起こしたが、それ自体は、本書の枠組みで想定される事態であり、世界がまさに「新しい中世」に向かっていることの証拠ともいいうる事件である。国家以外のさまざまな主体の登場こそが、「新しい中世」という本書全体の主張であり、アル・カイーダの登場はショッキングではあれ何ら不思議ではない。世界最強の国家であるアメリカが、非国家主体からの攻撃をうけ、近代において国家間の事態についてのみいわれてきた「戦争」という用語をテロリストとの戦いに使用したということこそ、時代が「近代」から決別しつつあることを物語っている。第五章で考察した非国家主体の行動による国家の脆弱性の高まりが、まさに九・一一事件によって実証されたわけである。

さらにまた、九・一一事件は、本書の指摘してきた三つの圏域論についてもその妥当性を補強しているようにみえる。「混沌圏」における混沌が、一九九〇年代を通じて進展してきていたことに加えて、九・一一事件は、この「第三圏域」と「第一圏域」が無縁の関係にあるわけではないことも実証したのであった。「混沌圏」における混沌を「隔離」しておくことは困難なのではないかと、第十章で示唆していたが、九・一一事件は、テロという形で、「混沌圏」の混沌が、隔離不能であることを示した。また、本書では、先進国の多くが「混沌圏」への関与を十分に行っていないことを指摘していたが、九・一一事件は、その先進国の無関心をもまた実証したし、アメリカへの反感のなかに、「混沌圏」への無関心がもたらす道義的問題がありうることも本書で指摘しておいたことであった。

もちろん、九・一一事件とそれ以後の事態を観察するとき、後知恵で考えてみると、本書の指摘は十分とはいえなかった。非国家主体といっても、テロリストについては、それほど指摘が多かったわけではない。また、第三圏域との関連についても、「隔離不能論」もそれほど強く展開したわけではない。

さらにいえば、九・一一事件の結果、「新しい中世」に向かう傾向については、新たに補足すべき点が生まれていると思う。以下に、いくつかの点を指摘してみたい。第一は、テロといっても、九・一一事件のようなテロは、パレスチナや北アイルランドなどで行われてきたテロといくつかの点で区別する必要がみられるということである。本書の枠組みでいうと、伝統的なテロは、おおむね「近代」の枠組みを前提としたテロであったとみられる。つまり、そこでの争点は多くの場合「民族自決」であり、近代国家をどのように設立するかをめぐる問題であった。自らの望む国家が作れない、作ろうとすると既存の国家と対立してしまう。場合によっては国家設立をめぐって、すでに内戦を戦っている。このような争点をめぐって一方が、非戦闘員をターゲットにして暴力行為にでるというのが、これまで多くみられたテロであった。

これに対し、九・一一事件を引き起こしたオサマ・ビンラーディンとアル・カイーダのネットワークの持ち込んだ争点は、実際のところよくわからない。アメリカ文明の世界に対するあり方自体について問題にしているようでもあり、アメリカが中東やその他の地域で行っている行動すべてに反対しているようにも見える。強烈な敵意が存在することはたしかであるが、その敵意を解消するために、はたして交渉が可能なのか、現実的な政治決着が可能なのかよくわからない。その意味でいえば、良くいえば彼らの争点はきわめて根源的であり、悪くいえば、狂信的である。彼らはアフガニスタンのタリバーン政権と共棲していたが、彼らはアフガニスタンに国家を作るということで満足するとは思えなかった。つまり彼らの争点は「国家建設」というような近代性とは、無縁である。類似の政治運動をさがすとすれば、それはナチズムや共産主義運動により近いのかもしれない。ナチズムや共産主義運動も、その目的においては、近代的ではなかった。つまりその教義においては対等な国家併存のシステムを認めなかったり、共産主義世界革命をめざしていたからである。しかし、これらの運動も、結局は国家を基盤とせざるをえなくなったことによって、近代的な国際関係の中に取り込まれていった。これまでの「近代を超える」運動は、おおむね「国家」という形をとって、「近代」に挑戦し、そのことによって世界システム全体の「近代性」をかえって維持してきたといえよう。これに対し、九・一一事件は、国家という形をとらずとも、世界最強の国家に挑戦しうることを示したということで、その「新しさ」を示したのである。[2]

第二に、九・一一事件は、これに対する対応という面からみても、「近代」を超える対応を必要としている。単純化していうと、近代国家が作り上げてきた平和維持の仕組みは、国内的には警察という組織を整備し、対外的には軍隊という組織を整備するというものであっる軍事的脅威に対処する組織である。そして、この組織の二分法の前提には、国内でおこる犯罪は、不特定であるが暴力の規模としては小規模という特徴があり、対外的脅威は、大規模になりうるが、あらかじめ特定可能であるという特徴があった。無差別殺人をおこす犯人はどこにいるかわからないが、せいぜい十数人の犠牲者を想定すればよい。それに対して、隣国から戦争をしかけられれば、万を超える犠牲者がでる可能性があるが、どの国が自国に戦争をしかける能力があるかは、あらかじめわかっている。こうして、警察の捜査方法や装備は、それなりに決定されるし、軍隊の組織や装備もそれなりに整備されることになった。しかし、新しいテロの提示した問題は、その首謀者やネットワークは、通常の犯罪者と同様に不特定であるのに対して、その被害は戦争に匹敵するほど巨大になりうるということであった。したがって、これに対処する組織として、警察だけでも軍隊だけでも不十分ということになったのである。アメリカで、「国土安全保障省」というような組織を作り上げたところにこの問題が如実に現れている。[3]

さらに第三に、このような「新しいテロ」の特性は、「新しい中世」における一大特徴である内政と外交の融合という現象を推し進める傾向を持っており、これは国際的レジームの動向に影響を与えることが考えられる。テロリストは、外国にいるかもしれないが国内にいるかもしれない。彼ら自身がインターネットで常に連絡を取りあっている。しかしながら、これが国際関係に与える影響については、他の内外政一体化をもたらす要因が国際関係に与える影響と同様、ただちに結論を下すのは難しい。一方では、テロの脅威の内外無差別性は、他国に対して一方的介入行動を促す要因となるかもしれない。九・一一事件後、アメリカの軍事戦略において、先制行動論が生まれたことがその兆候である。テロリストに対して通常の意味の抑止は効かないので、テロリストの行動が察知できれば、国内であれ国外であれ、ただちにこれを阻止するための行動を取らなければならないとする議論である。テロに対するアメリカでの議論を観察して、アメリカが他国の内政に一方的に介入するようになるのではないかとの懸念が生まれる所以である。

他方、このようなテロにみられる内外無差別性は、国際協調の促進要因ともなる。第五章で検討したように、相互脆弱性の強い国家の間で、強硬な措置をとることはかえって逆効果になる場合がある。対象がテロであったとしても、他国でのテロ活動を取り締まろうとして、一方的介入行動をその国の政府の許可もえずに行えば、その後の当該国家との関係はきわめて悪化するであろう。その国を実質的な支配下におかずして、このような一方的介入行動を数多くの国家に対して行うのは、いかにアメリカといえども困難ではないか。そうだとすると、一方的行動をとるよりも、それぞれの国家との間で捜査協力の体制を作るほうが長期的には望ましいと判断される可能性は高い。実際のところ、九・一一事件以後のアメリカのレトリックにもかかわらず、テロに関しては、ヨーロッパやアジアの諸国とアメリカの間で、相当の捜査協力が行われている。一方的行動と国際協調のいずれが有力になるかは、今後の動向にかかってくるが、長期的には国際協調の仕組みが必要とされてくるのは間違いないのではないか。

2　イラクと北朝鮮――「近代」と「新しい中世」の併存

九・一一事件以後、さらに国際社会を揺るがせた大事件は、イラク問題と北朝鮮問題であった。これらの問題は、本書の枠組みでいえば、どのように捉えることができるだろうか。

簡単にいえば、この二つの問題は第八章で展開した三つの圏域のうち、第二圏域の諸国と第一圏域とりわけアメリカとの関係とみなすことが可能である。イラクも北朝鮮も、本書の分類でいえば、第二圏域（近代圏）に位置する極度な権威主義的国家である。どちらも、一九九〇年代に入ってから、それぞれの国益追求的行動の結果、国際社会と対決し、基本的には敗退したが、その敗戦の合意を遵守していないとして、二〇〇二年後半から再び国際社会からの強制を迫られているという共通性を持っている。イラクの場合は、九〇年夏に、近代圏の国家として典型的ともいいうる軍事行動をとり隣国であるクウェートを占領した。これは、いうまでもなく国連憲章違反であり、その後、湾岸戦争で強制的にクウェートから撤兵させられた。しかし、その湾岸戦争の停戦合意である大量破壊兵器の武装解除についてなかなか遵守せず、数多くの国連安保理決議にもかかわらず九八年には査察官を追放した。二〇〇二年秋から二〇〇三年にかけてのイラク問題の緊迫は、結局、この湾岸戦争時の約束をイラクに遵守させようとする動きであったというのが、イラク問題の一つの側面である。

北朝鮮も、九三年から九四年にかけて、核査察問題で危機がおき武力衝突の可能性もあったが、カーター元大統領の訪朝をきっかけに危機が回避され、九四年に米朝枠組み合意が締結された。しかし、二〇〇二年秋に、ウラン濃縮計画を実施していることが明るみにでたことをきっかけに、アメリカとの対決姿勢を鮮明にしてきたのであった。

したがって、両者とも、近代圏に位置する国家が他国との約束を遵守せずに軍事対決の様相を強めるというケースである。これが、国際連合を中心とする国際社会の理念の発展からすれば、望ましくないケースであることは間違いない。だからこそ、両者とも国連の安全保障理事会や国際原子力機関などという国際的制度の中で、非難されるわけである。しかし、近代圏に位置する国家の国際政治的行動という観点からすれば、ありえない行動ではない。ここには「近代」の国際政治がまだまだ顕在であることが証明されているのである。イラクの場合、二〇〇二年秋から米軍が湾岸に駐留軍を続々と集積するなかで、国連安保理決議一四四一に基づく査察が行われ、これが二〇〇三年春まで続くが、典型的な「強制力に基づく外交」(coercive diplomacy) であった。本稿執筆時（二〇〇三年三月初め）には、アメリカがイラクに武力行使をするかどうかは定かではないが、かりに武力行使をしたとしても武力行使をしなかったとしても、近代的な国際危機のあり方であることに違いはない。

また、このイラク危機をめぐっては、アメリカと仏独の対立が鮮明となった。これも、本書の枠組みからすればそれほど不思議な話ではない。第八章で指摘したように、アメリカは第一圏域に位置しながら、最も第二圏域や第三圏域との相互作用の多い国である。その結果、第二圏域と相互作用する時には、第二圏域において通用するロジックを使う傾向がある。したがって、イラクなどに対処するときに重視すべきは軍事作戦の実行可能性なのであって、国連などによる正当性の問題ではないとの認識が強くなる。これに対し、今や典型的な第一圏域（新中世圏）の実質も備えるようになった西欧においては、武力行使への忌避意識と国際的制度の正当性を強調する傾向がある[4]。

これに対し、仏独に比べると、日本では、世論はともかく小泉政権はかなりの程度、米国支持を明らかにしていた。これも、本書の枠組みからすれば、日本自身の位置する地理的環境において第二圏域的要素がきわめて強いことが、説明要因となるのであろう。日本は北朝鮮の脅威を深刻に考えなければならず、同盟国アメリカとの連帯がきわめて重要なため、アメリカのイラク攻撃へは、攻撃自体の当否はともかく同盟国として支持するのだとのロジックが強くなったとみられる。近代的な国際政治の論理が貫徹しているといわざるをえない。

北朝鮮の核開発問題もまた、同様にきわめて近代的要素の強い国際政治問題である。関係する主体は基本的に国家であり、問題は安全保障問題であり、使われる手段も軍事的なものが多いからである。北朝鮮問題については、ブッシュ政権も二〇〇三年初めの段階で、基本的には外交的手段を重視するといっているが、その理由は、北朝鮮が軍事的に韓国やアメリカに対してかなりの通常戦力による抑止力を保持しているからである。アメリカを交渉に引き出すために、北朝鮮は次から次へと瀬戸際政策を強めている。これまた、きわめて近代的な手法といってよいであろう。

つまり、九・一一事件と「対テロ戦争」という近代を超える「新しい中世」の兆候を強く示す事態の直後に国際社会を悩ます難問は、近代の国際政治そのものといった問題なのであった。このような近代と「新しい中世」の併存こそが、本書で展開した「三つの圏域」論の説明しようとしたところなのである。

しかし、イラクの問題にしても北朝鮮の問題にしても、全く「近代」の国際政治の側面のみから成り立っているかというとそうでもない。そこに「新しい中世」の難問ともいうべき側面も存在する。それは、「新しい中世」における大量破壊兵器の拡散という問題である。

いうまでもなく、これまでも大量破壊兵器の拡散は重要な国際問題であった。しかし、九・一一事件の結果、そこに新たな重大な懸念が付け加えられた。それは、大量破壊兵器がテロリストの手にわたってしまうかもしれないという懸念である。もちろん、この点も以前から指摘されていたことではあるが、この懸念にさらなる深刻さが付け加わったのである。これまでの懸念は、「ならず者国家」が大量破壊兵器を保持し、これを弾道ミサイルに装備することであった。これ自体大変な問題であったが、相手が「ならず者」であれ、国家であればそれなりに「抑止」が効くかもしれない。しかし、もし大量破壊兵器がアル・カイーダのようなテロ・ネットワークに渡れば、抑止は効かないし、自爆攻撃をも厭わない彼らは本当に大量破壊兵器によるアメリカ攻撃をするかもしれない。このように考えられるようになったのである。

二〇〇二年一月の一般教書演説で、ブッシュ大統領は、「悪の枢軸」という言葉でもってイラク、イラン、北朝鮮の三ヵ国の危険を強調した。ここには、「ならず者国家」の問題と、テロリストへのさらなる大量破壊兵器の拡散の危険性の双方が影響を与えていた。アメリカの中には九・一一事件がなくとも、イラクのサダム・フセイン政権をなんとか転覆させたいと考える人々がいた。湾岸戦争の時にサダムを排除しておけば、その後の中東の国際秩序は大きく変わったかもしれないと考える人々である。これは、いわば「近代」的な国際政治のロジックとしてイラク打倒を考える見方である。しかし、これに九・一一事件は、新しい意味も加えた。つまり、イラクとテロリストの結合の可能性であった。たしかに九・一一事件とイラクの関係については、確実な証拠をアメリカはこれまでのところ示したわけではない。確実な証拠はないのかもしれない。しかし問題は、九・一一事件においてイラクが共謀していたかよりも、今後イラクの大量破壊兵器がテロリストに渡るかもしれないという可能性なのである。イラク攻撃を主張する人々は、この点もまた大いに強調するのであった。

実際の危険性を高い確度で見積もることは難しい。しかし、国家に挑戦する敵意をもったテロリスト・ネットワークが現に存在するとすれば、その危険について一笑に付すわけにはいかないのではないか。最も近代的ともいいうる国際政治にも、「新しい中世」の影響が強く表れているのである。

注

［第一章］

（1）John Lewis Gaddis, *The Long Peace: Inquiries into the History of the Cold War* (New York: Oxford University Press, 1987).「冷戦」および「冷戦後」については、すでに無数といえるほどの文献がある。冷戦を二極対立と二つのイデオロギー対立という二つの側面に分けて考えることは、いわば常識的である。したがって、以下の分析は、この常識的な見方をさらに、私なりに整理した結果にすぎない。関連文献はあまりに多く、網羅することはできない。そのような文献の手掛かりとしては、日本国際政治学会編『国際政治』第一〇〇号（一九九二年八月）とりわけ、渡辺昭夫「冷戦とその後・序論」、山本吉宣「冷戦と国際政治理論」、鴨武彦「世界政治における冷戦構造の崩壊と終焉」鴨武彦編『講座　世紀間の世界政治　第一巻　旧超大国の国際関係』（日本評論社、一九九三年）一三〜七二頁、永井陽之助「歴史の中の冷戦」永井陽之助・土山實男編『秩序と混沌（カオス）――冷戦後の世界』（人間の科学社、一九九三年）一六〜四五頁、なども参照してほしい。

（2）日本語文献として、冷戦の起源を最も詳細に扱った永井陽之助は、冷戦を重要争点に関して交渉による問題解決不可能性の相互認識にたつ、「『非軍事的な単独行動』(non-military unilateral actions) の応酬」と定義した。永井陽之助『冷戦の起源』（中央公論社、一九七八年）六〜一〇頁。アロンの引用もここから再引用した。

（3）田中明彦「見えてきた世界新秩序　作動する①－③－⑤システム」『ＴＨＩＳ　ＩＳ　読売』一九九一年十月号、一〇二〜一一七頁。

（4）ボーズマンによれば、「冷たい戦争」（guerra fria）という用語は、十三世紀のスペインでイスラム教徒とキリスト教徒の紛争を表すために使われていたという。Adda B. Bozeman, *Politics and Culture in International History: From the Ancient Near East to the Opening of the Modern Age*, Second Edition (New Brunswick: Transaction Publishers, 1994), p. 426. もっとも、第二次世界大戦後の「冷戦」という用語の起源については、William Safire, *Safire's New Political Dictionary* (New York: Random House, 1993) pp. 135–136を参照。サファイアによれば、the Cold Warという用語を最初に考え出したのは、バーナート・バルークのスピーチ・ライターも務め、ピューリッツァー賞も受賞したジャーナリスト、ハーバート・ベヤード・スウォープ（Herbert Bayard Swope）である。これをバルークが使い、また一九四七年には、ウォルター・リップマンも自らのコラムで使い、人口に膾炙するようになった。

（5）トクヴィル（井伊玄太郎訳）『アメリカの民主政治㊥』（講談社、一九八七年）四九八〜四九九頁。

（6）宮崎犀一・奥村茂次・森田桐郎編『近代国際経済要覧』（東京大学出版会、一九八一年）一頁。

（7）川端香男里・佐藤経明・中村喜和・和田春樹監修『ロシア・ソ連を知る事典』（平凡社、一九八九年）二八二頁。岩間徹編『ロシア史』（山川出版社、一九七九年）九頁。

（8）宮崎他編、前掲書、一頁。

（9）G・バラクラフ（中村英勝・中村妙子訳）『現代史序説』（岩波書店、一九七一年）一一五頁。

（10）ポール・ケネディ（鈴木主税訳）『決定版 大国の興亡――1500年から2000年までの経済の変遷と軍事闘争㊦』（草思社、一九九三年）九一頁。

（11）国際政治の見方はいくつかのタイプに分けられる。しかし、それらの見方をどのように呼ぶかについては、論議が多い。ここで、「現実主義」（Realism）と呼んだ見方についても、それが「現実的」だと認められたから、そのような名称になっているわけではない。「現実主義」の論者は、彼らの見方こそ「現実的」だと主張しているわけだが、別の見方からすれば、「現実主義」は必ずしも国際政治の「現実」に則しているわけではない、ということになる。このような議論を避けるため、「現実主義」といわずホッブズ的見解とかマキャベリ的見解とかいう場合がある。国際政治の見方に関する分析は最近、非常に進んだ。Martin Wight, *International Theory: The Three Traditions* (Leicester: Leicester University Press, 1991) が典型的であり、概説としては、Joseph S. Nye, Jr., *Understanding International Conflicts: An Introduction to Theory and History* (New York: Harper Collins, 1993) がよい。日本語でも、猪口孝「国際政治主体論」有賀貞他編『講座国際政治① 国際政治の理論』(東京大学出版会、一九八九年) および、初瀬龍平『国際政治学――理論の射程』(同文舘出版、一九九三年) 第一章などが便利である。また、一九八〇年代のアメリカでは、ネオリアリズムとネオリベラルの間の教義論争があった。ネオリアリズムについては、日本語では神谷万丈「ネオ・リアリズム国際政治理論――日本の研究者のためのイントロダクション――」『防衛大学校紀要』(社会科学分冊) 第65輯 (一九九二年) 一〜二三頁が簡明である。論文集としては、David A. Baldwin, ed. *Neorealism and Neoliberalism: The Contemporary Debate* (New York: Columbia University Press, 1993) がある。ホッブズ的見方にしぼったものとしては、Raino Malnes, *The Hobbesian Theory of International Conflict* (Oslo: Scandinavian University Press, 1993) がある。

(12) ホッブズ(水田洋訳)『リヴァイアサン㈠』(岩波書店、一九九二年) 二〇八頁。

(13) 同書、二〇九頁。

(14) 同書、二〇九頁。

(15) 同書、一六九頁。

(16) 同書、二一〇頁。

(17) もっともホッブズ自身は、議論を国際政治まで延長していたわけではない。断片的な記述以外は、ほとんど国際政治については語っていないというのが実際である。ホッブズは、国内社会については、このような戦争状態から社会状態に移行するために、すべてを「畏怖」させることのできる「リヴァイアサン」たる国家が必要であると論じたが、国際システムについては、地球大の「リヴァイアサン」が必要だと語ったわけではない。これに関連する議論としては、Hedley Bull, *The Anarchical Society: A Study of Order in World Politics* (New York: Columbia University Press, 1977), pp. 46–51; Wight, *op. cit.* 参照。

(18) ホッブズ、前掲書、二一三頁。

(19) この三つの戦場という見方は、田中明彦「見えてきた世界新秩序」で行ったものである。同様の観点は、藤原帰一「アジア冷戦の国際政治構造——中心・前哨・周辺——」東京大学社会科学研究所編『現代日本社会7 国際化』(東京大学出版会、一九九二年)三二七～三六一頁にもある。

(20) 第二次世界大戦後の核兵器をめぐる米ソの対立については、Lawrence Freedman, *The Evolution of Nuclear Strategy* (London: Macmillan Press, 1981) が基本文献。日本語での簡潔な要約としては、木村修三「軍事戦略と核抑止論の変遷」、鴨武彦編、前掲書、一二九～一九二頁がある。

(21) 欧州におけるアメリカの戦略と、戦略核ミサイルに関する戦略は、密接に関連してはいたものの、十分整合的であったわけではなく、かなりの弱点をはらんでいた。この点については、梅本哲也「米国核戦略の展開と『戦略的安定』」佐藤誠三郎編『東西関係の戦略論的分析』(日本国際問題研究所、一九九〇年)一〇～三五頁参照。その他、Freedman, *op. cit.* や今井隆吉『核軍縮——軍備管理の実態』(サイマル出版会、一九八七年)、木村修三、前掲論文などが参考になる。

(22) 田中明彦「第二次世界大戦後のアジアと戦争」平野健一郎編『講座現代アジア4 地域システムと国際関係』(東京大学出版会、一九九四年)二五五～二五七頁。戦死者については、J. David Singer, "Peace in the Global System: Displacement, Interregnum, or Transformation?" in Charles W. Kegley, Jr. ed., *The Long Postwar Peace: Contending Explanations and Projections* (New York: Harper Collins, 1991), pp. 56–84. 戦争関連の死者については、Ruth Leger Sivard, *World Military and Social Expenditures 1989* (Washington, D.C.: World Priorities, 1989), p. 23.

(23)　アダム・スミス（大河内一男監訳）『国富論Ⅲ』（中央公論社、一九七八年）三〜二〇七頁。

(24)　E・H・カー（衛藤瀋吉・斎藤孝訳）『両大戦間における国際関係史』（清水弘文堂、一九六八年）七七頁。一九一九年にレーニンは次のようにいった。「世界帝国主義は勝利に輝くソヴェート革命とは、けっして共存し得ない。」――「究極においては、そのいずれかが勝利者となるであろう」バラクラフ、前掲書、二五六頁。

(25)　一九〇五年にトロッキーは次のようにいった。「われわれはやがて目撃することになると思われるが、党内政治においては、このような方式は、以下のような道筋をたどることになる。党組織が党に取って代わり、中央委員会が党組織に取って代わる。そして遂には、独裁者が中央委員会に取って代わることになる」A・ギャンブル（初瀬龍平・萬田悦生訳）『現代政治思想の原点――自由主義・民主主義・社会主義』（三嶺書房、一九九二年）二四三頁。

(26)　名越健郎『クレムリン秘密文書は語る』（中央公論社、一九九四年）。

(27)　「CIA対日工作」『読売新聞』一九九五年八月七日。坂元一哉「岸首相と安保改定の決断」『阪大法学』第四五巻第一号（一九九五年六月）四一頁など参照。

(28)　フルシチョフは一九五八年六月、ブルガリア共産党第七回大会で、「社会主義諸国が、ほとんどの発展した資本主義諸国を、工業生産においてテンポの面だけでなく量的にも抜き去る日が近づいていることを確信しています」と語った。Henry Kissinger, *Diplomacy* (New York: Simon & Schuster, 1994), p. 570 から再引用。

(29)　公文俊平「米ソ経済競争」高坂・公文『国際政治経済の基礎知識〔新版〕』（有斐閣、一九九三年）八六頁。

(30)　Samuel P. Huntington, *The Third Wave: Democratization in the Late Twentieth Century* (Norman: University of Oklahoma Press, 1991), pp. 18–21.

［第二章］

（1）冷戦の終結過程についても、第一章の注（1）であげた文献が手掛かりとなる。冷戦終結過程の詳細な分析としては、Raymond L. Garthoff, *The Great Transition: American-Soviet Relations and the End of the Cold War* (Washington, D.C.: The Brookings Institution Press, 1994) がある。日本語での論考としては、鴨武彦『世界政治をどう見るか』（岩波書店、一九九三年）が、重要な論点の指摘を行っている。

（2）アメリカにおける新保守主義については、佐々木毅『現代アメリカの保守主義』（岩波書店、一九八四年）、日本での受容と影響については大嶽秀夫『自由主義的改革の時代』（中央公論社、一九九四年）。

（3）Huntington, *op. cit.*

（4）Francis Fukuyama, "The End of History?", *The National Interest* (Summer 1989).

（5）アメリカの冷戦の開始から終結まで終始重要な役割を果たしたポール・ニッツェは、一九八〇年夏、「状況は、少なくとも、一九五八年から一九六二年のベルリンへのソ連の脅威以来、恐らくは、第二次世界大戦以来、最も深刻といって間違いない」と指摘した。Paul H. Nitze, "Strategy in the Decade of the 1980s", *Foreign Affairs*, Vol. 59, No. 1 (Fall 1980), p. 92.

（6）Strobe Talbot, *Deadly Gambit: The Reagan Administration and the stalemate in nuclear arms control* (London: Pan Books, 1985)、関場誓子『超大国の回転木馬――米ソ核交渉の６０００日』（サイマル出版会、一九八八年）参照。なお、シュミットがこの警告を行ったのは、一九七七年、ロンドンの国際戦略研究所での講演においてであった。この問題についてのシュミット自身の回想は、Ｈ・シュミット（永井清彦・萩谷順訳）『シュミット外交回想録㊤』（岩波書店、一九八九年）九二～一五九頁にある。

（7）このような議論の典型としては、Colin S. Gray, "The Strategic Forces Triad: End of the Road?", *Foreign Affairs*, Vol. 56, No. 4 (July 1978), pp. 771-789 を参照せよ。このような認識に基づいて、アメリ

カ政府は、一九八〇年に、PD五九として知られる秘密文書を作成している。これらの背景については、木村修三、前掲論文、岩田修一郎「米国核戦略の変遷」日本国際政治学会編『国際政治』第九〇号（一九八九年三月）五四〜六九頁など参照。

（8）*Annual Defense Department Report FY 1983*, pp. I-14-16.「水平エスカレーション」の背後にあった認識については、高坂正堯／R・H・ソロモン編『核のジレンマとソ連の脅威』（人間の科学社、一九八六年）参照。

（9）SDIが冷戦終結に果たした役割については、異なる見解がある。ソ連最後の外務大臣を務めたアレクサンドル・ベススメルトヌイフはSDIが決定的だったと語っている（『産経新聞』一九九三年三月一日付）。これに対しゴルバチョフは、そうでないと論じている（『読売新聞』一九九六年一月十八日付）。しかし、当時のソ連で、SDIでアメリカと競争すれば経済的に「破局」になるとの認識が持たれていたことは確実である（元ソ連宇宙開発最高責任者サグジェーエフのインタビュー『読売新聞』一九九二年一月六日付参照）。

（10）英国国際戦略研究所編（防衛庁防衛局調査第二課監訳）『ミリタリー・バランス1991―1992』（メイナード出版、一九九二年）五五頁。

（11）The World Bank, *World Development Report 1995* (Oxford: Oxford University Press, 1995), pp. 166-167.

（12）前章で、ホッブズの論理を検討してみたが、そこで基本になっていたのは、お互いに相手に脅威を与える能力においてそれほど差がないから、人間同士は戦争状態に陥るということであった。もし、この論理を国家間に当てはめれば、相手に脅威を与える能力とは、多くの場合、軍事力だということになろう。ソ連やアメリカについて、人口だとか、国民総生産とかについても言及してきたが、それらは、必ずしもそれ自体として相手に脅威を与える能力になっていたわけではない。それらが軍事力に変換された時の恐ろしさが、問題となっていたのである。

(13) Charles Krauthamer, "The Unipolar Moment", *Foreign Affairs*, Vol. 70, No. 1 (1991), pp. 23–33. 冷戦後の中国の対外認識の変化については、高木誠一郎「中国の国際新秩序構想――アジア・太平洋地域との関連」衞藤瀋吉先生古稀記念論文集編集委員会編『20世紀アジアの国際関係　I　中国の社会と国際関係』(原書房、一九九五年)一五七〜一七三頁が簡明である。

(14) 冷戦の終結が明らかとなる以前に、「多極化」の傾向をはっきりと指摘したのは、The Commission on Integrated Long-Term Strategy, *Discriminate Deterrence* (Washington: Government Printing Office, 1988) であった。ポール・ケネディの前掲書も同様の観点に立っていた。この多極化の方向について、きわめて悲観的な観測をしたのが、John Mearsheimer, "Back to the Future: Instability in Europe after the Cold War", *International Security*, Vol. 15, No. 1 (Summer 1990), pp. 5–56.

(15) Aaron L. Friedberg "Ripe for Rivalry: Prospects for Peace in a Multipolar Asia", *International Security*, Vol. 18, No. 3 (Winter, 1993–1994), pp. 5–33.

(16) ホッブズ、前掲書㈠、二〇九頁。

(17) 同書㈡、三三頁。

(18) 典型的には、Mearsheimer, *op. cit.* を参照せよ。ミアシャイマーのこの論文は、さまざまな反響を呼んだが、日本語でのこの論文についてのコメントとしては、鴨武彦『世界政治をどう見るか』二三〜四三頁がある。彼の論理は、本文以下に示すような二極安定論に、核兵器の平和維持機能を加味したものである。いずれにしても、二極安定および多極安定の論理は、かなり以前から展開されてきており、最近になって急に現れたものではない。一九六〇年代にすでに、多極安定論の典型的な議論は、Karl W. Deutsch and J. David Singer, "Multipolar Power Systems and International Stability", *World Politics*, Vol. 16, No. 3. (Apr., 1964), pp. 390–406. によって行われており、また二極安定論の議論もKenneth N. Waltz, "The Stability of a Bipolar World", *Daedalus*, Vol. 93, No. 3 (Summer 1964), pp. 881–909. によって行われていた。それぞれの議論の要約は、田中明彦『世界システム』（東京大学出版会、一九八九年）六〇〜六六頁を参照してほしい。双方の論理を、本文以上に詳細に整理したものとしては、Charles W. Kegley, Jr. and Gregory A. Raymond, *A Multipolar Peace? Great-Power Politics in the Twenty-first Century* (New York: St. Martin's Press, 1994) が出版された。

(19) 米ソ双方による「タガ」によって、戦争が防止されていたとする議論は、しばしば展開されるが、それほど厳密に理論化を行ったものは多くない。いずれにしても、この種の議論は冷戦後に多く見られるようになった議論である。たとえば、外務事務次官を務めた栗山尚一は、次のように述べている。「東西関係の変化を別の視点から見れば、それは、米ソ二超大国の平和管理能力とでも呼ぶべき力の低下を意味する。（中略）米ソの力が圧倒的に強い時代には、東西関係にはそれなりの安定性があり、冷戦が熱い戦争に発展する可能性は、実際にはさほど大きくはなかった。ところが、二超大国の平和管理能力が弱まると、なんらかの新たな平和維持の国際システム、秩序が生まれない限り、国際情勢の不安定性が高まることになる」。栗山尚一「激動の90年代と日本外交の新展開」『外交フォーラム』二〇号（一九九〇年五月）一四頁。

(20) 注（18）で指摘した、Deutsch and Singer, *op. cit.*

(21) 原田至郎「世界システム・レベルの戦争相関因子――力の分布構造と世界経済の状態」山本吉宣・田中明彦編『戦争と国際システム』（東京大学出版会、一九九二年）二三七〜二六〇頁。これまで、海洋における力の分布と、大陸における力の分布の双方を同時に考慮した研究はなかった。それぞれ別々に行った研究については、田中明彦、前掲書、六四〜六五頁に紹介してある。

(22) つまり、システムの影響は、大国には、一貫した影響をあまり与えないということである。逆にいえば、大国の行動はシステムに拘束されることが少ない。大国は、戦争を起こすと決断すれば、システムの状態如何を問わず戦争をするし、戦争を回避すると決断すれば、やはりシステムの状態如何にかかわらず回避する、ということになる。これに対し、大国でない国々の戦争は、システムの状態にかなり影響を受ける。考えてみれば当たり前であるが、これまでの研究では、このような点は、かなり軽視されてきていた。

(23) 原田は、大国の関与する戦争も、大国間の戦争と大国対非大国戦争の二種類に分けて分析しており、戦争の規模に関しては、この二つの間で、単極と二極の影響が異なっている。大国間戦争では、戦争の規模について、単極の方がやや規模が小さいのに対し、大国対非大国戦争では二極の方が規模が小さいのである。いずれにしても、多極が最大の規模になることに変わりはない。同論文、二五四〜二五五頁。

(24) 北朝鮮では、一九九二年の憲法改正で、もはやマルクス・レーニン主義でもって朝鮮労働党の支配を正当化するのはやめた。今の金日成・金正日体制は、もっぱら、「主体思想」によって正当化されている。「主体思想」が他国に広まる可能性はほとんどゼロに近い。

(25) モンテスキュー(野田良之他訳)『法の精神(上)』(岩波書店、一九八九年)二五四頁。

(26) 「共和制」とは、「第一に、社会の成員が(人間として)自由であるという原理、第二に、すべての成員が唯一で共同の立法に(臣民として)従属することの諸原則、第三に、すべての成員が(国民として)平等であるという法則、この三つに基づいて設立された体制」のことである。「共和制」の反対概念は「専制」であり、ここでは、「国家がみずから与えた法を専断的に執行することを国家原理」とする。カントは、「民衆制」に対してきわめて厳しい。カントは「言葉の元来の意味で民衆制と呼ばれる形態は、必然的に専制である」といっており、「君主制」という形態が、最もよく「共和制」を成り立たせるといっている。しかし、前章の言葉でいえば、カントの「共和制」とは、自由主義的民主制に最も近い概念だといえる。自由主義的に制約された民主制は、カントがここでいう「言葉の元来の意味」での民衆制からはきわめて遠い制度だからである。カント(宇都宮芳明訳)『永遠平和のために』(岩波書店、一九八五年)二八〜三六頁。

(27) 同書、三二〜三三頁。

(28) 同書、二八〜四七頁。

(29) Michael Doyle, "Kant, Liberal Legacies, and Foreign Affairs, part 1", *Philosophy and Public Affairs*,

Vol. 12, No. 3, pp. 205–235; Michael Doyle, "Kant, Liberal Legacies, and Foreign Affairs, part 2", *Philosophy and Public Affairs*, Vol. 12, No. 4, pp. 323–353; Michael Doyle, "Liberalism and World Politics", *American Political Science Review*, Vol. 80, No. 4, pp. 1151–1161; Bruce Russett, *Grasping the Democratic Peace: Principles for a Post-Cold War World* (Princeton: Princeton University Press, 1993) などが典型的研究である。日本語での紹介および批評は、猪口邦子『戦争と平和』(東京大学出版会、一九八九年)、山本吉宣「戦争の研究——その系譜」山本吉宣・田中明彦編、前掲書、九～七一頁などがある。

(30) どの国が自由主義的民主制をとっていたといえるかは、厳密に考えるとかなり難しい問題である。しかし、ラセットらの検討が示すように、しばしば指摘される一八一二年の米英戦争の時のイギリスや、第一次世界大戦の時のドイツなどは、やはり自由主義的民主制ではなかったと結論してよいであろう。Russett, *op. cit.* なお、最近の民主制の普及それ自体については、Huntington, *op. cit.* に加えて、以下の文献が最近の論争を概括している。David Held, ed. *Prospects for Democracy: North, South, East, West* (Cambridge: Polity Press, 1993); Larry Diamond and Marc F. Plattner, eds. *The Global Resurgence of Democracy* (Baltimore: The Johns Hopkins University Press, 1993).

(31) Fukuyama, *op. cit.*; Francis Fukuyama, *The End of History and the Last Man* (New York: The Free Press, 1992).

[第三章]

(1) ポール・ケネディ(鈴木主税訳)『決定版　大国の興亡(上)(下)』(草思社、一九九三年)。なお原著は一九八七年に出版された。ケネディの説への反論としては、Samuel Huntington, "The U. S.—Decline or Renewal!", *Foreign Affairs*, Vol. 67, No. 2 (Winter 1988/89), pp. 76–96; Joseph S. Nye, Jr., *Bound to Lead* (New York: Basic Books, 1990) などがあった。

(2) 高坂正堯『文明が衰亡するとき』(新潮社、一九八一年)。
(3) 内閣官房内閣審議室分室・内閣総理大臣補佐官室編『総合安全保障戦略 —総合安全保障研究グループ—』(大蔵省印刷局、一九八〇年) 二九〜三〇頁。
(4) Robert Keohane, *After Hegemony: Cooperation and Discord in the World Political Economy* (Princeton: Princeton University Press, 1984)、村上泰亮「あふたあ・へげもにい」『中央公論』一九八五年十一月特大号、六八〜八九頁。
(5) 一九七〇年代までに発行された国際政治学や国際関係論の教科書には、「覇権」という言葉や「覇権安定論」などという言葉は、まったく見当たらない。
(6) "Leadership, predominance, preponderance; esp. the leadership or predominant authority of one state of a confederacy or union over the others: originally used in reference to the states of ancient Greece, whence transferred to the German states, and in other modern applications." *The Oxford English Dictionary*.
(7) 諸橋轍次『大漢和辞典』(大修館書店、一九五九年) によれば、霸 (覇の本字) とは「はたがしら。諸侯のをさ。特に文徳を主とせず、武徳を主とするものをいふ。王に対する」とある。
(8) 田中明彦『日中関係 1945—1990』(東京大学出版会、一九九一年) 八九〜一〇六頁。
(9) 王松他編『政治学常見名詞浅釈』(人民出版社、一九八四年) 三一〇頁。
(10) Charles F. Doran, *The Politics of Assimilation* (Baltimore, Md.: The Johns Hopkins Press, 1971), p. 20.
(11) Robert Gilpin, *War and Change in World Politics* (Cambridge: Cambridge University Press, 1981), p. 116 n.
(12) Robert O. Keohane and Joseph S. Nye, Jr., *Power and Interdependence: World Politics in Transition* (Boston: Little, Brown, 1977), p. 44.

(13) D. A. Lake, "International Economic Structures and American Foreign Economic Policy, 1887–1934", *World Politics*, Vol. 35, No. 4 (Jul., 1983), pp. 517–543.

(14) 公共財概念については、山本吉宣『国際的相互依存』(東京大学出版会、一九八九年)一二九〜一四一頁に簡潔な説明がある。これに関連する「財」の批判的な再分類については、公文俊平『情報文明論』(NTT出版、一九九四年)一七四〜一七八頁を見よ。

(15) A. J. P. Taylor, *The Struggle for Mastery in Europe 1848–1918* (Oxford: Oxford University Press, 1971), p. xxiv.

(16) E. H. Carr, *The Twenty Years' Crisis, 1919-1939: An Introduction to the Study of International Relations* (New York: Harper & Row, 1964), p. 109. 邦訳は、E・H・カー(井上茂訳)『危機の二十年――1919―1939』(岩波書店、一九九六年)二〇九頁。

(17) ランケ(相原信作訳)『強国論』(岩波書店、一九四〇年)五〇頁。訳はもともと旧かな・旧漢字だが、新かな・新漢字に直した。

(18) Martin Wight, *Power Politics*, New Edition (Harmondsworth: Penguin Books, 1986), pp. 52–53.

(19) ただし、ウォーラーステインらの価値観は違う。ウォーラーステインは、非教条的なマルクス主義をとる社会学者であり、このような覇権の存在を、特に「良い」ものとは見なしていない。彼は、覇権が自由貿易につながることは主張するが、「資本主義世界経済」における自由貿易を特に良いものとは見なしていないからである。ウォーラーステインの著作は、邦訳されているだけでもすでに多数にのぼるが、やはり代表作は Immanuel Wallerstein, *The Modern World-System, I, II, III* (New York: Academic Press, 1974, 1980, 1989) である。邦訳はその第一巻が、二分冊となって岩波書店(一九八一年)から、第二巻が名古屋大学出版会(一九九三年)から出された。どちらも川北稔訳。名訳である。

(20) 覇権という言葉を使っていたわけではないが、オーガンスキーは、このような観点をかなり早くから明示的に示していた。A. F. K. Organski, *World Politics* (New York: Alfred A. Knopf, 1958).

(21) イマニュエル・ウォーラーステイン（田中治男・伊豫谷登士翁・内藤俊雄訳）『世界経済の政治学——国家・運動・文明——』（同文舘出版、一九九一年）六五頁。

(22) C・P・キンドルバーガー（石崎昭彦・木村一朗訳）『大不況下の世界一九二九—一九三九』（東京大学出版会、一九八二年）九頁。

(23) Keohane, *After Hegemony* が代表的である。

(24) Carr, *op. cit.*, p. 232.（邦訳、カー、前掲書、四一九頁。本文の訳は、筆者の訳）。日本人の研究者の中で、覇権の意味について、独自に考察を深めた数少ない一人である村上泰亮は、覇権の機能について、実は、若干あいまいである。彼は、覇権の機能が「国際公共財」の提供であるとしながらも、覇権が提供する「国際公共財」については、必ずしもはっきりさせていない。彼は、ある場所では、「戦後の西側世界で普通に了解されてきたところ」として、「国際的な自由主義的ルールを遵守させること」、「国際的な安全と平和を維持すること」、「国際通貨の価値を維持し、後発国に対して市場や資金を与えること」をあげ、さらに、そのためには、「科学技術の点で世界をリードしていくこと」、「思想の点でも世界をリードすること」をあげる。科学技術の点でリードすることや、思想の点でリードすることも「国際公共財」に含めているかどうかはあいまいで、おそらく含めていないのであろう。しかし、それにしても、ここでの言い方からすれば、村上は、国際公共財として、前の三つのすべてを提供することが覇権国の機能だとしているように聞こえる。しかし、この指摘の直後には、「国際公共財」の内容は、歴史的条件によって異なるといい、十九世紀、二十世紀には、「覇権国という概念を産業化以降の段階に限って、自由貿易のための国際公共財の供給者という意味で考えることにしよう」といっている（村上泰亮『反古典の政治経済学(上)——進歩史観の黄昏』〔中央公論社、一九九二年〕一六四～一六六頁）。もちろん、前の三つのすべてが、広い意味での自由貿易のための国際公共財とすれば、それなりに整合的ではあるが、やや、あいまいさがあるといわなければならない。しかし、さらに後の部分では、「すべての国際公共財」を提供するなどというのは、「非常に強い定義」であって、「過剰定義」であるといっている（同書、一八二頁）。つまり、本文でいう第五の立場というわけでもなさそうである。しかし、村上はさらにその後では、覇権国の再定義として「歴史の流れを把握して世界のあり方を提示する思想の力をもち、それを実現する方向で国際公共財を提供する経済力を備えている国である」（同書、一八五頁）としている。ここに至って、村上のいう「覇権国」は実証に供する概念かどうか、疑問が生じざるをえなくなってくる。「歴史の流れを把握して世界のあり方を提示する思想の力」とは、そもそも何か。それ自体きわめて論争をはらむし、さらにこの思想の力の内実について合意できたとしても、「それを実現する方向」での「国際公共財」が一体何なのかは、さらに論争的だろう。

(25)　Keohane, *After Hegemony*, p. 32.

(26)　ウォーラーステイン『世界経済の政治学』六二頁。

(27)　G・モデルスキー「世界指導国の条件」『Ｖｏｉｃｅ』一九八三年十月号、二二〇～二二九頁。

(28)　村上泰亮「あふたあ・へげもにい」六九～七〇頁。

(29)　宮崎他編『近代国際経済要覧』一一頁、一五六頁。

(30)　坂本正弘『パックス・アメリカーナの国際システム』（有斐閣、一九八六年）七九頁。

(31)　坂本正弘／鹿島平和研究所編著『図説・20世紀の世界』（日本経済新聞社、一九九二年）五五頁。

(32)　George Modelski and William R. Thompson, *Seapower in Global Politics, 1494–1993* (Houndmills: Mcmillan Press, 1988), p. 331.

(33)　機能について検討してみれば、ソ連が、その機能のほとんどを果たしてこなかったことは明白であって、その意味からも、ソ連を覇権理論がいうような覇権国と見なすことはできない。もし、その機能の及ぼす範囲を、冷戦における東側陣営の中のみに限ってみても、覇権的機能として考えられるのは、極端な管理貿易の体制（レジーム）としてのコメコン体制のみであろう。世界的な経済関係に影響を及ぼしたのは、アメリカの影響のもとに形成された貿易・通貨体制であった。

(34) 赤根谷達雄『日本のガット加入問題』(東京大学出版会、一九九二年)。

[第四章]

(1) Martin Walker, *The Cold War and the Making of the Modern World* (London: Fourth Estate, 1993), p. 213.

(2) 一九九四年には、自動車生産においてアメリカが再び世界一の座に返り咲いた。「再生から攻勢へ　アメリカ自動車報告3」『朝日新聞』一九九五年七月二十七日付。

(3) Joseph S. Nye, Jr., *Understanding International Conflicts: An Introduction to Theory and History* (New York: Harper Collins, 1993), p. 171.

(4) Chris Cook, *The Facts on File World Political Almanac*, 3rd ed. (New York: Facts on File, 1995), p. 363.

(5) Nye, *Understanding International Conflicts*, p. 171.

(6) Nye, *Bound to Lead*, ch. 6. より簡潔には、Joseph S. Nye, Jr. "Soft Power", *Foreign Policy*, No. 80 (Autumn 1990), pp. 153-171.

(7) 新保護主義については、Robert Gilpin, *The Political Economy of International Relations* (Princeton: Princeton University Press, 1987), pp. 204-209.

(8) ヨーロッパ統合については、鴨武彦『ヨーロッパ統合』(日本放送出版協会、一九九二年) 参照。

(9) ＡＰＥＣについては、船橋洋一『アジア太平洋フュージョン――ＡＰＥＣと日本』(中央公論社、一九九五年)が参考になる。

(10) ウルグアイ・ラウンドの評価については、たとえば、溝口道郎・松尾正洋『ウルグアイ・ラウンド』(日本放送出版協会、一九九四年）および Jeffrey J. Schott, *The Uruguay Round: An Assessment* (Washington, D.C.: Institute for International Economics, 1994) 参照。

(11) 有力な当事者による記述としては、ポール・ボルカー／行天豊雄（江澤雄一監訳）『富の興亡』（東洋経済新報社、一九九二年）。

(12) 同書、第七章。

(13) このようなプロセスについては、船橋洋一『通貨烈烈』（朝日新聞社、一九八八年）。

(14) ダニエル・ヤーギン（日高義樹・持田直武訳）『石油の世紀(上)(下)』（日本放送出版協会、一九九一年）。

(15) 海洋レジームとそれへの日本の対応については、山内康英『交渉の本質』（東京大学出版会、一九九五年）参照。

(16) 今井隆吉・佐藤誠三郎編著『核兵器解体』（電力新報社、一九九三年）第六章、納家政嗣「冷戦後の核不拡散問題」『国際政治』第一〇八号（一九九五年三月）一一六〜一三〇頁参照。

(17) Nye, *Understanding International Conflicts*, p. 174.

(18) 山本武彦「冷戦後の軍備管理レジームと国際輸出管理レジームの連繋構造」『国際政治』第一〇八号（一九九五年三月）一一一〜一二六頁。

(19) このあたりの議論については、Keohane, *After Hegemony*, ch. 3 も参照してほしい。

(20) G7サミットについては、船橋洋一『サミットクラシー』（朝日新聞社、一九九一年）および、ロバート・D・パットナム／ニコラス・ベイン（山田進一訳）『サミット「先進国首脳会議」』（TBSブリタニカ、一九八六年）が必読。

(21) この辺の議論をさらに細かく検討するためには、田中明彦『世界システム』第六、七章参照。

(22) George Modelski, *Long Cycles in World Politics* (Seattle and London: University of Washington Press, 1987).

(23) ただし、ウォーラースティンはマルクス主義者で、資本主義に批判的であり、世界社会主義社会を構想しているのに対し、モデルスキーは、リベラルな考え方を基調にしている。ウォーラースティンの議論については、前掲『世界経済の政治学』が簡明である。

(24) 田中明彦『世界システム』一二三～一二五頁参照。

[第五章]

(1) 国際的な相互依存に関する基礎文献としては、以下のものが重要で基本的である。山本吉宣『国際的相互依存』(東京大学出版会、一九八九年)、山影進『対立と共存の国際理論』(東京大学出版会、一九九四年)、鴨武彦・山本吉宣編『相互依存の理論と現実』(有信堂、一九八八年)、山影進編『相互依存時代の国際摩擦』(東京大学出版会、一九八八年)、英文のものとしては、Robert O. Keohane and Joseph S. Nye, Jr. eds., *Transnational Relations and World Politics* (Cambridge: Harvard University Press, 1970); Keohane and Nye, *Power and Interdependence* が基本的である。

(2) Keohane and Nye, *Power and Interdependence*, pp. 11-19. コヘインとナイによる敏感性の概念について、山影は、「厳密には定式化できない曖昧な概念で、しかも交流変化がマイナスに作用する場合のみを考慮していることを疑わせるので、不正確な概念でさえありうる」と批判しており、また脆弱性については、「相互依存の一側面ではなく、アクターの内部(システム)の一側面と考えるべきである」として、「強靱性」の概念を提出している(山影進『対立と共存の国際理論』一八八～一八九頁)。たしかに山影のいうようなあいまいさが、コヘインとナイの敏感性に関する説明にはある。本書における敏感性は、動的システムを構成する複数の変数間の、単位時間当たりの変化の比であって、その意味では曖昧性はない。山影の使う「感度」は、単なる変数と変数の間の変化率ではなく、「交流量」の変化に対するアクターの「便益」の変化の比であって、より特殊な定式化になっている。脆弱性についての山影の指摘は、まさに正しい。そのことは、本文以下の説明からも明らかであろう。

(3) そのような知的アクロバットの中で最も華麗なものをあげれば、それは、一九五九年に『フォーリン・アフェアーズ』誌に掲載されたアルバート・ウォールステッターの「こわれやすい恐怖の均衡」であった。同論文のもとになったランド研究所での報告の邦訳は、高坂正堯・桃井真共編『多極化時代の戦略(上)核理論の史的展開』(日本国際問題研究所、一九七三年)三七三〜四一四頁にある。

(4) 国境の浸透性についてのこのような議論を最初に体系的に行ったのは、John H. Herz, "Rise and Demise of the Territorial State", *World Politics*, Vol. 9. (1957) であった。「国家の不可侵性」を一つの指標として近代の「国民国家体系」の展開を簡明に記述したものとしては、岡部達味『国際政治の分析枠組』(東京大学出版会、一九九二年)第三章がある。

(5) この段階の貿易や世界経済についての壮大なクロニクルは、ブローデルのそれである。Fernand Braudel, *Civilization and Capitalism, 15th–18th Century*, (*Volume* 3), *The Perspective of the World* (London: Fontana, 1985. フランス語の原著は、一九七九年に出版されている)。また、松井透『世界市場の形成』(岩波書店、一九九一年)は、数多くの数量データを駆使して、当時の世界市場の拡大を描いている。特に十八世紀に至るまでの南アジアにおけるヨーロッパ人貿易の占める位置が、いかに低かったかの記述は面白い。

(6) この段階における貿易がいかなる利益をもたらすかを明らかにしたのは、リカード以来の比較生産費説であった。

(7) このような世界経済の現在については、たとえば、大前研一『トライアド・パワー』(講談社、一九八五年)、大前研一・田口統吾『ボーダレス・ワールド』(プレジデント社、一九九〇年)、P・F・ドラッカー(上田惇生・佐々木実智男訳)『新しい現実』(ダイヤモンド社、一九八九年)、P・F・ドラッカー(上田惇生他訳)『ポスト資本主義社会』(ダイヤモンド社、一九九三年)などを参照。

（8）田中明彦『世界システム』一六八〜一七〇頁。
（9）金融制度の進歩によって、イギリスが戦費調達能力において優れていたことは、ケネディ（鈴木主税訳）『決定版　大国の興亡（上）』（草思社、一九九三年）一二八〜一四二頁などを見よ。
（10）田中明彦「日米経済関係の政治過程」『国際問題』第三三六号（一九八八年三月）四〇〜五一頁。
（11）Thomas O. Bayard and Kimberly Ann Elliott, *Reciprocity and Retaliation in U. S. Trade Policy* (Washington, D.C.: Institute for International Economics, 1994).
（12）非国家主体の問題に最初に本格的に取り組んだのが、本章の注（1）で指摘した Keohane and Nye, *Transnational Relations* であった。この本の中には、フェード財団だとかローマ教会の役割について論じた論文がある。国家と企業の相互作用については、John Stopford and Susan Strange, *Rival States, Rival Firms: Competition for World Market Shares* (Cambridge: Cambridge University Press, 1991) が最近の業績の例である。
（13）ここで主体とは、自らの統一的な意思決定メカニズムを保持する集団（および個人）であり、ネットワークとは、統一的な意思決定のメカニズムを保持しないような非主体型の集団であって、その間の主要な相互制御が、説得や誘導であるものを指すものと考えている。主体の種類、それとネットワークとの関連については、公文俊平『情報文明論』（NTT出版、一九九四年）二二一〜二四九頁参照。公文は、組織についても、その内部の相互制御が説得や誘導型であるものをネットワーク組織として、ネットワークのタイプと見なしている。
（14）春田哲吉『パスポートとビザの知識』（有斐閣、一九八七年）によれば、ヨーロッパにおいて「第一次世界大戦（一九一四—一八年）の直前には、ロシア、トルコ等の一部の国を除いては、ほとんどの国においてパスポートは必要とされなくなり、したがってそれに対するビザも不要となっていた。ちなみに、国際連盟の経済部長であったアンドレ・シーグフリードがその著『現代』の中で第一次世界大戦前のヨーロッパ大陸の遊覧旅行について『……パスポートのビザを気にする必要もなかった。第一パスポートなどというものはいらないのである』と述べている」そうである。

(15) モーツァルトの年譜は、Michel Parouty, *Mozart: The Real Amadeus* (London: Thames and Hudson, 1993), pp. 182-185、ワーグナーの年譜は、Michael White and Kevin Scott, *Wagner for Beginners* (Cambridge: Icon Books, 1995), pp. 170-173 を参照した。

(16) A. J. P. Taylor, *Bismarck: The Man and the Statesman* (New York: Vintage, 1967), p. 45.

(17) ピーター・マシューズ編（大出健訳）『ギネスブック'96』（騎虎書房、一九九五年）二一七頁。この記録は一九八〇年一月八～十日にデヴィッド・スプリングボックがなしとげたもので、ロサンゼルス、ロンドン、バーレーン、シンガポール、バンコク、東京、ホノルルを経由する三万七一二四キロを飛んだものである。これは国際航空連盟の規定による「世界一周」であるが、正確に地球の反対側の二地点を通る世界一周はもう少し時間がかかる。定期便によるこれまでの最短記録は、五十八時間四十四分である。

(18) 東芝機械のココム違反事件については、塩田潮『官邸決断せず――日米「安保」戦争の内幕』（日本経済新聞社、一九九一年）第四部が日本側から見たストーリーである。制裁への対処について、東芝の影響力を強調したものとしては、パット・チョート（岩瀬孝雄訳）『影響力の代理人――アメリカ政治を動かすジャパン・マネー』（早川書房、一九九一年）三五～四一頁がある。

(19) ロバート・B・ライシュ（中谷巌訳）『THE WORK OF NATIONS　21世紀資本主義のイメージ』（ダイヤモンド社、一九九一年）。

(20) Laura D'Andrea Tyson, *Who's Bashing Whom? Trade Conflict in High-Technology Industries* (Washington, D.C.: Institute for International Economics, 1992), p. 109.

(21) 梶田孝道『統合と分裂のヨーロッパ――EC・国家・民族』（岩波書店、一九九三年）。

(22) Guy Vassall-Adams, *Rwanda: An Agenda for International Action* (Oxford: Oxfam Professional,

1994).

[第六章]

(1) モンテスキュー(野田良之他訳)『法の精神㈥』(岩波書店、一九八九年)二〇二頁。
(2) カント『永遠平和のために』七〇〜七一頁。
(3) 『日本の名著四〇 徳富蘇峰 山路愛山』(中央公論社、一九八四年)一一四頁。
(4) 同書、一一八頁。
(5) Evan Luard ed., *Basic Texts in International Relations* (Houndmills: Macmillan, 1992), pp. 265–266.
(6) M. G. Forsyth, H. M. A. Keens-Soper and P. S. Savigear, *The Theory of International Relations: Selected Texts from Gentili to Treitschke* (London: George Allen & Unwin, 1970), p. 136.(邦訳は、『ルソー全集』第四巻〔白水社、一九七八年〕三一九頁にあるが、本文の訳は筆者が上記英語文献から邦訳を参考にして作成した)。なお、以下も参照。Torbjorn L. Knutsen, *A history of International Relations theory: An Introduction* (Manchester: Manchester University Press, 1992), p. 119.
(7) Forsyth, *et. al., op. cit.*, p. 160. 邦訳は、『ルソー全集』第四巻〔白水社、一九七八年〕三五七頁にあるが、本文の訳は筆者が上記英語文献から邦訳を参考にして作成した。
(8) ルソー(本田喜代治・平岡昇訳)『人間不平等起原論』(岩波書店、一九七二年)八九頁。
(9) さまざまな「ゲーム」と国際レジームの関係については、Baldwin, ed. *Neorealism and Neoliberalism* の各論文が参考になる。
(10) この点は、山影のモデルが最も簡明に示すところである。山影進『対立と共存の国際理論』一六五〜一八九頁参照。
(11) 『日本の名著四〇』三一二頁。もっとも、徳富蘇峰の「変説」は、自伝がいうほど、「三国干渉」のみが契機になっていたわけではなかったようである。隅谷三喜男の解説を参照。

（12）山本吉宣「戦争研究の理論と方法——類型学的考察——」『国際法外交雑誌』第八八巻第六号（一九九〇年）、一八～五九頁。

（13）William Domke, *War and the Changing Global System* (New Haven: Yale University Press, 1988).

（14）田中明彦『世界システム』一七〇～一七一頁。レジームに関しては、Stephen D. Krasner, ed. *International Regimes* (Ithaca: Cornell University Press, 1983)、国際機構全般については、渡辺茂己『国際機構の機能と組織』（国際書院、一九九四年）、横田洋三編著『国際機構論』（国際書院、一九九二年）。

（15）国連については、依然として、Inis L. Claude, Jr., *Swords into Plowshares: The Problems and Progress of International Organization*, Fourth Edition (New York: Random House, 1971); Inis L. Claude, Jr., *Power and International Relations* (New York: Random House, 1962)、日本語では、明石康『国際連合——その光と影』（岩波書店、一九八五年）が簡明である。しかし、両者とも、冷戦後の事態については、当然ながら触れていない。

（16）西欧列強が日本や中国などと締結した通商条約が不平等なものだったのはよく知られている。しかし、多国間の条約で、国連憲章ほど明示的に不平等を導入したものは、これまでにはなかったのではないか。

（17）Forsyth, *et. al., op. cit.*, pp. 131-166. 邦訳は、『ルソー全集』第四巻（白水社、一九七八年）三一一～三六七頁に、「サン＝ピエール師の永久平和論抜粋」「永久平和論批判」として収録されている。

（18）香西茂『国連の平和維持活動』（有斐閣、一九九一年）。

（19）ボスニアにおける国連保護軍（UNPROFOR）は、まさに死にかけているカナリアであった。アメリカが、一九九五年夏にかなりの武力を示しつつ調停工作に乗り出した背景には、アメリカ内政の理由などもあるが、カナリアが死にかけているという要因もあったように思われる。

（20）田中明彦「『世界新秩序』はなぜ霧の中なのか」『中央公論』一九九一年七月号、六二～七五頁。

(21) The United Nations, "An Agenda for Peace: Preventive diplomacy, peacemaking and peace-keeping", A/47/277 S/24111 (17 June 1992).

(22) 最近の国連の平和維持活動については、西原正／セリグ・S・ハリソン共編『国連PKOと日米安保』(亜紀書房、一九九五年)第一章および、Akihiko Tanaka, "U. N. Peace Operations and Japan-U. S. Relations", in Peter Gourevitch, Takashi Inoguchi and Courtney Purrington eds., *United States-Japan Relations and International Institutions After the Cold War* (La Jolla, CA: Graduate School of International Relations and Pacific Studies, University of California, San Diego, 1995), pp. 59–83を参照。

(23) 戦略核の軍縮・軍備管理の現段階についての簡潔な要約としては、The International Institute for Strategic Studies, *The Military Balance 1995/96* (Oxford: Oxford University Press, 1995), pp. 276–277を参照。

(24) 今井隆吉『IAEA査察と核拡散』(日刊工業新聞、一九九四年)。

(25) 平和・安全保障研究所編『アジアの安全保障 1995—1996』(朝雲新聞社、一九九五年)。

(26) Miles Kahler, *International Institutions and the Political Economy of Integration* (Washington, D.C.: The Brookings Institution Press, 1995).

(27) 東京ラウンドについては、Gilbert R. Winham, *International Trade and the Tokyo Round Negotiation* (Princeton: Princeton University Press, 1986).

(28) ウルグアイ・ラウンドとWTOについては、筑紫勝麿編著『ウルグァイ・ラウンド——GATTからWTOへ』(日本関税協会、一九九四年)、溝口道郎・松尾正洋『ウルグァイ・ラウンド』、Schott, *The Uruguay Round* などを参照。

［第七章］

（1） Hedley Bull, *The Anarchical Society: A Study of Order in World Politics* (New York: Columbia University Press, 1977), pp. 254–255; 264–276. ヘドレイ・ブルは、「新しい中世」を主権国家間の関係が優越する国際システムに代わりうるモデルだと考えており、以下の五つの基準が満たされるかどうかで、その現実性を考察していた。第一は、国家の地域統合の可能性、第二は、国家の解体、第三は、私的団体による国際的暴力の復活、第四は、超国家主体の優越、第五は、世界の技術的統合であって、これらの傾向がさらに進めば、「新しい中世」というモデルの現実性が出てくるとしていた。しかし、このような検討をした結果、彼が出した結論は、このような傾向は、現在の国家中心の国際システムを覆す段階にまでは到達していない、というものであった。ブルのこの名著出版後二十年近くが経過し、筆者は、今やブルの結論を覆してもいい段階にきたのではないかと考えて、本文のような主張をするようになったのである。

（2） 伊藤憲一は、今後の世界を「超近代」と特徴づけているが、これを「第二次中世」とも呼んでいる。伊藤憲一『超近代の衝撃——21世紀世界の力と論理』（東洋経済新報社、一九九五年）。

（3） ただし、筆者としては、この名称にも完全に満足しているわけではない。中世ヨーロッパと現代が、非常に異なっていることは間違いないし、また以下で述べるように、そもそも「中世」という名称自体が、ヨーロッパ近代の特殊な偏見に根ざす概念といえないこともないからである。

（4） Ernst Breisach, *Historiography: Ancient, Medieval, & Modern*, Second Edition (Chicago: The University of Chicago Press, 1994), pp. 160, 181.

（5） 松田壽男は、かつてこのような見方を「切捨て御免」の世界史といったことがある。「誰でも心得ているように、西洋史の叙述はまずオリエントにはじまる。ところがギリシアが出現すると、オリエントはみごとに切捨てられ、ローマが台頭するとこんどはギリシアが切捨てられてしまう。つづいて西ヨーロッパにフランク王国が成立すると、ここでローマが完全に切捨てられる」。松田壽男『アジアの歴史——東西交渉からみた前近代の世界像』(岩波書店、一九九二年)五頁(この本はもともと、一九七一年に刊行された)。別の言い方をすれば、まったく地理的に異なる場所で起こった現象を、一つの筋でつなげて、いいところがすべて西欧につながるようにしておいて、これらのいいところを「ヨーロッパの伝統」と称する歴史観である。そこでは、ギリシア・ローマからビザンチンへの流れや、イスラムの勃興の意味や、中央アジアの世界史的な意味などはまったく顧みられない。もちろん、現在の欧米の歴史学者で、これほどの西欧中心史観をとる人々は少ないが、思想史などにおいては、依然として、このパターンは根強く残っている。

(6) ヨーロッパ中世のさまざまな側面については、Maurice Keen, *The Penguin History of Medieval Europe* (London: Penguin Books, 1991); R. W. Southern, *The Making of the Middle Ages* (London: Pimlico, 1993)、マルク・ブロック(新村猛・森岡敬一郎・大高順雄・神沢栄三共訳)『封建社会1、2』(みすず書房、一九七三、一九七七年)などを参照した。ハンザ同盟については、高橋理『ハンザ同盟——中世の都市と商人たち』(教育社、一九八〇年)、騎士団の例としては、レジーヌ・ペルヌー(橋口倫介訳)『テンプル騎士団』(白水社、一九七七年)などが面白かった。

(7) ブロック、前掲書1、一九〇頁。

(8) ブロック、前掲書2、七六頁によれば、中世ヨーロッパにおける裁判制度の特徴として、「第一に、裁判権が驚く程細分化していること、第二に、それが錯綜していること、最後に、それが十分に効果を発揮しえなかったこと」があげられるという。

(9) 中世も後期になろうとする英仏「百年戦争」の時の英仏領の変化を見れば、我々が現在持っているフランスとかイギリスの領土とまったく異なることに驚かざるをえないと思う。

(10) Howard Williams, Moorhead Wright and Tony Evans, eds., *A Reader in International Relations and Political Theory* (Buckingham: Open University Press, 1993), p. 66.

(11) Angela Partington, ed., *The Oxford Dictionary of Quotations*, 4th Edition (Oxford: Oxford University Press, 1992), p. 716.

(12) 田中明彦『世界システム』二二〜三四頁。近代的な外交の生成と発展のプロセスについては、Garrett Mattingly, *Renaissance Diplomacy* (New York: Dover Publications, 1988); M. S. Anderson, *The Rise of Modern Diplomacy 1450–1919* (London: Longman, 1993) などを参照。

(13) たとえば、通産省の中の通商政策局、大蔵省の中の国際金融局である。事務次官が各省の中の総理大臣にあたるとすれば、通産審議官は、通産省の外務大臣であり、財務官は大蔵省の外務大臣である。日本の対外政策形成におけるこのような動きについては、草野厚「対外政策決定の機構と過程」有賀貞他編『講座国際政治④ 日本の外交』(東京大学出版会、一九八九年)五三〜九二頁。

[第八章]

(1) Robert Cooper, "Is There a New World Order?" in Seizaburo Sato and Trevor Taylor eds., *Prospects for Global Order* (London: Royal Institute of International Affairs, 1993), pp. 8–24. クーパーは、この論文を最初に発表した国際会議で、佐藤誠三郎教授がイギリス王立国際問題研究所で行った講演から、この考え方のヒントを得たと語っていた。クーパーは、その後もこの論文の改訂を行っており、筆者は、一九九五年九月の段階の草稿 (Robert Cooper, "Is There a New World Order?", 11 September 1995) を見せてもらい、参考になる点が多々あった。クーパーの定式化は、世界の三つの部分を、「近代以前」(プレ・モダン)、「近代」(モダン)、「近代後」(ポスト・モダン) と名付けるものである。それぞれ筆者のいう、「第三圏域」(混沌圏)、「第二圏域」(近代圏)、「第一圏域」(新中世圏) に対応する。筆者がクーパーと同様な用語を使わなかったのは、ただ近代の前とか後といっただけでは、それがいかなる秩序を意味するのか明確とは思えないからである。また近代以前の世界は一色ではなく、ましてやすべてが現在の「第三圏域」のような無秩序状態を示したわけでもない。現在の「第三圏域」より、はるかに秩序だった地域は、近代以前の世界の各所にあった。また、ポスト・モダンという用語も、それだけでは、秩序の内実について必ずしも明確な示唆を与えるものではないように思う。また、筆者は、この三つの圏域の区分に、「新しい中世」の普遍主義である自由主義的民主制と市場経済を使っている。この試みが成功しているか否かは、読者の判断にまかせるしかないが、このような観点はクーパーの論文にはあまり見られないものである。

（2）「智のゲーム」については、公文俊平『情報文明論』三五三〜三七四頁参照。なお、国際政治において、知識の果たす役割を重視する考え方については、Ernst B. Haas, *When Knowledge is Power: Three Models of Change in International Organizations* (Berkeley: University of California Press, 1990) などを参照。

（3）自由主義的民主制や市場経済は「近代」が生み出した思想であるから、近代がこれによって特徴づけられるという考えは、きわめて広く見られる。しかし、自由主義的民主制や市場経済がどれだけ広く実際に実行されていたか、という観点からすれば、それほど実行されていなかったという方が正確ではないだろうか。実態という観点から見れば、近代とは、自由主義的民主制と市場経済という考え方を生み出し、これを普及させる過程であったととらえるのが正確であろう。そして、これらが普及・成熟してしまうと、その段階は、かなり異なる世界になる、したがって近代ではなくなった、と考えてもよいのではないだろうか。もちろん、自由主義的民主制と市場経済の成熟こそが真の「近代」なのだということは可能である。しかし、そうだとすれば、世界システム・レベルでの近代は、まだ始まっていない、ということになるであろう。つまりは、用語の問題であるが、後者のような用語法では、これまでの時代は一体、何と呼べばよいか混乱が起こるのではないだろうか。

（4）筆者はしばしば中国人の知り合いに、中国が「富強」を目的にしているというと、日本人には、中国がかつての軍国日本の「富国強兵」政策をとって侵略的になるように聞こえるのだ、ということがある。多くの中国人は、明治の日本が「富国強兵」というスローガンを利用していたことを知らない。また、いずれにしても、中国が「富強」といった時、侵略をする意味ではないと強調するのが常である。さらに、侵略的でないとすれば、「富強」のどこが悪いのか、と怪訝な顔をする中国人は多い。どこの国だって、「富強」を目標にしているのではないか、と思うのであろう。第一圏域の多くの国民にとって、国の「富強」は、あまり意識にのぼらないのと対照的だといえるだろう。もっとも、第一圏域の中でも、アメリカ人のレトリックには、依然として、「最強」とか「誰にも負けない」とかいう用語がかなり残っており、その意味で、第二圏域的だといえよう。しかし、これも以下の本文で指摘するように、それなりの理由がある。なお、中国語で「富強」といった時、これは必ずしも「富国強兵」の略として意識されているわけではなく、独立の単語と思われているようである。また、筆者は、大連で建物の上に「富民強国」と大書した看板を見たことがある。

（5）この点は、恒川恵市氏に御教示を受けた。

（6）第二次世界大戦後の発展途上世界の事情を「主権」の概念と実態とから分析したジャクソンは、世界にはきわめて多数の「疑似国家」あるいは「国家もどき」(quasi-states) が存在することになったと主張している。Robert H. Jackson, *Quasi-States: Sovereignty, International Relations and the Third World* (Cambridge: Cambridge University Press, 1990). この「国家もどき」すらが崩壊しつつあるというのが、現在の第三圏域（混沌圏）の姿である。このような状態については、伊藤憲一『超近代の衝撃』一五八〜一七七頁にも鋭い問題指摘が見られる。

（7）米中関係については、高木誠一郎「米中関係の基本構造」岡部達味編『岩波講座現代中国第6巻　中国をめぐる国際環境』（岩波書店、一九九〇年）、最近の動きについては、平和・安全保障研究所編『アジアの安全保障』の各年版を見よ。

（8）Robert D. Blackwill, Rodric Braithwaite, and Akihiko Tanaka, *Engaging Russia* (New York, Paris and Tokyo: The Trilateral Commission, 1995), pp. 15–16.

（9）Guy Vassall-Adams, *Rwanda*, pp. 11–12.

［第九章］

（1）最近のアジア・太平洋の国際政治について、筆者は、本書とは若干異なる概念枠組みで論じたことがある。田中明彦「東アジアの安全保障と日本の政策」山影進編『新国際秩序の構想』（南窓社、一九九四年）一二〇～一四三頁。この論文では、現実主義の国際政治観と協調主義の国際政治観の二通りの見方で東アジアの国際政治を分析すると何がいえるかを考えた。このような見方は、最近きわめて多くの論者が行うようになってきた。Richard K. Betts, "Wealth, Power, and Instability: East Asia and the United States after the Cold War", *International Security*, Vol. 18, No. 3 (Winter, 1993–1994), pp. 34–77; Barry Buzan and Gerald Segal, "Rethinking East Asian Security", *Survival*, Vo. 36, No. 2 (Summer 1994), pp. 3–21; Paul Dibb, *Towards a New Balance of Power in Asia*（Adelphi Paper 295）(Oxford: Oxford University Press, 1995).

（2）「文明の衝突」とは、いうまでもなくハンティントンの言葉である。しかし、この言葉を使うのであれば、現在から二十一世紀についていうよりは、十九世紀のアジアについていう方がはるかに実態にあっていると思う。

（3）サンフランシスコ平和条約第二条(f)項は、「日本国は、新南群島及び西沙群島に対するすべての権利、権原及び請求権を放棄する」と規定している。横田喜三郎・高野雄一編『国際条約集１９８３年版』（有斐閣、一九八三年）四六二頁。

（4）Mark J. Valencia, *China and the South China Sea Disputes*（Adelphi Paper 298）(Oxford: Oxford University Press, 1995), p. 6.

（5）一九七八年十月二十五日、日本記者クラブで行われた記者会見で、鄧小平副総理（当時）は、以下のように述べた。「尖閣列島をわれわれは釣魚島と呼ぶ。呼び名からして違う。確かにこの問題については双方に食い違いがある。国交正常化のさい、双方はこれに触れないと約束した。今回、平和友好条約交渉のさいも同じくこの問題にふれないことで一致した。中国人の知恵からして、こういう方法しか考えられない。というのは、この問題に触れると、はっきりいえなくなる。確かに、一部の人はこういう問題を借りて中日関係に水をさしたがっている。だから両国交渉のさいは、この問題を避けるがいいと思う。こういう問題は一時タナ上げしても構わないと思う。十年タナ上げしても構わない。われわれの世代の人間は知恵が足りない。われわれのこの話し合いはまとまらないが、次の世代はわれわれよりもっと知恵があろう。その時はみんなが受け入れられるいい解決方法を見いだせるだろう」。外務省アジア局中国課監修『日中関係基本資料集一九七〇年―一九九二年』(霞山会、一九九三年) 一九七頁。

(6) The International Institute for Strategic Studies (IISS), *The Military Balance 1995/96* (Oxford: Oxford University Press, 1995), pp. 183–186.

(7) ノドンと呼ばれるタイプのミサイルがすでに六基配備されたとの報道もあった。*Ibid.*, p. 171.

(8) *Ibid.*, p. 176.

(9) *Ibid.*, p. 192.

(10) SU27は、さらに二十五機を購入し、キロ級潜水艦は、さらに三隻を購入するといわれている。Ron Montaperto, "China as a Military Power", *Strategic Forum* (National Defense University), No. 56 (December 1995), p. 4. 江畑謙介「中国の軍事力と東アジアの軍備近代化」『東亜』三三七号 (一九九五年七月) 一九頁。

(11) 『朝日新聞』一九九五年十一月十九日付。

(12) 中華人民共和国国務院新聞弁公室「中国の軍備抑制と軍縮」『北京週報』第三三巻第四七号 (一九九五年十一月二十一日)。

(13) IISS, *op. cit.*, pp. 270–275; Montaperto, *op. cit.*

(14) 英国国際戦略研究所編『ミリタリー・バランス1994―1995』(メイナード出版、一九九五年)二五六頁、IISS, *op. cit.*, p. 172.

(15) もっとも、自らが誰で、他者が誰か判然としない状態で、さらに不可解なことが起こる危険性は否定できない。「新しい中世」が、どの程度安全かどうか疑問の余地のある所以である。

(16) この点をさらに突っ込んで考えるためには、十九世紀以前の東アジアにいかなる国際秩序があったのかを明らかにしたうえで、そのような伝統的な東アジア秩序が、今後のアジア・太平洋の秩序形成にどのような役割を果たせるかを問わなければならない。前段の目的のためには、浜下武志『近代中国の国際的契機』(東京大学出版会、一九九〇年)、浜下武志「近代東アジア国際体系」平野健一郎編『講座現代アジア4 地域システムと国際関係』(東京大学出版会、一九九四年)、溝口雄三他編『アジアから考える[2] 地域システム』(東京大学出版会、一九九三年)が参考になる。後段の現代との関係では、浜下武志「経済発展と多軸化する中国」『世界』(一九九六年三月)四九～五五頁があるが、まだ十分展開されているとはいえない。

[第十章]

(1) この二つの国家観を合体させた思想家は、高山巌によれば、ルソーである。しかし、この見方が広く受け入れられていったのは、ルソーの議論が論理的であったというよりは、それ以後の歴史が彼の見方に整合的に動いていったということではないかと思う。高山巌「『民族国家』の形成と主権問題」『国際政治』第一〇一号(一九九二年十月)一〇～一三頁参照。

(2) 憲法問題について、筆者もメンバーであったグループの見解としては、読売新聞社調査研究本部編『憲法を考える――国際協調時代と憲法第九条』(読売新聞社、一九九三年)。

(3) 田中明彦「世界のなかの日本・西欧関係」『国際問題』第四〇九号(一九九四年四月)三九～四五頁。Akihiko Tanaka, "Trilateral Relations: Japan and Europe in the Western Alliance System", in Hanns

W. Maull, ed., *Japan and Europe in an Interdependent World* (The Proceedings of the Ninth Europe-Japan Conference, West Berlin, November 1987) (Tokyo: The Japan Center for International Exchange, 1988), pp. 16–31.

（4）　ＡＰＥＣ形成に至る、日本とオーストラリアの協力については、船橋洋一『アジア太平洋フュージョン』第三章参照。

（5）　田中明彦「『覇権・混乱・相互依存』三つのシナリオ」『季刊アステイオン』第三三号（一九九四年夏）七六〜八三頁。

（6）　ＡＳＥＡＮ発展の経緯やその意味するところについては、山影進『ＡＳＥＡＮ——シンボルからシステムへ』（東京大学出版会、一九九一年）参照。

（7）　Akihiko Tanaka, "The Asia-Pacific Region and Russia", in Robert D. Blackwill, Rodric Braithwaite and Akihiko Tanaka, *Engaging Russia* (The Triangle Papers: 46) (New York, Paris and Tokyo: The Trilateral Commission, 1995), pp. 123–134.

（8）　この困難な問題については、伊藤憲一『超近代の衝撃』一七一〜一七七頁、Cooper "Is There a New World Order?" (September 1995) も議論している。クーパーは、合理的に考えれば、「ポスト・モダン」の世界は、「プレ・モダン」の世界にはできるだけかかわらないようにしなければならない、と論じたうえで、しかし、現在のような情報の発達した世界では、このような「現実的」な対応策は、実は現実的でないのだと論じている。

（9）　日本の国連平和維持活動への関係については、田中明彦「国連平和活動と日本」西原正／セリグ・Ｓ・ハリソン共編『国連ＰＫＯと日米安保——新しい日米協力のあり方』（亜紀書房、一九九五年）一三七〜一五六頁。

[補　章]

(1) 本書(原本)発表以後に、筆者が国際政治について考察したものは、田中明彦『ワード・ポリティクス――グローバリゼーションの中の日本外交』(筑摩書房、二〇〇一年)および、田中明彦『複雑性の世界――「テロの世紀」と日本』(勁草書房、二〇〇三年)に収録されている。

(2) その意味でいえば、九・一一テロは、オウム真理教のテロときわめて類似した特徴を持っている。ここでの議論に関しては、田中明彦「テロリズムとの戦い――『戦後構想』をいかに構築すべきか」『アステイオン』第五七号(二〇〇二年)(前掲『複雑性の世界』に再録)を参照。

(3) 近代国家における警察と軍隊の分業、それぞれの対象の特徴、新しいテロへの不適切性などについては、田中明彦「米国、イラク攻撃三つのシナリオ」『中央公論』(二〇〇二年十月)(前掲『複雑性の世界』に再録)で最初に議論した。

(4) このような傾向を称して、ロバート・ケーガンは、「ホッブズ的ジャングル」に対処するアメリカと「カント的パラダイス」に住むヨーロッパの対立であると指摘した。Robert Kagan, "Power and Weakness", *Policy Review*, No. 113 (June and July 2002) (http://www.policyrevi-ew.org/JUN02/kagan.html) 参照。

原本あとがき

ベルリンの壁崩壊の数ヵ月前、私は『世界システム』という本を上梓した（東京大学出版会、一九八九年）。その本を準備している最中、ソ連の動向いかんでは近代世界システムに大きな変化が起こるかもしれないとの予感を持ってはいたが、出版後数ヵ月にして明らかになったような劇的な変化が起こるとは予測していなかった。ましてや、ソ連という国家が解体してしまうことなどは予測できなかった。このような大事な変化を予測できなかったという意味では、筆者としての不明を反省しなければならない。世界システムのような巨大にして複雑なシステムの特徴づけがいかに困難で、また無謀かの例証である。

しかし、ベルリンの壁から六年、冷戦後の国際政治の動向を観察する時、私が『世界システム』で行った分析枠組み自体はそれほど見当はずれでもない、と思えるようになった。その本の中で、私は古今東西のさまざまな世界システムの簡単な分類を行うとともに、十六世紀以降の近代世界システムの持続的特徴と変動の方向性について考察した。

このような超長期の観点からすると、冷戦という現象も、冷戦の終結という現象も、ともに「短期」の事態にすぎない。そして、冷戦の終結に深刻な意味があるとすれば、それはこのような超長期の枠組みの中で、それがいかなる意味を持ちうるかを考察してはじめて明らかになると思えるようになったのである。そうだとすれば、冷戦とその終焉もまた、近代世界システムの超長期の持続的形態と変化のダイナミックスとの関連で議論し直さなければならない。

『世界システム』最終章で、私は世界システムの今後のあり方として、「多極の世界」、「覇権後の世界」そして「相互依存の世界」の三つのシナリオがありうることに簡単に触れていた。冷戦の終結は、本文で触れているように議論の余地はあるものの、ひとまず世界システムを「多極の世界」的な方向へ向かわせたといってよいであろう。しかし『世界システム』で行った議論からすれば、それは一つのシナリオにすぎない。そして、ベルリンの壁以後の事態は、必ずしも「多極の世界」というシナリオのみが妥当性を獲得しつつあるということを示していない。「覇権後の世界」といったシナリオも、また「相互依存の世界」といったシナリオも共に否定されていない。

現状は、「冷戦後」でもあるが「覇権後」でもあり、また「相互依存」がますます進展する世界でもある、というのが正確なのである。しかし、前著では、このような「冷戦後」と「覇権後」と「相互依存」が進展するという事態がすべて複合的に進行する時、世界システムがいかなるものになるかという点については十分議論しなかった。

可能性の議論としては、十六世紀以来の「近代世界システム」が大きく変質して、「近代」世界システムと呼ぶのにふさわしくなる事態についても指摘してはいたが、詳述したわけではなかった。本書で、私は、この可能性が現実のものとなりつつある、と主張したわけである。今や、我々の住む世界システムは、「近代世界システム」と呼ぶにはあまりに変質してしまった、ある種の進歩史観からすれば容認できないかもしれないが、かえってヨーロッパ中世に似た世界システムに移行しつつある、と主張したわけである。冷戦の終焉、アメリカの覇権の衰退、相互依存の進展によって、近代世界システム自体が終焉を迎え、「新たな中世」という世界システムに移行しつつある、と主張したのである。

前著が無謀であったごとく、本書もまた無謀な試みであることはいうまでもない。世界史について特に学識があるわけでもなく、また国際政治や世界システムについてのさまざまな理論について完全にフォローしているわけでもない筆者の議論にさまざまな欠点のあることは自明である。しかし、現在の日本のように、一方において、そこに住む人々の利害が世界中に影響を与え、また与えられるような国でありながら、他方において、そこでなされる議論が著しく自国（あるいは自文化・自文明）中心的な国では、世界システム全体についての無謀な議論も、その多くが間違っているにしても、人々の視野の拡大にいささかなりとも寄与できるのではないかと思うのである。

本書の準備には、かなりの時間がかかった。日本経済新聞社出版局の福田恭子さんに執筆の約束をしてからすでに四年近くたってしまった。内容も、当初、福田さんが望まれたものとかなり違ったものになってしまった。それにもかかわらず、辛抱強く待っていただいたし、できあがった部分部分についても適切なコメントをいただいた。深く感謝したい。

原稿の大部分は、私が、牛場フェローとしてイギリスのオックスフォード大学セント・アントニーズ・カレッジに滞在していた時に執筆した。牛場信彦記念財団関係者、とりわけ、日本国際交流センターの山本正理事長および野田牧人氏には、大変なご配慮をいただいた。セント・アントニーズ・カレッジでは、アーサー・ストックウィン教授のご厚意で、ニッサン・インスティテュート・オブ・ジャパニーズ・スタディーズ内に研究室をお借りすることができた。オックスフォードの知的雰囲気の中で、大変快適な研究生活を送らせていただいたことに対し、ストックウィン教授にはお礼の言葉もない。

また、勤務先（東京大学東洋文化研究所）の私の研究室の岩崎江身子さんには、イギリスにいる間もニフティサーブで、事あるごとに、あの資料、この資料を探してくれ、送ってくれとお願いし、また、イギリスから帰ってきても、生来のランダムな研究生活に助力をいただいている。岩崎さん、ありがとう。

自分の勤め先をほめるのは気がひけるが、東京大学東洋文化研究所は社会科学および人文科学について自由な研究をするには、まさに理想的な環境といってよいと思う。もっと予算があればよいとか、設備がよくなればよいとか思うところもあるが、それを補って余りあるほどの自由がある。まったく専門の異なる同僚との何気ない会話が、大変な刺激になることもしばしばである。

本書の内容については、衞藤瀋吉先生の主宰する研究会で、何回か部分部分について発表させていただき、ご批判をいただいた。衞藤先生はじめ、メンバーの先生方には深くお礼申し上げたい。

私が大学院を出て最初に勤めたのは、平和・安全保障研究所という、安全保障問題を専門にする研究所だった。大学院で、コンピュータ・シミュレーションなどをやっていた私が、本書の最終章で行ったような政策論をするようになったのは、平和・安全保障研究所に勤めたことが一つのきっかけだった。この研究所に関係されている諸先生方、とりわけ猪木正道先生、高坂正堯先生、西原正先生、ケネス・ハント准将からは、国際政治全般を見る眼から、政策論の仕方にいたるまで教えを受けた。本書の分析と政策論が、先生方から見てもそれほど見当はずれでないことを願うのみである。

本書の内容、不十分な点、誤りなどについては私一人の責任であることはいうまでもない。

一九九六年四月

田中明彦

学術文庫版あとがき

本書が単行本として最初に刊行されたのは一九九六年春のことで、二十年以上前のことである。その後、二〇〇三年に文庫版を出版していただいたが、その際、二〇〇一年の「九・一一」テロ事件以後の展開を略述した「補章」を追加し、「まえがき」も最初の段落だけ、その時点に合うように書き換えた。その時から見てもすでに十四年がたっている。それにもかかわらず、今回、講談社学術文庫の一冊として、本書をもう一度世に出していただけるということになり、著者としてまことに有難いことだと思っている。

国際政治や世界システムの研究のなかには、過去の現象を解明するという研究もあるが、本書のような試みは、基本的には現状分析のための枠組みを提示する試みである。二十年前の「現在」を分析するために出版された本が現在も有用であるかどうか、控えめに言ってかなり疑わしい。当然のことながら、言及されている事例も今から見れば古くなったものが多い。

しかしながら、二〇〇三年版の「補章」で、私は、「本書の枠組みが役に立たなくなったわけではない」と書き、そして二〇一七年の現在でも、現在の世界の情勢を考えるうえでの道標として、まだ本書の枠組みには、読者にとっていささか参考になる点があるのではないかと、はなはだ僭岸不遜ではあるが、思っている。もちろん、本人が単に頑迷固陋となり、研究対象を新たな見方で検討できなくなっているだけかもしれない。それにしても、今回、再び出版していただくことによって、私が二十年以上前に考えた枠組みを、現在の読者にご評価いただけることは、著者冥利に尽きることである。

そのような次第であるので、本文、注、補章に関しては、数字の間違いなどを除いて、ほとんど書き換えていない。例外のひとつは、二一頁の後ろから二行目にある、第二次世界大戦の「戦敗国である日本やドイツは灰燼に帰し」との記述である。これはもともと「日本、ドイツ、イタリアは灰燼に帰し」とあったものである。ここの部分は、かつて故猪木正道先生から「田中さん、イタリアは灰燼になんか帰していませんよ」と指摘され、無知と思い込みに深く恥じ入った箇所であった。それにもかかわらず、うかつにも二〇〇三年文庫版で修正することを怠っていた。

なお、二八頁に、「ソ連は北朝鮮に軍事援助をしただけで直接参戦しなかった」とあるが、ソ連崩壊後のソ連資料の公開によって、実際にはソ連が航空部隊を派遣したことがわかっている（下斗米伸夫『アジア冷戦史』中公新書、二〇〇四年、八三頁）。ここは書き直していない。この事実は、当時は外部には知られておらず、知っていたかも知れないアメリカも、ソ連が「参戦」しているとは言っていなかったからである。ソ連もアメリカもお互いが直接交戦しないというのが冷戦時の共通の建前であったという趣旨でご理解いただけると有難い。

例外の第二は「補章」の最初の見出しが、二〇〇三年文庫版では「九・一一事件が証明した「新しい中世」」となっていたところを「証明」ではなく「照出」とさせてもらったことである。社会現象で「証明」という言葉は、あまりに傲慢かと思ったからである。

「原本あとがき」にも記したが、本書は、もともと当時日本経済新聞社出版局にいた福田恭子さんが編集してくれたおかげで出来た本である。福田さんから勧められ、叱咤激励されなければ出来なかった本である。改めてお礼を申し上げたい。また、二〇〇三年文庫版の出版には、日本経済新聞社出版局の桜井保幸さん、小谷雅俊さんに大変お世話になった。そして、今回、この本を発掘していただき、講談社学術文庫に入れていただいたのは、講談社第一事業局の稲吉稔さんである。深く感謝申し上げます。

二〇一七年六月

田中明彦

KODANSHA

本書の原本は、一九九六年、日本経済新聞社より刊行されました。

本文庫化にあたっては、増補をほどこし二〇〇三年に同社より刊行された日経ビジネス人文庫を底本にしています。

田中明彦（たなか　あきひこ）

1954年生まれ。東京大学教養学部卒業，マサチューセッツ工科大学大学院博士課程修了(Ph.D.政治学)。国立大学法人政策研究大学院大学長。国際政治学者。専門は国際政治学，東アジアの国際政治。著書に『世界システム』『日中関係 1945-1990』『安全保障』『ワード・ポリティクス』『複雑性の世界』『ポスト・クライシスの世界』等がある。

定価はカバーに表示してあります。

新しい中世（あたらしいちゅうせい）
相互依存の世界システム（そうごいぞんのせかいシステム）
田中明彦（たなかあきひこ）

2017年8月9日　第1刷発行
2025年5月23日　第2刷発行

発行者　篠木和久
発行所　株式会社講談社
東京都文京区音羽2-12-21 〒112-8001
電話　編集（03）5395-3512
販売（03）5395-5817
業務（03）5395-3615
装　幀　蟹江征治
印　刷　株式会社広済堂ネクスト
製　本　株式会社国宝社
本文データ制作　講談社デジタル製作

ISBN978-4-06-292441-2

「講談社学術文庫」の刊行に当たって

これは、学術をポケットに入れることをモットーとして生まれた文庫である。学術は少年の心を養い、成年の心を満たす。その学術がポケットにはいる形で、万人のものになることは、生涯教育をうたう現代の理想である。

こうした考え方は、学術を巨大な城のように見る世間の常識に反するかもしれない。また、一部の人たちからは、学術の権威をおとすものと非難されるかもしれない。しかし、それはいずれも学術の新しい在り方を解しないものといわざるをえない。

学術は、まず魔術への挑戦から始まった。やがて、いわゆる常識をつぎつぎに改めていった。学術の権威は、幾百年、幾千年にわたる、苦しい戦いの成果である。こうしてきずきあげられた城が、一見して近づきがたいものにうつるのは、そのためである。しかし、学術の権威を、その形の上だけで判断してはならない。その生成のあとをかえりみれば、その根は常に人々の生活の中にあった。学術が大きな力たりうるのはそのためであって、生活をはなれた学術は、どこにもない。

開かれた社会といわれる現代にとって、これはまったく自明である。生活と学術との間に、もし距離があるとすれば、何をおいてもこれを埋めねばならない。もしこの距離が形の上の迷信からきているとすれば、その迷信をうち破らねばならぬ。

学術文庫は、内外の迷信を打破し、学術のために新しい天地をひらく意図をもって生まれた。文庫という小さい形と、学術という壮大な城とが、完全に両立するためには、なおいくらかの時を必要とするであろう。しかし、学術をポケットにした社会が、人間の生活にとってより豊かな社会であることは、たしかである。そうした社会の実現のために、文庫の世界に新しいジャンルを加えることができれば幸いである。

一九七六年六月

野間省一

政治・経済・社会

科学社会学の理論
松本三和夫著

福島原発事故以降、注目を集める科学社会学。その第一人者が地球環境問題、原子力開発を例に、私たちが科学技術と正しく付き合う拠り所を探る。深刻なリスクと隣り合わせの現代社会を生きるための必携書。

2356

逸翁自叙伝　阪急創業者・小林一三の回想
小林一三著（解説・鹿島　茂）

電鉄事業に将来を見た男はどんな手を打ったか。沿線の土地買収、郊外宅地の開発分譲、少女歌劇……。誰も考えつかなかった生活様式を生み出した、大正・昭和を代表する希代のアイデア経営者が語る自伝の傑作。

2361

立憲非立憲
佐々木惣一著（解説・石川健治）

京都帝大教授を務め、東京帝大の美濃部達吉と並び称された憲法学の大家・佐々木惣一が大正デモクラシー華やかなりし頃に世に問うた代表作。「合憲か、違憲か」の対立だけでは、もはや問題の本質はつかめない。

2366

民権闘争七十年　咢堂回想録
尾崎行雄著（解説・奈良岡聰智）

代議士生活六十三年、連続当選二十五回。「憲政の神様」の語る戦前の政党の離合集散のさまは面白くも哀しい。回想を彩る鋭い人物評、苦い教訓と反省は、立憲主義、議会政治の本質が問われている今なお新しい。

2377

関東大震災　消防・医療・ボランティアから検証する
鈴木　淳著

防ぎようがない天災。しかし災害の規模は、人的活動によって大きく左右される。市民、首相、華族、在郷軍人会、青年団――。東京を襲った未曾有の災害に人びとが立ち向かった一週間が物語る歴史の教訓とは。

2381

ブルジョワ　近代経済人の精神史
ヴェルナー・ゾンバルト著／金森誠也訳

中世の遠征、海賊、荘園経営。近代の投機、賭博、発明。そして宗教、戦争。歴史上のあらゆる事象から、企業活動の側面は見出される。資本主義は、どこから始まり、どう発展してきたのか？　異端の碩学が解く。

2403

外国の歴史・地理

外国の歴史・地理

イギリス　繁栄のあとさき
川北　稔著

今日英国から学ぶべきは、衰退の中身である――。産業革命を支えたカリブ海の砂糖プランテーション。資本主義を担ったジェントルマンの非合理性……。世界システム論を日本に紹介した碩学が解く大英帝国史。

2224

愛欲のローマ史　変貌する社会の底流
本村凌二著

カエサルは妻に愛をささやいたか？　古代ローマ人の愛と性のかたちを描き、その内なる心性と歴史の深層をとらえる社会史の試み。性愛と家族をめぐる意識の変化は、やがてキリスト教大発展の土壌を築いていく。

2235

古代エジプト　失われた世界の解読
笈川博一著

二七〇〇年余り、三十一王朝の歴史を繙く。ヒエログリフ（神聖文字）などの古代文字を読み解き、『死者の書』から行政文書まで、資料を駆使して、宗教、死生観、言語と文字、文化を概観する。概説書の決定版！

2255

テンプル騎士団
篠田雄次郎著

騎士にして修道士。東西交流の媒介者。王家をも経済的に支える財務機関。国民国家や軍隊、多国籍企業の源流として後世に影響を与えた最大・最強・最富の軍事的修道会の謎と実像に文化社会学の視点から迫る。

2271

西洋中世奇譚集成　魔術師マーリン
ロベール・ド・ボロン著／横山安由美訳・解説

神から未来の知を、悪魔から過去の知を授かった神童マーリン。やがてその力をもって彼はブリテンの王家三代を動かし、ついにはアーサーを戴冠へと導く。波乱万丈の物語にして中世ロマンの金字塔、本邦初訳！

2304

民主主義の源流　古代アテネの実験
橋場　弦著

民主政とはひとつの生活様式だった。時に理想視され、時に衆愚政として否定された「参加と責任のシステム」の実態を描く。史上初めて「民主主義」を生んだ古代アテナイの人びとの壮大な実験と試行錯誤が胸をうつ。

2345